테크노파크
혁신성장
우수사례집

테크노파크
혁신성장
우수사례집

한국테크노파크진흥회 엮음

지역기업의 든든한 동반자,
테크노파크

테크노파크는 지역산업과 지역기업의 육성을 통해 지역경제 활성화와 국가경쟁력 향상을 목표로 전국 17개 시도의 명실상부한 지역혁신거점으로 성장하였습니다.

특히 테크노파크는 지역혁신을 위하여 지역별 주력산업을 선정하고, 성장단계별 기업군을 중점 육성하여 지역기업의 성장을 도모할 수 있는 기업생태계 구축에 혼신의 노력을 기울이고 있습니다.

본 사례집은 테크노파크가 지난 한 해 동안 혼신의 노력을 기울인 결과물로, 테크노파크의 지원으로 성장하고 발전한 기업의 성장 스토리를 담았습니다.

테크노파크와 함께 성장하고 발전한 기업의 이야기가 지역기업에 희망이 될 수 있기를 바라봅니다.

테크노파크는 지역기업의 든든한 동반자로서 끊임없는 성장 스토리, 성공 스토리를 만들 수 있도록 최선의 노력을 다 할 것을 약속드립니다.

사례집 제작에 참여해 주신 전국 테크노파크 및 지역기업 담당자분들께 감사의 인사를 드립니다.

감사합니다.

2023년 12월

한국테크노파크진흥회장 **김 영 집**

CONTENTS

발간사 | 한국테크노파크진흥회장 **김영집** 05

PART 1 R&D

연구개발 사업화 지원으로
스타기업이 되다

01 경남테크노파크 지원기업
　　(주)지티씨 10

02 서울테크노파크 지원기업
　　(주)이노버스 26

03 울산테크노파크 지원기업
　　(주)케미폴리오 42

04 전북테크노파크 지원기업
　　디와이이노베이트(주) 60

05 포항테크노파크 지원기업
　　(주)에이치에너지 78

PART 2 Gobal

수출경쟁력 강화지원으로
글로벌 강소기업이 되다

01 경기테크노파크 지원기업
　　(주)에이피테크놀로지 96

02 경북테크노파크 지원기업
　　(주)테스크 112

03 대구테크노파크 지원기업
　　(주)한국알파시스템 130

04 대전테크노파크 지원기업
　　원텍(주) 146

05 인천테크노파크 지원기업
　　(주)제이치글로벌 164

06 전남테크노파크 지원기업
　　(주)티젠 180

07 제주테크노파크 지원기업
　　만제영어조합법인 196

PART 3 Growth

성장단계별 맞춤지원으로
지역 유망기업이 되다

01 강원테크노파크 지원기업
넥스트바이오(주) 214

02 경기대진테크노파크 지원기업
펠리시타로스터리(주) 230

03 광주테크노파크 지원기업
(주)씨엔에스컴퍼니 248

04 부산테크노파크 지원기업
제엠제코(주) 264

05 세종테크노파크 지원기업
(주)에이치이브이 282

06 충남테크노파크 지원기업
한양로보틱스(주) 298

07 충북테크노파크 지원기업
(주)한얼누리 314

PART 4 ABOUT TECHNOPARK

테크노파크-
지역기업 혁신성장 파트너!

01 테크노파크 소개 332

02 한국테크노파크진흥회 341

03 테크노파크 기업지원
통합대표번호 1877·8972 347

PART 1

R&D
연구개발 사업화 지원으로 스타기업이 되다

01_ 경남테크노파크 지원기업　(주)지티씨

02_ 서울테크노파크 지원기업　(주)이노버스

03_ 울산테크노파크 지원기업　(주)케미폴리오

04_ 전북테크노파크 지원기업　디와이이노베이트(주)

05_ 포항테크노파크 지원기업　(주)에이치에너지

01

경남테크노파크 지원기업

(주)지티씨

국내 최초·최고 수소압축기로
유럽 시장 뚫는다

수소압축기 전문기업 (주)지티씨 회사 전경

- 경남 수소산업 기업지원사업(5000만 원, 20.05~20.11)
- R&D사업화센터사업 'R&D기획지원' (1000만 원, 21.02~21.03)
- R&D사업화센터사업 'R&D기획지원' (500만 원, 22.05~22.10)
- 경남스타기업 육성사업(3000만 원, 22.06~22.11)

- 매출액: (2021) 268억 원→ (2022) 401억 원 (↑50%)
- 고용: (2021) 44명 → (2022) 47명 (↑7%)

수소압축기 전문기업–(주)지티씨

경남 창원특례시에 본사가 있는 (주)지티씨(대표 이원진)는 가스압축기 전문기업이다. 1975년 신일기계공업으로 출범해 2000년 회사의 정체를 규정한 지티씨$^{Gas Technology Compression}$로 상호를 바꾸고 비약적인 성장을 거듭하고 있다. 47년간 쌓은 탄탄한 기술과 품질경쟁력을 바탕으로 국내 압축기 시장을 선도하고 있다. 공기압축기를 시작으로 고압 에어, 천연가스^{CNG}, 이산화탄소, 질소, 수소 등 다양한 가스압축기와 디스펜서, 저장탱크, 건조기, 그리고 아연분말 등이 주요 제품이다. 파격적인 투자로 설립한 부설연구소(소장 이용훈)의 오랜 ˙연구개발로 양산에 성공한 수소충전용 수소압축기는 세계 최고 수준이라 평가받고 있다. 2021년 9월 창원특례시 성주동 수소버스충전소에 수소압축기를 설치해 기술을 인정받았다. 성주 수소충전소에 설치한 제품은 국내 최초로 국산화한 대용량 유압식 압축기로 흡입압력은 3~20MPa, 토출압력은 90MPa 이상, 처리용량은 680Nm^3/h이다. 일일 15시간 기준으로 버스 약 30대를 충전할 수 있다.

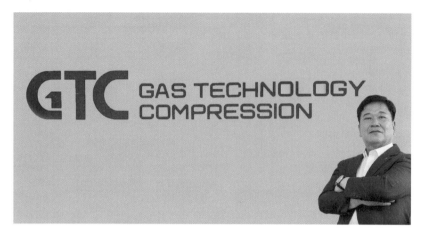

㈜지티씨 이원진 대표

지티씨는 가스압축기 시장에서 혁신적인 기술과 품질로 세상에 선보인 '국내 최초' 제품이 여럿이다. 국내 최초 타이틀을 허리에 두른 첫 번째 프로젝트는 1998년 코리아PTG 울산공장에 제작 설치한 수소용 고압가스압축기다. 2000년 삼성SDI 양산공장에 국내 최초로 초고압 공기압축기를 설치했고, 2007년 CNG충전소용 압축기를 개발했다. 여세를 몰아 2013년 국내 최대 수소용 가스압축기(1120kW) 개발에 성공했다.

이후 회사의 새로운 성장동력을 수소충전소용 수소압축기로 설정하고 독자적인 고효율 압축시스템 연구개발에 매진했다. 마침내 2017년 국내 최초로 100MPa 유압식 피스톤 방식의 수소충전소용 압축기를 개발해 업계를 놀라게 했다.

지티씨의 연구개발 성과는 정부의 인증에서도 확인된다. 2019년 무급유 방식의 수소압축기 개발로 산업통상자원부로부터 신기술(NET) 인증을 받았다. 이듬해 '올해의 10대 기계 기술'로 선정되었고, 2021년에는 수소압축기 조달청 혁신제품 지정과 신제품^{NEP} 인증을 받았고, 신기술 실용화 공적으로 산업부 장관 표창도 안았다. 작년은 연구개발 성과와 함께 회사의 가치를 인정받은 한 해였다. 부설연구소가 산업부로부터 연구개발 능력과 기술혁신 역량을 높게 평가받아 우수기업연구소(ATC+)로 지정되었다. 경남도의 '경남지역 스타기업'에 이어 중소벤처기업부 경남중소기업청으로부터 '지역혁신 선도기업 100'으로 지정됐다. 올해도 수소융합얼라이언스^{H2KOREA}로부터 '수소압축기 생산 및 충전시스템 개발' 분야 수소전문기업 선정, '2023년 글로벌 강소기업 1000+'에 지정되며 기세를 이어가고 있다. 이처럼 끊임없는 기술혁신과 품질개선으로 우리나라 가스압축기 역사를 새로 쓰는 지티씨는 글로벌 기업으로 성장하는 제2의 도약을 준비하고 있다.

"꿈요? 지구를 손바닥만 하게 압축하는 거죠"

"축구 선수는 월드컵에서 골을 넣고, 작가들은 노벨문학상을 타는 게 꿈이겠죠. 우리 같은 엔지니어도 이루고 싶은 꿈이 있어요. 축구 선수와 작가들은 어느 순간부터 포기하지만, 우리의 꿈은 끝까지 갑니다. 40여 년 전 대학에서 처음 압축 엔진을 만났어요. 막걸리 한 말짜리 나무통 크기의 검은 엔진은 놀라운 마술 상자였죠. 이 작은 엔진이 교실만 한 버스를 달리게 하고, 학교보다 큰 배가 바다를 누비게 하다니 신기했죠. 더구나 엔진 동력 원리가 압축 에너지에서 나온다는 걸 알고 인생을 걸었습니다. 그렇게 시작해 여기까지 왔는데, 환갑이 넚모레인 지금도 뭐만 보면 압축하고 싶어요. 세상에서 가장 작게 말이에요. 제 꿈은 여전히 지구를 손바닥만 하게 압축하는 것입니다."

지티씨의 오늘을 만든 이원진 대표는 국내 가스압축기 역사의 산증
인이다. 이 대표는 목포해양대 기관학과를 나와 현대상선의 유조선을 타
고 기관사로 근무했다. 배에서 4년 만에 내려 다국적 기업에 입사해 본격
적으로 산업용 압축기 엔지니어로서의 인생을 시작했다. 이후 울산에 있
는 지엔에이상사에 기술이사로서 10년간 일하며 전문 기술과 경영 이력을
쌓았다. 2007년 금성기계로 이직 후, 대표이사가 관계사인 지티씨의 경영
난이 심각해지자 구원투수로 그를 지명했다. 지티씨로 이직해 상무이사로
2년간 꼼꼼하게 회사의 상황과 문제점, 개선 방안을 파악했다. 보고를 받
은 인사권자는 "그럼, 이처럼 지티씨 상황을 잘 알고, 회생 복안이 있는 이
상무가 맡아 마음대로 해보세요."라며 경영 전권을 맡겼다. 그렇게 2009년
대표이사로 취임해 지티씨와 운명처럼 압축기 엔지니어로서의 절정기를 함
께하게 됐다.

　당시 회사는 임직원 40여 명에 매출은 고작 37억 원 안팎이었다. 제
조업은 생산비가 높은 사업 특성상 직원 1명당 3~4억 원의 매출을 올려야
먹고 살 수 있는 구조였다. 월급날이 두려운 회사라니, 특단의 조치가 필요
했다.

　이 대표는 회사를 살릴 히든카드를 가스압축기라 판단했고, 일본으
로 건너가 산업용 가스압축기 한 대를 사와 통째로 분해 조립을 반복했다.
조금씩 용량을 키워가며 기술적 진척은 있었으나 한계에 부딪혔다. 엔지니
어 기술로 해결할 수 없는 R&D 영역이었다. 대형 조선소의 해양플랜트 산
업이 급성장할 때 경쟁사들은 연구소를 통해 대응했으나, 지티씨는 연구소
가 없어 시장의 수요를 매출로 잇지 못했다. 전문 연구 인력이 없어 핵심부
품 및 기술력이 떨어진 것도 원인이었다. 시장의 수요를 중장기적으로 준비

지티씨 부설연구소의 성능 시험

하고, 시장이 원하는 제품을 연구개발할 전문인력이 시급했다.

　　이 대표는 현금 시제와 연구개발 성과가 더디 나온다는 우려에도 결단을 내렸다. 2010년 지티씨 부설연구소를 설립해 연구개발에 고삐를 바짝 당겼다. 우수 인력 확보에 애를 먹던 연구소는 2017년부터 열유체공학박사인 이용훈 소장을 영입해 성과를 내기 시작했다. 이 소장은 대학에서 선박기계공학을 전공하고 대학원에서 열유체공학 연구를 계속했고, 이후 유관 기업에서 10년 가깝게 국책과제와 연구개발 경력을 쌓았다.

"부설연구소에 지원은 하되 간섭하지 않는다"

　　"2010년은 여러모로 우리 회사의 기념비적인 해입니다. 대표이사 취임 이듬해인데 회사 성장의 일등공신인 연구소 설립을 비롯해 함안공장

증축 이전도 했습니다. 이노비즈 기업 인증과 ISO140001 인증도 획득했고요. 무엇보다 연구소 설립과 함께 고급 연구 인력의 확대로 다변화하는 산업시장의 동향을 파악하고, 미리미리 기술 확보도 가능해졌습니다. 회사에선 최선을 다해 연구소를 지원했다 생각하는데 어떻게 평가할진 모르겠어요. 다만 우리 이용훈 소장과 처음 만나 한 약속을 지킨 건 분명해요. 지원하되 간섭하지 않거든요."

이 대표는 연구소를 운영하며 경영상 아무리 급해도 연구개발 성과는 채근해야 소용없다는 것을 알게 됐다. 그야말로 우보천리, 연구소는 정해진 과제의 목표를 정해진 순서와 시간에 따라 달성했다. 이 대표는 이용훈 연구소장에게 딱 한 가지를 부탁했다. 회사가 장기적으로 먹고 살 수소압축기 연구개발과 이를 위한 국가연구개발 실적이었다.

이 소장은 2017년 말부터 한국에너지기술평가원의 '수소충전소용 100MPa급 대용량(350Nm³/hr) 유압압축기^{Hydraulic Compressor} 개발' 총괄책임자로 연구과제를 수행했다. 이 밖에 한화솔루션 등과 수소충전시스템, 이동식 수소충전소 성능평가 및 안전관리 기술개발에 참여해 과제를 완료했다. 현재도 2~4년이 걸리는 그린수소 배터리 저장시스템, 수소충전소용 초고압 압축기 기술개발 및 실증, 하이브리드 수소압축기 및 통합제어시스템 고도화 등의 과제를 수행하고 있다. 이 소장에게 회사가 연구소에 해준 최고의 선물이 뭐냐고 물었더니 기다렸다는 듯이 '수소충전소용 압축기 실험장'이라 답했다.

"회사에서 많은 지원을 해줬지만, 단연 수소충전소용 압축기 시험장이 가장 고맙습니다. 수소압축기를 처음 개발해 하동군 갈산면 허허벌판에서 실험을 했어요. 생각해 보세요. 성공할 거란 자신은 있었지만, 설치하

함안공장의 수소압축기 시험장

는데 무서워 손이 덜덜 떨리더라고요. 멀리서 지켜보는데 터지는 거 아닐까 불안했고요. 꼭 영화에서 본 폭탄제거반 심정이었다니까요. 앞으로도 이 같은 공포를 반복해서 겪어야 한다니 고개를 절로 가로젓게 되더라고요. 이를 본 대표님이 거금 20억 원을 들여 함안공장에 수소충전소용 압축기 시험장을 만들어 주셨습니다. 압축기 시장이란 전쟁에서 최고의 무기를 쥔 셈이죠."

지티씨는 수소압축기 개발을 위해 수소로 직접 충전할 수 있는 수소충전소용 압축기 시험장을 구축해 운영하고 있다. 안전한 시험장에서 초고압용 피스톤 헤드, 고압 수소압축기 성능 등을 테스트하며 기술 고도화가 급진전했다. 연구소는 국책과제 등 정부 지원을 받으면서 새로운 기회를 만들었다. 회사의 비전을 연구소의 고급 인력에 의한 기술개발과 연계하면서 사업화 성공 사례가 늘었다. 관련 네트워크를 활용해 적재적소의 기술 및 인력 투입도 가능해졌다. 이처럼 신기술과 신제품 개발에 아낌없는 투자로 지티씨는 2020년 유압피스톤 타입의 고압대용량 수소압축기 국산화 개발을 완료할 수 있었다.

경남테크노파크, 수소기술 전주기 연구개발 실증 지원

지티씨와 경남테크노파크와의 협업은 2020년 '경남 수소산업 기업 지원 사업'으로 비롯됐다. 국내외 시장이 석유화학 기반의 에너지산업에서 탄소중립 실현과 '그린뉴딜'을 위한 신재생에너지로 빠르게 넘어가는 시기였다. 지티씨로서는 수소기술 전주기 분야 연구개발 과제 실증과 투자 확대가 필요했다. 수소압축기 기술 분야 국내 최초 타이틀을 여럿 보유하고 있으나, 기술을 구현할 협력 연구자 및 연구개발은 자체 R&D 투자만으로는 역부족이었다. 정부 지원의 절실한 필요성이 경남테크노파크를 찾은 배경의 하나였다.

2020년 '경남 수소산업 지원사업'은 한국형 수소충전소 보급 및 확대를 위한 수직 타입 수소압축기 개발이 골자였다. 테크노파크의 지원으로 시제품을 제작한 사업을 통해 한국형 수소충전소 보급 및 확대를 위한 $50Nm^3/hr$ 수직 타입 수소압축기 개발 기술을 검증할 수 있었다. 첫 사업을 성공적으로 마치고 2021년과 2022년에는 연속으로 '중소기업 R&D 사업화 지원사업'에 참여했다. 지티씨의 성장 방향에 따른 수소시스템 개발기획 및 전략, R&D 방향 등이 전문가 컨설팅으로 진행됐다. 더불어서 2021년 한국산업기술평가관리원의 '수소충전소용 100MPa급 초고압 복합 압축기 기술개발 및 실증'을 수행했다.

기술고도화에 성공한 수소압축기

 2022년 상반기에는 산업부의 '수전해 기반 35MPa(350기압)급 S·HRS 시스템 개발 및 실증사업'에 주관기관으로 선정되었다. 3년 9개월간 75억 원의 예산으로 진행되는 이 사업에는 창원특례시와 예스티, 미래기준연구소, 한국기계연구원, 이플로우 등이 기술개발에 참여하고 있다. 정부의 탄소중립 시대 실현과 그린뉴딜 사업을 위한 기술개발로 수소충전 인프라를 보급 확대하는 게 목표다. 과제는 소용량 재생에너지와 연계한 수전해 수소생산 및 충전시스템의 개발 및 실증이다. 지티씨의 NET 인증 기술과 수소충전소 구축 경험을 토대로 관공서의 공용 주차장에 5.2m×2.6m 크기 이하의 소형으로 구축을 진행한다. 상시 모니터링 시스템 구축으로 수소 생성 및 저장 과정을 확인해 안전성도 확보하게 된다. 이와 함께 '경남지역 스타기업 육성사업'에 참여해 기업 성장 로드맵 수립과 수소저장 핵심기술인 수소압축기 기술 성장 로드맵을 수립했다.

기술고도화와 판로확대로 2022년 매출 전년 대비 50%↑

지원사업이 진행된 동안 회사 매출도 뛰었다. 새기술이 적용된 제품으로 작년에만 83건의 수소압축기를 수주해 100억 원의 매출을 올렸다. 발주처는 현대로템, 효성티엔씨, 코하이젠, 포스코플랜텍 등 22개 사였다.

전체 매출은 지원사업이 시작된 2020년 19억 원에서 2021년 26억 8000만 원, 2022년 40억 원을 넘어섰다. 작년 매출은 전년 대비 무려 50% 상승이다. 같은 기간 영업이익은 79억 원으로 201%나 성장했다. 수출 성장세는 더욱 놀랍다. 2020년 12억 7900만 원이던 수출액은 2021년 52억 1200만 원, 2022년 85억 3600만 원으로 껑충 뛰었다. 2021년 대비 연간 증가율이 63%에 이른다. 2022년 매출 증가는 플랜트, 발전소 등에 공급망 확대와 에너지 분야 진출로 인한 직간접 수출 성과에 힘입은 결과라는 분석이다.

지티씨는 10월 말 현재 임직원 49명에 올해 매출 전망이 440억 원이다. 이 대표가 경영을 맡은 2009년과 비교하면 직원 수는 약 20% 늘었고, 매출 증가는 1,000%를 훌쩍 넘어선다. 이 대표는 올해를 새로운 도약의 원년으로 삼고 수소충전소 시스템 시장 진출과 해외 시장 개척을 강력하게 추진하고 있다. 고도화에 성공한 수소압축기 국산화 개발에 수소충전소 구축 기술을 더해 한국형 수소충전용 압축패키지를 선도한다는 전략이다.

회사는 친환경, 국산화, 글로벌을 핵심가치로 내걸고 선행연구, 친환경 수소경제 선도기술개발, R&D 능력 강화, 협력 네트워크 구축을 전략적으로 추진하고 있다. 이 모든 중장기 로드맵의 핵심은 연구소이고, 연구소

지티씨 부설연구소 이용훈 소장

는 이영훈 소장을 중심으로 돌아간다.

지자체 발주, 대기업 시공 수소충전소에 국산 제품 외면

"수소압축기의 고도화는 계속될 겁니다. 대표님께서 지구를 손바닥만 하게 압축하는 게 꿈이라시니 압축기로 더 많은 먹을거리를 찾아야죠. 압축기와 함께 수소충전소 시스템 분야를 일찍부터 눈여겨보고 있습니다. 지역의 수소충전소는 지방정부가 발주하고 나라장터를 통해 입찰이 진행되는데 턴키발주라 대기업 말고는 참여 자격조차 주어지지 않습니다. 그건 이해할 수 있는데, 수소충전소 건립을 수주한 대기업이 국산 제품을 쓰지 않는 건 참 아쉽습니다. 국산 제품은 현장에서 검증이 안 되었다는 게 이유죠. 국가 기관의 공식 실증과 검증으로 확인되었으면 된 거 아닌가요."

이용훈 소장은 각고의 노력으로 수소압축기 연구개발에 성공한 자부심만큼 수소충전소를 수주한 대기업에서 국가 공인기관이 인정한 국산 제품을 외면하는 것에 아쉬움이 크다. 전 세계적으로 미세먼지와 이산화탄소 저감을 위한 수소경제 사회의 필요성을 인식하고 본격적으로 대응에 나선 게 2017년쯤이다. 이 소장은 2017년에 연구소를 맡아 대용량 초고압 수소압축기를 개발했다. 선진국만 있던 수소압축기 관련 소재 및 가공기술 국산화에도 성공했다. 고장 및 수리 시간도 2시간 이내로 단축해 충전소가 멈춤 없이 운영될 수 있는 시스템도 확보했다. 국내 수소충전소 시장에서 국내 대기업의 기대 이하의 반응에도 이 대표는 회사의 미래를 자신한다. 제조업 시장에서는 결국 품질과 가격경쟁력으로 승부가 난다는 것을 알고 있어서다. 이 대표의 눈은 국내 시장을 넘어 글로벌 시장으로 향하고 있다.

지티씨는 이미 글로벌 시장 진출을 착착 준비하고 있다. 첫 타깃은 유럽연합^{EU}의 모든 도시의 항구, 공항, 철도 터미널을 연결하는 유럽횡단 운송네트워크$^{TEN·T}$ 시장이다. 올해 초에 EU 국가들은 모든 주요 도시와 핵심 노선을 따라 최소 200km마다 수소충전소를 설치하기로 합의했다. 이번 합의에 의한 규정에 따르면, 유럽의 모든 나라는 수소충전소를 TEN·T 코어 네트워크에는 60km 간격으로, TEN·T 확장 네트워크에는 100km, 그리고 다른 모든 네트워크를 따라 최소 200km마다 구축해야 된다. 우선 2025년부터 TEN·T 네트워크에 60km 간격으로 최소 150kW 급속충전소를 설치해야 한다. 유럽 환경청은 2019년 EU 총 이산화탄소(CO_2) 배출량의 약 25%가 차량운송에서 발생했다고 밝혔다. 지티씨는 EU의 TEN·T 시장 참여를 위해 일찍이 CE 인증 작업에 나섰다. CE 인증은 EU의 안전규칙에 적합한 제품에 대해서만 허용되는, 역내에서 유통되는 제품에 의무화된 제품 안전마크이다. 지티씨는 내년 하반기 수소압축기의 CE 인증을 낙

지티씨의 기술력을 입증한 창원 성주동수소충전소

관하며, 후속 준비를 진행하고 있다.

　지티씨의 주력 제품에는 아연분말도 있다. 건물 외벽, 옥상, 주차장, 선박 등에 쓰이는 페인트의 주원료이다. 연간 매출은 작년 기준 약 80억 원으로 전체의 20%를 차지한다. 올해 국내 조선 기업들이 카타르에서 발주금액 12조 원, LNG선박 40척 수주 뉴스가 조선 경기의 부활을 알렸다. 이 대표는 조선산업의 흐름을 미리 파악해 선박 페인트 수요 증가를 예상해 아연분말을 생산하는 용광로를 기존 3기에서 1기를 추가하는 증산 준비를 마쳤다. 이 대표는 주력 제품은 압축기지만, 매출을 일으키는 제품과 서비스의 다각화 중요성을 강조했다.

　"회사 대표는 경영의 안정성을 생각해야 합니다. 수소압축기는 글로벌 시장까지 노리는 고부가가치 대박 사업임이 분명합니다. 그러나 대박이 언제 어디서 터질지 예상할 순 있지만 결과는 하늘만이 아는 거지요. 사실 대표로서 압축기 개발생산 부서 직원들에게 고맙고 미안합니다. 보람도 크지만, 영업에서부터 설계, 제작, 납품, 유지관리로 이어지는 과정이 참 힘들거든요. 대표로서 고생하는 직원들의 노고에 부응하기 위해 안정적 매출확보를 늘 고민합니다. 아연분말 수요 증가를 예상해 용광로를 증설한 것도 그의 일환입니다. 회사의 경상비 확보에 도움이 되는 또 하나의 매출은 유지보수, 애프터 마켓^{after market}입니다. 우리 회사가 50여 년에 가까운 업력이니 그동안 판매한 공작기계가 얼마나 많겠어요. 기계의 수명이 보통 25년 정도니 꾸준히 부품 교체, 수리 등의 유지보수 서비스 수요가 있습니다. 이 애프터 마켓 매출이 연간 70억 원 정도인데, 상무이사로 입사한 2007년에는 10억 원이었습니다. 15년여 만에 7배로 뛴 이 매출은 회사의 나이따라 계속 늘어납니다. 참 든든한 연금이나 마찬가지입니다."

수소차 산업에 대해 한마디

수소충전소 늘려주세요,
국산 제품 써주세요~

세계의 제조업 선진국들은 수소사업 패권에 사활을 걸고 있다. EU 국가들과 일본, 중국이 선두를 향해 달리고 있다. EU는 2035년 내연기관차 판매금지 목표 아래 수소차 보급 정책에 강한 드라이브를 걸었다. 수소충전소 설치를 의무화로 규정한 TEN·T 네트워크가 대표적이다. 일본은 수소 생산국인 호주, 중동 국가와 손잡고 수소 생산을 늘려 수소차 보급을 확대한다. 세계 1위 자동차 시장인 중국은 수소차 누적 판매량 목표를 2025년 10만 대, 2030년 100만 대로 잡았다. 2025년까지 수소충전소에 최대 500만 위안, 우리 돈으로 9억 원 넘게 보조금을 지급하며 확대한다. 반면에 우리나라는 전기차에 치중하며, 수소산업 예산이 줄고 있다.

"전기차를 만들려면 원자력이든 화력이든 발전소가 필요합니다. 수소^{H_2}는 물^{H_2O}을 열분해해 만드니 사실상 무한 생산 공급이 가능합니다. 전기차는 한 번 충전으로 기껏 300~400km를 이동할 수 있지만 수소차는 800km를 달릴 수 있습니다. 충전 시간도 완충까지 5~10분 정도로 짧습니다. 기후환경 이슈로 보나, 운전자 편의성을 따지나 수소차로 가지 않을 이유가 없습니다. 더구나 우리나라는 수소차 양산 1위인데 부족한 수소충전소가 걸림돌이 되고 있습니다."

㈜지티씨 이원진 대표는 국내 수소차 개발 양산과 수소충전소 구축이 더디다 지적한다. 올해 국내 수소차 시장은 43% 역성장하면서 수소 충전 업계의 고민도 깊어지고 있다. 정부는 2019년 수소경제 활성화 로드맵에서 2022년까지 수소충전소 301기, 수소차 8만 1,000대를 보급하겠다고 밝혔으나, 올해 8월 기준 전국 수소충전소 수는 절반인 150여 개소, 등록된 수소차는 3만 대가 조금 넘는 수준이다. 이 대표는 인터뷰 끝에 이렇게 덧붙였다.

"수소충전소 늘려주세요. 국산 제품 써주세요. 그래야 환경이 살고, 국내 제조업이 웃고, 수소차 운전자도 편안합니다. 충전소의 부품 등에 문제가 생기면 국산은 바로 조치할 수 있지만, 외제는 어떻겠습니까?"

경남테크노파크 지원기업_ ㈜지티씨

서울테크노파크 지원기업

(주)이노버스

자원 재순환 그린스마트시티 선도하는 유망 기업

이노버스의 자원회수 솔루션 쓰샘

서울TP 지원사업명	지원성과(전·후)

│ 서울TP 지원사업명

· 기술거래촉진네트워크사업

   (1100만 원, 22.10~22.12)

│ 지원성과(전·후)

· 매출액: (2021) 2.3억 원 →

   (2022) 4.1억 원(178%)

· 고용: (2021) 10명 → (2022) 14명(140%)

자원회수 AI 리사이클 솔루션-(주)이노버스

기후위기와 환경오염의 주범 플라스틱 문제로 전 세계가 골머리를 앓고 있다. 썩지 않는 플라스틱은 토양오염의 원인이고, 바다로 흘러 들어가 미세플라스틱으로 변해 해양 생태계를 해친다. 우리나라는 세계에서 세 번째로 플라스틱을 많이 쓰는 국가로 국민 한 명당 연간 133kg의 플라스틱을 사용한다. 이처럼 플라스틱을 많이 쓰면서도 정작 버려진 폐플라스틱을 활용하지 못하고 해외에서 고품질 플라스틱 쓰레기를 수입해 섬유, 용기 등을 만드는 실정이다. 폐플라스틱이 제대로 분류되지 않아 재활용하기엔 질이 떨어지기 때문이다.

환경에 일찍 눈을 뜬 유럽은 20여 년 전부터 버려진 플라스틱을 자원화하는 RVM^{Recyled Vending Machine}을 꾸준히 발전시켜 왔다. RVM은 일종의 재활용 자판기인 셈인데 국내에서도 일부 기업이 수요 증가를 예상해 몇 년 전부터 제품을 내놓기 시작했다. 하지만 유럽의 제품을 그대로 도입해 출시한 터라 가격이 비싸고 우리 수거 환경에도 맞지 않아 시범설치에 그

㈜이노버스 장진혁 대표

처왔다.

　㈜이노버스(장진혁 대표)는 폐플라스틱 자원순환 솔루션을 공급하는
소셜 벤처이다. 앞선 기술과 실효성 높은 투명 페트병 선별기능을 갖춘 리
사이클 로봇 제품을 선보이며 RVM 시장에서 선두를 향해 치닫고 있다. 폐
플라스틱 문제를 인공지능[AI]과 사물인터넷[IoT]을 활용해 해결하는 기업으로
지자체는 물론 공공기관, 대기업, 대학교와 파트너십을 맺고 다양한 프로젝
트를 진행하고 있다.

　"국내 플라스틱 재활용 시장 규모는 약 2조 6000억 원으로 성장을
거듭하고 있습니다. 하지만, 가장 중요한 고품질 폐플라스틱 원료 공급은
매우 부족한 실정입니다. 유럽 국가들은 플라스틱 수입 제품에 재활용 원
료를 30% 이상 쓰도록 권고합니다. 그런데 우리나라는 그렇게 하고 싶어

도 할 수가 없어요. 고품질 원료가 전체의 10% 수준으로 매우 부족합니다. 관련 기업에서 고품질 원료를 쓰고 싶어도 공급이 부족해 수입 폐기물에 의존할 수밖에 없습니다. 고품질 원료가 이만큼밖에 안 되는 이유는 수거 시스템과 열악한 인프라에 있습니다."

이노버스의 장진혁 대표는 우리나라 플라스틱 재활용률이 낮은 것은 시민의식 부재보다는 사회 구조 문제가 더 크다고 짚었다. 독일이나 일본 등은 국가 차원에서 적극적으로 폐기물 재활용에 집중한 데 반해 우리는 폐기에 급급했다는 말이다. 폐기물이 재활용되기 위해서는 분리배출이 먼저인데, 우리는 올바른 분리배출 환경이 제대로 자리 잡지 못했다. 폐기물 재활용 선진국들은 분리배출을 많게는 15가지로 세분화하고, 플라스틱도 재질별로 수거한다. 독일은 페트병 보증금제를 시행해 물을 살 때 페트병 보증금을 내야 한다. '물보다 더 비싼 게 페트병'이라는 말이 있을 정도이고, 시민들은 페트병 분리배출이 습관화되었다. 이로써 독일은 재활용 비율이 95%나 되고, 일본도 70%가 넘는다. 이에 비해 우리나라는 고작 30%에 그친다. 장 대표는 수거한 폐기물의 품질에도 문제가 있다고 지적한다.

폐기물 수거 리펫과 리컵으로 RVM 시장 주도

"고품질 원료로 쓰이는 투명 페트병은 온갖 플라스틱과 뒤섞여 재활용 선별장에 들어옵니다. 1차로 오염된 투명 페트병이 선별 과정에서 2차 오염되면서 고품질 원료로서 가치를 잃어버리게 됩니다. 우리가 만드는 '쓰샘'은 이러한 인프라를 혁신적인 수거 시스템을 통해 개선한다는 데 의미가 있습니다."

이노버스의 주력 제품인 쓰샘은 AI 페트병 리사이클 로봇인 '리펫'RePET과 일회용 플라스틱 문제 해결사 '리컵'Recup 두 가지다. 장 대표는 리펫은 고품질 페트병을 자동으로 선별하고 최대 800개까지 수거 가능하다며 설명을 이어간다. '쓰레기선생님'을 뜻하는 쓰샘은 복잡한 폐플라스틱 분리배출 과정을 빠르고 편리하게 하는 올인원All·in·one 솔루션이다. 폐플라스틱 자원을 바르게 분리 배출하게 도와주는 스마트시티 제품이다. 쓰샘 리펫을 통해 지역에서 발생하는 페트병을 수거해 재활용 업체로 바로 보냄으로써 자원화 가치가 높은 고품질 페트병의 실질 재활용률이 매우 높다. 간단하고 쉬운 사용방법으로 이용자의 편의를 높인 것도 장점이다. 사용자는 핸드폰 번호를 입력해 본인 확인을 하고, 라벨을 제거한 투명 페트병을 투입한 후, 크기에 따라 포인트를 받는다. 포인트는 전용 앱인 '리턴'을 통해 이용자에게 지급되고, 현금 전환 또는 응모 및 기부 캠페인에 사용할 수 있다.

"모든 플라스틱을 재활용할 수 있을 것으로 생각하지만, 실상은 그렇지 않습니다. 일회용 플라스틱 컵과 페트병의 95%는 재활용이 가능한 페트PET 소재입니다. 한데, 이 페트 대부분이 재활용 불가능한 플라스틱 소재(폴리스타이렌, 폴리프로필렌)와 뒤섞여 그냥 폐기되는 게 현실입니다. 음료나 이물질이 남아 있어도 재활용이 어렵습니다."

장 대표는 쓰샘의 AI 선별정확도는 98% 수준으로 상당히 높다고 강조한다. 쓰샘은 투입되는 자원들의 상태를 파악하고 실제 재활용이 가능한 고품질 자원만 수거한다. 오염물이나 타 재질과의 혼합으로 인해 품질이 떨어지고 재활용이 불가했던 문제를 AI 기술로 해결했다. 쓰샘을 통해 수집되는 페트병들의 실질 재활용률이 높은 이유다. 또한, IoT 기술로 기기

자원보상 포인트 리턴 앱

를 통해 수집량, 재활용률, 사용자 정보 등을 수집하여 실시간 데이터 대시보드로 제공해 재활용 성과 측정 및 기기 관리도 손쉽다.

자원 보상 포인트 앱 리턴은 자원 투입에 대한 포인트 지급으로 사용자들이 적극적으로 자원순환에 참여할 수 있도록 유도한다. 포인트 지급과 사용을 온라인으로 전환함으로써 이용자들의 접근성도 높였다. 운영의 자동화를 통한 예산 절감과 보상지급 체계의 디지털화로 시간과 공간의 제약에 자유롭다는 점도 혁신적이다.

2019년 11월에 설립한 이노버스는 환경을 위한 활동이 습관이 되고 생활이 되는 세상을 꿈꾸는 친환경 기업이다. 사람의 모든 활동이 자연스럽게 친환경으로 이어지는 지속가능한 라이프 스타일을 만들어 가고 있다. 임직원들의 평균 나이는 불과 28세로 '젊은 피'들이 뭉쳐 난관을 해결하며 성장하고 있다. 장 대표도 약관의 나이로 세상을 바꾸는, 세상에 이로운 기업을 지향하며 열정과 창의적인 아이디어로 회사를 이끌고 있다. 관련 업계에서는 장 대표를 벤처 업계 아이돌 스타로 부르며 '떡잎부터 될성 부른 나무'였다고 평가한다.

창업대회 휩쓴 벤처 업계 아이돌 장진혁 대표

"대학에서 환경 전문가에게 '대한민국은 곧 쓰레기 천국이 될 것'이라는 말을 듣고 국내 폐기물 처리에 강한 문제의식이 생겼습니다. 이를 계기로 친구 3명이 모여 환경 문제를 해결해 보자며 대학교 창업동아리를 시작했습니다. 동아리에서 밤샘을 해가며 각종 자료를 찾고 현장을 답사해 주제를 폐플라스틱 재활용 자원화로 정했습니다. 우리가 가진 아이디어를 가다듬어 창업 관련 경연대회, 공모전 등에 참가하며 창업의 꿈을 키웠습니다. 개인적으로 재수를 않고 입학해 휴학 없이 졸업한 터라 2~3년 창업에 매진하고 실패하더라도 공대 출신이니 그때 취업하면 되겠단 판단도 했습니다."

과학기술정보통신부 장관 표창 수상

이노버스는 창업 전에 이미 13개의 창업 및 기술 관련 상을 거머쥐었다. 하지만 창업은 학생들의 아이디어 평가, 기술 경연장이 아니라 그야말로 실전이었다. 창업 초기에는 '구슬이 서 말이라도 꿰어야 보배'라는 말을 실감하는 날의 연속이었다. 아이디어를 구체화하고 기술을 발전시켜 자원회수로봇을 개발하기까지 지난한 과정을 겪었다. 각고의 노력 끝에 시제품을 제작했으나 기술 고도화가 절실했다. 2021년 고속도로 휴게소와 대기업 사옥 등에 시제품을 설치하고 테스트 베드^{test bed}를 수행했다. 제품 운영을 통해 피드백을 받으니 공용 제품답게 기능을 개선하라는 진단이 나왔다. 특히 페트병 압축 시스템, 빅데이터 자동화 시스템, AI 페트병 선별기능 개선이 시급했다. 이런 기술의 고도화를 위해선 다양한 현장상황(사용자 행동 측정, 현장에서 발생하는 투입 자원의 종류 등)에서의 운영을 통한 더 많은 데이터 수집이 필요했다. 중앙정부와 지자체, 공공기관, 대기업, 학교 등의 다양한 창업 지원 프로그램을 두루 살핀 끝에 서울테크노파크를 찾았다.

서울테크노파크는 '기술 및 사업화 애로사항 심층 상담'을 갖고 기업 지원 방향을 수립했다. 수요기술조사 사업으로 이노버스의 필요 기술 분석, 공백 기술 분야를 파악한 결과였다. 사업화 과정에서 애로사항에 따른 기술이전 방향을 설정하고, 맞춤형 지원 프로그램을 제시했다. 이노버스의 인공지능, 로보틱스 분야의 전문 역량을 기반으로 플라스틱 페트병 재활용 리사이클 로봇 개발을 통한 탄소중립과 순환경제 사업화 모델이었다. 여기에 우수기술사업화 지원사업, 홍보 지원사업, 투자유치 연계 등도 진행했다.

이노버스는 서울테크노파크를 통해 한국나노기술원의 기술이전을 받아 기술 고도화에 성공할 수 있었다. 콘텍 압력 센싱 장치 기술이전을

쓰샘의 자원회수 효과 실시간 모니터링

통한 쓰샘의 페트병 적재 IoT 센싱 기술을 고도화했다. 페트병 적재량 오차율 개선을 위한 AI 기술 필요성에 따라 한국나노기술원이 보유한 관련 기술 매칭을 통해 두 건의 기술이전 계약도 진행했다. 변조 적외선 컬러 영상 획득 시스템과 콘덴 압력 센싱 장치 및 전자 기기 관련 기술이었다. 이는 페트병 적재량을 파악해 데이터화하고, 감지 센싱으로 정확하게 페트병이 얼마나 찼는지 알 수 있는 기술로 쓰샘에 적용되었다.

시제품 제작 지원으로 제품 기능 및 성능이 월등하게 좋아졌다. 페트병 투입부 자동화 개선으로 사용자의 불편함과 제품 사용 시간이 단축됐다. 새로운 압축 기술 덕분에 이용은 더 빨라지고, 회수 자원은 더 많이 처리할 수 있게 됐다. 페트병 투입 후 받는 리워드 시스템도 개발했다. 리워드로 이용자에게 다양하게 보상함으로써 이용 습관이 생기고 고품질의 페트병 생산도 늘어나는 효과가 나타났다. 실시간 데이터 현황을 제공하는 기술도 장착했다. 국내 페트병 재활용 데이터는 통계 처리 부족으로 관리 기관에서도 어려움을 겪던 실정이었다. 서울테크노파크의 지원사업을 통해 이노버스는 실시간으로 8가지의 공용데이터와 함께 자유로운 데이터 열람 시스템을 제공하게 되었다. 이노버스의 가능성을 확인한 서울테크노파크는 직접 투자지원으로 성장의 디딤돌을 놓았다. 액셀러레이터로서 창업기업의 사업화 성공 가능성을 높인 것이다. 이와 함께 언론 보도자료 송출을 지원하며 성과확산에 힘을 보탰다.

서울테크노파크 맞춤형 지원으로 성장가도

"서울테크노파크의 지원이 주효했습니다. RVM 제품이 성공하기 위해서는 철저한 시장 조사 및 분석, 경쟁제품과의 비교 우위 전략과 기술이 중요합니다. 정기적인 유지보수와 재료 수거 기능을 고도화하는 것도 빼놓을 수 없습니다. 제품의 완성도를 높이는 데 테크노파크의 결정적인 도움을 받았습니다. 사용자 중심의 디자인 개발도 그렇습니다. 직관적인 사용법을 고려해 설계했고, 편의성과 효율성을 높일 수 있었습니다. 현재 리펫은 페트병을 넣은 즉시 AI가 페트병인지 아닌지 선별하고, 만약 재활용이 안 될 것 같은 페트병은 AI 스스로 한곳으로 모아둡니다. 이 모든 과정이 6~7초면 끝납니다. 쓰샘을 사용하면 모든 분리수거를 한 방에 끝낼 수 있는데, 소요 시간은 1분 이내입니다."

쓰샘의 기술 고도화 사업 성공으로 하드웨어를 차별화하고, 소프트웨어의 안전성을 높인 이노버스는 성장세가 가파르다. 관리 기관과 사용자들의 피드백을 기반으로 제품의 개선과 업그레이드를 수행하여 만족도를 높여 경쟁력을 더욱 키우고 있다. 제품 리뉴얼에도 주력해 올해 7월에 출시한 일회용컵 세척수거기 '쓰샘 리컵 버전2'$^{ReCUP\ v2}$는 더 좋은 반응을 얻고 있다. 리컵 버전2는 국내 최초로 환경부 분리배출 4대 원칙인 '비운다' '헹군다' '섞지 않는다' '분류한다'를 충족한 제품이다. 일회용 컵에 남은 내용물을 버린 뒤 음료 잔여물을 세척기로 씻어내고, 세척된 일회용 컵은 별도 수거기에 분리 배출한다. 실외에서도 올바른 일회용 컵 분리배출이 가능하도록 돕는 제품이다.

리컵 버전2의 장점이자 비교 우위는 ▲세척 기능 향상 ▲크기 감소 및 무게 경량화 ▲스마트 관리 기능 ▲디자인 개선 등이 꼽힌다. 물탱크 형식으로 전기 코드만 연결하면 수도 공사 없이 바로 사용할 수 있다. 물탱크를 한 번 충전 시 최대 300개의 컵을 세척할 수 있어 배출량이 많은 대학교, 대기업 사옥, 쇼핑센터, 영화관, 컨벤션 센터 등에 적합하다. 관리도 편리하다. 특허받은 컵 적재 기능을 탑재해 한곳에 수거하고, 같은 용량 대비 최대 5배의 수집 효율을 자랑한다. 또 용량 센서로 물탱크 잔여량을 인식해 세척수가 부족하면 상판 LED를 통해 관리자에게 충전 알림을 준다. 이 제품은 지난 8월 킨텍스에서 열린 '제16회 폐기물·자원순환 산업전'에서 관계자들의 호평을 받았다. 일회용 컵으로 인한 환경 훼손과 악취, 미관 저해에 고민하는 지자체와 기업 등의 문의도 잇따르고 있다.

뛰어난 기술·품질·가격경쟁력 앞세워 공급 확산

"RVM 업체들이 꽤 많지만 온전하게 AI 선별기술력을 가진 데는 세 곳 정도입니다. 우리는 수많은 연구를 통해 이뤄낸 기술 완성도와 단가개선으로 품질 및 가격경쟁력을 갖췄습니다. 제품을 구매한 지자체에서는 쓰샘을 도입한 이후 실제로 지역 재활용률 개선에 성과를 보이고, 리워드 시스템을 통해 주민 복지 사업으로도 활용할 수 있어 일석이조의 효과를 얻

서울 양천구에 설치한 쓰샘 리펫

고 있습니다. 주민들도 투명페트병을 쓰샘에 버림으로써 리워드도 받고 환경에 기여해 뿌듯하다는 의견이 많습니다. 서울, 경기를 비롯해 전국 지자체, 기업, 학교, 공공기관 등에 103대를 설치했는데 만족도가 높아 매우 고무적입니다. 서울 양천구, SCB기업은행, 서울대학교, 연세대학교, 한국부동산원, 대구행복진흥사회서비스원, 경북대학교 등에서 우리 쓰샘을 만날 수 있습니다."

쓰샘을 설치해 주민들의 호응을 얻고 있는 대표적인 지자체는 서울 양천구이다. 양천구는 올 4월에 시범사업으로 쓰샘 리펫을 도입했는데 8월까지 수집한 투명 페트병의 개수가 40만 개를 돌파했다. 테스트 베드 실증지원사업을 통해 제품의 실효성을 검증하고자 15대를 설치한 결과다. 사용 주민들이 늘어나고, 분리배출 습관을 유도함으로써 양천구의 지역자원순환을 구축하는 시스템으로 자리매김했다. 구체적인 운영 현황을 살펴보면, 양천구는 15대의 쓰샘으로 4개월간 40만 7,000개의 페트병을 수집했다. 이는 양천구 주민 4,239명이 1년간 배출하는 페트병을 4개월 만에 수집한 수치이다. 이 중 99.47%가 재활용이 가능한 고품질 페트병으로써 쓰샘의 AI 선별기능이 최상임을 입증했다. 또한, 수집한 페트병은 재활용 업체로 전달되어 약 11,090kg의 탄소저감 효과를 달성했다.

주민 대상의 만족도 조사 결과는 더욱 놀랍다. 지난 5월 진행한 주민 설문조사에서 375명 중 98%의 주민이 쓰샘 설치에 만족한다고 답해 주민 반응이 긍정적임을 확인할 수 있었다. 이번 사업 기간에 모두 1만 명의 양천구 주민들이 사용하는 등 원활한 운영 및 성과 사례를 보여줬다. 장 대표는 양천구 사례가 타 지자체들이 도입을 문의하는 계기가 되었다며, 쓰샘 확대 공급에 기대를 숨기지 않는다.

"양천구 사업을 통해 환경은 물론 주민 복지로도 좋은 성과를 보이게 돼서 기뻤습니다. 기존 제품 시장 가격이 비싸 도입을 망설였던 지자체들을 위해 이노버스는 더욱 단가 개선에 집중하고 있습니다. 우리가 먼저 합리적인 가격으로 RVM 시장을 개척하겠습니다. 한편으로 대규모 도입을 고려하고 있는 지자체 전용 특별 프로모션도 진행하고 있습니다. 이제 기술 개발과 함께 비즈니스 경쟁력도 갖춰야 하는 시기입니다. 서울과 대구 등지의 지자체 담당자들과 적극적으로 논의 중이니 곧 좋은 결과가 있을 것입니다."

서울대, 연세대와 그린캠퍼스 구축 사업 동행

이노버스는 대학교의 그린캠퍼스 구축도 함께하고 있다. 올 5월 이노버스는 서울대학교와 그린캠퍼스 구축을 위한 자원순환 업무협약을 맺고 캠퍼스 내 자원순환 시스템 구축을 위해 쓰샘 리펫 7대를 설치했다. 교

직원과 학생 등 학내 구성원들의 올바른 분리배출 문화 정착과 탄소중립 사회 실현이 공동 목적이다. 수집한 폐기물 데이터를 실시간으로 집계해 수집량, 투입시간대, 탄소절감량 등 환경 데이터로 환산하는 데이터 대시보드도 제공했다. 이노버스는 페트병 수거기 운영 및 관리, 서울대 학생들의 환경의식 제고를 위한 녹색생활 실천 유도, 환경동아리 학생들과 협력한 친환경 가치 전파 대외활동 등도 함께 진행하고 있다. 서울대 관악생활관 담당자에 따르면, 이 사업은 구성원들의 폐플라스틱 재활용률을 높이는 생활습관을 기르고 그린캠퍼스 구축에도 기여하고 있다고 한다.

그린캠퍼스 구축 사업에는 연세대학교도 참여했다. 이노버스는 연세대와 'AI 페트병 수거 로봇으로 ESG 실천 자동화'를 목표로 5월 쓰샘 리펫 설치 업무협약을 체결했다. 협약에 따라 이노버스는 연세대에서 투명 페트병이 많이 발생하는 중앙도서관 야외 자판기 옆, 생활관 1층, 학생회관 지하 1층에 쓰샘 리펫을 설치했다. 연세대에도 탄소중립을 위한 페트병 재활용 성과를 눈으로 직접 확인할 수 있으며, 환경적 가치를 확인하는 실시간 모니터링 대시보드를 제공했다. 연세대는 미래 세대 학생의 페트병 분리배출 인식 변화를 위한 교내 페트병 재활용 활성화 캠페인을 비롯한 홍보에도 나서 성과를 내고 있다.

이노버스는 대구 지역의 환경도 지키고 일자리도 만드는 '플라스틱 리·스타트Re·start 프로젝트'에도 참여하고 있다. 이 프로젝트는 대구에서 배출된 페트병을 고품질 재활용 원료로 재생하기 위해 이노버스가 한국부동산원, 대구동구지역자활센터, 대구광역자활센터와 협력하여 수거 과정을 체계적으로 관리하는 사업이다. 이노버스는 한국부동산원 본사, 경북대학교, 대구행복진흥사회서비스원에 리펫을 설치했다. 주민이 리펫으로 분리

배출한 고품질 페트병은 대구동구지역자활센터가 수거 운반하여 재활용센터로 바로 전달된다. 이후 별도 관리시설에서 처리된 고품질 투명 페트병은 원료화 과정을 거쳐 생활용품으로 재탄생한다.

이노버스와 대구 협력 기관들은 자활센터와의 협력을 통해 저소득 취약계층의 안정적인 일자리도 창출한다. 이번 업무협약을 통해 4개 기관은 사업 운영을 위한 예산 지원, 페트병 수거 및 순환과정 협업, 고객 참여형 페트병 무인회수기 설치, 지역주민 대상 자원 재활용 촉진을 위한 홍보활동 등의 협력을 진행한다.

이노버스는 R&D와 함께 올해 들어 비즈니스에 더욱 속도를 내고 있다. 이노버스의 제품으로 공동체의 재활용 활성화와 지역의 일자리 창출에 기여하는 사업을 다양하게 벌이고 있다. 공공기관, 지자체, 학교, 기업과 자원순환 협력체계를 구축하고, 환경 캠페인, 자원순환 행사, 팝업스토어 등도 추진한다. 단기간 ESG 프로젝트를 고민하는 곳을 위해 단기 렌탈서비스도 출시했다.

쓰샘으로 우리나라 재활용 인프라에 혁신을 몰고 온 이노버스의 성공 요인은 무엇보다 친환경 성과에 있다. 지자체를 비롯해 학교와 공공기관, 기업에서는 한결같이 쓰샘의 성과에 높은 만족도를 나타내고 있다. 이노버스는 홈페이지에 실시간으로 지금껏 설치한 제품 대수와 수집한 고품질 페트병, 절감한 탄소량을 공개하고 있다. 10월 현재 이노버스가 설치한 제품 대수는 103대, 수집한 깨끗한 페트병은 782,154개, 절감 탄소는 무려 852,547kg에 달한다. 탄소 절감 852,547kg은 어린 소나무 30만 그루를 심은 탄소 절감 효과와 맞먹는다. 폐기물을 자원화하는 친환경 기업 이노버스의 쓰샘은 오늘도 탄소를 절감하며 지구를 살리고 있다.

(주)**이노버스** 발전방향

2년 안에 더 빠르고
똑똑한 제품 나옵니다

"이노버스의 연구개발과 기술의 진보는 멈추지 않습니다. 쓰샘을 제품화하는 데 7개월 정도 걸렸는데, 리뉴얼은 100년이 지나도 계속될 겁니다. 서울테크노파크의 수요발굴·기술이전·투자연계 등 기술사업화 전주기 지원을 통해 쓰샘의 기능과 성능이 확실하게 진일보했습니다. 리펫의 경우 24시간 무인 운영 시스템으로 AI가 0.8초 만에 투명 페트병만 선별합니다. 선별 후 바로 적재해 처리 속도가 빠르고 압축 시 소음도 없습니다. 운영 데이터 관리도 스마트합니다. 사용 기관에서는 만족하지만, 우리는 만족하지 않습니다. 지금보다 더 똑똑해져야 합니다. 더 빠르고 정확하게 처리해 하루 100톤 수집이 단기목표입니다. 2년 안에 더 빠르고 똑똑한 제품이 나올 겁니다."

장진혁 대표는 기술 개발에 강한 욕심을 드러냈다. 이노버스는 지난 7월에 AI를 활용한 폐플라스틱 재활용 구조 개선으로 중소벤처기업부의 기술창업지원 프로그램인 팁스(TIPS)에 최종 선정됐다. 2년간 최대 5억 원의 연구개발비와 사업화 자금 1억 원을 유치한다. 이번 선정으로 기존 AI 선별 모델을 고도화와 선별 정확도, 처리 속도를 대폭 높일 참이다. 더불어 '프리A 라운드' 오픈에 나서며 더 큰 도약을 준비하고 있다.

이노버스의
그린 사무실

03

울산테크노파크 지원기업
(주)케미폴리오

석유화학 시장, 카다놀 기반
화이트바이오로 '선수교체'

울산테크노파크 정밀화학소재기술연구소

- 기능성 융복합 화학소재 지원센터 구축
  사업·시제품제작 지원사업
  (1000만 원, 21.04~21.12)
- 고기능성 융복합 화학소재 지원센터 구축
  사업·시제품제작 지원사업
  (1000만 원, 22.04~22.12)
- TIPS 기술개발사업 (6.8억 원, 22.04~24.03)
- 울산 기술사업화역량강화사업
  (5억 원, 23.01~24.12)

| 지원성과(전·후)
- 매출액: (2021) 47억 원 → (2022) 53억 원
  (↑13%)
- 고용: (2020) 10명 → (2022) 15명(150%)

친환경 바이오매스 화학 기업-(주)케미폴리오

케미폴리오는 친환경 바이오매스 기반 첨단 화학소재 제조기업이다. 바이오매스의 한 종류인 캐슈넛쉘액^{CNSL}에서 추출한 천연소재 '카다놀'을 주원료로 여러 첨단 화이트 바이오 화학물질을 연구 개발해 생산하고 있다. 카다놀에 기반한 에폭시 소재 및 경화제, 바이오폴리올, UV 아크릴레이트 등이 주력 제품이다. 최근에는 바이오플라스틱 첨가제 및 난연성 폴리올 등의 고기능, 고부가가치 제품 개발과 생산화에 집중하고 있다. 임직원 16명 중 R&D와 품질관리 인력이 11명일 정도로 기술고도화와 품질경쟁력 향상에 힘쓰고 있다. 울산테크노파크에 기업부설연구소가 있고, 울산미포산업단지에 1,750평의 토지를 마련해 내년 하반기 준공 목표로 생산공장 건설에 매진하고 있다.

카다놀을 추출하는 캐슈넛은 열대지방에서 자라는 캐슈나무의 열매다. 베트남이 최대 생산국이고, 인도와 아프리카 지역에서 재배하고 있다. 다른 견과류와 달리 알맞은 단맛에 고소하고 씹어먹기에 좋을 만큼 단

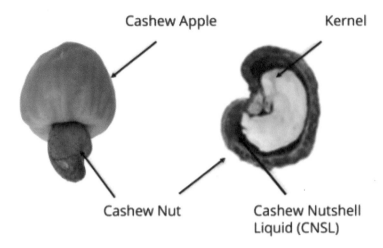

Cashew Apple

Kernel

Cashew Nut

Cashew Nutshell
Liquid (CNSL)

캐슈넛 열매 사진

단해 대부분의 나라에서 요리재료와 간식용, 술안주로도 인기다. 이 캐슈넛 열매를 감싸고 있는 껍질을 까는 게 매우 힘든 작업인데, 베트남과 인도가 주요 생산지가 된 이유도 캐슈넛 생산공장이 숱하게 들어섰기 때문이다. 그러니까 베트남은 캐슈넛을 재배하는 농장도 많지만, 다른 나라에 비해 캐슈넛 껍질을 까는 공장이 세계에서 가장 많은 셈이다.

공장에서 캐슈넛 열매를 생산하고 버려지는 껍질은 매우 두껍고 단단하고 기름기가 많다. 이 껍질을 압축해서 기름을 짜내고, 짜낸 기름에서 다시 물리적으로 추출한 소재가 바로 카다놀이다.

카다놀은 석유화학 소재로 다양하게 쓰이는 페놀과 분자구조가 비슷하다. 가끔 석유화학 공장에서 발생하는 유출 사고로 널리 알려진 대로 페놀은 하이드록시 벤젠에 해당하는 방향족 알코올로 1급 발암물질이다. 특이한 냄새가 나는 무색의 고체로 콜타르에 들어 있다. 합성수지와 염료를 비롯해 방부제, 소독 살균제, 폭약 등을 만드는 데 사용한다. 쓰임은 많지만 인체에 유해한 페놀을 대체할 수 있는 화학소재로 떠오른 친환경 소재가 케미폴리오가 생산 가공하는 카다놀이다.

이철원 대표의 캐슈넛과의 인연이 창업으로 이어져

케미폴리오 이철원 대표가 베트남에서 캐슈넛을 만난 것은 '운명 같은 우연'이었다. "호주에서 회계사로 일하다 친환경 사업을 해보고 싶어 바이오에너지 무역회사를 운영했습니다. 회계사는 안정적인 전문직이지만 매일 숫자를 만지고 따지는 게 지루했습니다. 너무 늦지 않게 심장을 뜨겁게 하는 새로운 사업에 도전하고 싶었습니다. 이왕이면 세상에 도움이 되는 친환경 사업을 하면 좋겠다고 생각했습니다. 여러 아이템을 검토한 끝에 틈새시장이 보이던 바이오에너지 무역업에 뛰어들었습니다. 인도네시아 고위 경제관료로 있던 호주 대학원 친구의 도움이 컸지요. 주로 동남아에서 에너지 무역을 진행하다가 베트남의 캐슈넛쉘유 시장에 많은 관심을 가지게 되었습니다. 여러 곳의 캐슈넛쉘유 공장을 방문하며 그 제조 과정에 대해 연구하였습니다. 캐슈넛쉘유는 주로 저급의 보일러유 원료로 사용되는데, 차라리 여기에서 카다놀을 추출하면 더욱 큰 부가가치를 창출할 수 있는데도, 카다놀 기반 바이오화학제품 제조업이 국내에는 거의 없다는 것에 착안하였습니다. 카다놀은 석유화학 소재인 페놀과 그 분자구조가 비슷하여 여러 화학 제품들을 대체할 수 있거든요. 즉 석유화학 소재를 대체할 수 있는 식물성 바이오소재이기에 그 수요는 무궁무진하다고 봤습니다."

명문대학에서 경영학을 전공한 이 대표는 풍족하고 안정적인 삶이 보장된 금융맨이었다. 모두가 부러워하는 잘 나가던 공인회계사였다. 대학

이철원 대표의 핵심기술 연구개발을 위한 해외 출장

을 졸업하고 모건스탠리 등 외국계 금융기관에서 13년을 근무하며 실력
을 인정받았다. 공부를 더 하고 싶어 호주 시드니에 있는 명문 뉴사우스웨
일즈대학에서 회계학을 전공했고, 연구중심대학 맥쿼리대학에서 금융공학
석사를 땄다. 이후 호주에서 공인회계사로 일하며 쌓은 경험은 이 대표가
케미폴리오의 재무구조를 안정적으로 유지하는 데 바탕이 되고 있다.

　　바이오에너지 원료 조달차 방문한 베트남의 캐슈넛쉘유 공장은 이
대표의 운명을 바꿔 놓았다. 똑같은 피사체를 보더라도 누가 무엇을 보느
냐에 따라 결과는 달라진다. 마침 세계적으로 화석연료 기반이던 에너지
시장이 신재생에너지로 전환되고 있었다. 석유화학 소재도 환경보호와 인
체 안전성을 위해 각종 바이오매스 소재로 바뀌는 추세였다. 하지만 한창
개발되던 바이오매스 원료는 치명적인 단점이 있었다. 새로운 바이오화학
물질로 쓰이는 게 인류의 식량자원인 콩, 옥수수의 기름을 기반으로 하기
때문이다.

이 대표는 2018년 운영하던 바이오중유 제조 및 유통회사를 매각하고 새롭게 발견한 바이오매스에 매달렸다. 식물성오일인 CNSL^{cashew nut shell liquid oil}과 카다놀에 대한 자료를 찾고 연구논문을 공부하며 깊이 파기 시작했다. 카다놀은 알면 알수록 매력적인 소재였지만, 당장 창업하기엔 더 많은 연구와 준비가 필요함을 알게 됐다. 여러 국립대학 및 국가출연 연구소와의 협력을 통해 활발하게 연구를 계속했다. 캐슈넛쉘액에서 카다놀을 추출하는 기술에서부터 싹이 보이기 시작했다.

2019년 카다놀 기반 바이오화학 기업 창업

"전 세계적으로 캐슈넛쉘유 생산량이 연간 100만 톤쯤 됩니다. 이 중 베트남에서 생산하는 비중이 약 40%로 40만 톤 정도입니다. 이렇게나 많고 값싼 캐슈넛쉘유로 추출한 무독성, 무휘발성 화학소재가 바로 카다놀입니다. 카다놀을 활용해서 만들 수 있는 값비싼 화학제품 아이템은 무궁무진합니다. 당시 국내 시장은 걸음마 단계라서 도전해 볼 만하다고 생각했습니다."

차근차근 꼼꼼하고 깐깐하게 준비를 마친 이 대표는 2019년 4월 카다놀 기반 바이오화학 기업인 케미폴리오를 창업했다. 회사 이름인 케미폴리오는 '케미칼'^{chemical}(화학)과 포트폴리오의 '폴리오'에서 따왔다. 화학 기업임을 분명히 하면서 이 대표가 금융맨 시절 포트폴리오를 관리했던 경험에 착안해 붙인 이름이다. 이 대표는 '세상에 이로운 바이오화학 제품 꾸러미'가 회사 이름의 의미라고 설명했다. 케미폴리오는 고순도 카다놀로 페놀 기반 제품들을 대체하고 적용할 수 있는 다양한 바이오 화학제품을 생산하는 B2B 기업이다. 거래 기업에 소개하는 회사와 제품의 포트폴리오도

카다놀 추출을 위한 캐슈넛쉘액(Cashew Nut Shell Liquid)

그만큼 중요하다는 이 대표의 의지가 회사 이름에 담겼다.

케미폴리오는 베트남 등지에서 수입한 캐슈넛 껍질을 활용해 고순도의 카다놀을 생산한다. 단순 카다놀 추출 생산뿐만 아니라 이를 적용한 바이오화학 제품을 생산해 필요 기업에 공급한다. 창업 당시 국내엔 카다놀 추출 생산 기업조차 많지 않았다. 더구나 카다놀에 기반해 화학제품을 개발 생산하는 업체는 찾기도 어려운 실정이었다. 이 대표는 R&D 연구를 통한 카다놀 제품개발과 경쟁업체 조사, 시장성을 파악하기 위해 큰 노력을 기울였다. 카다놀 기반 화학소재는 전 세계적으로 미국의 C사가 대표적이다. 국내 페인트 업체에서 C사의 에폭시 및 경화제 제품 등을 판매하는 정도의 시장을 형성하고 있었다. 벤치마킹할 선도 업체가 마땅치 않아 케미폴리오는 창업 초기 이래저래 어려움을 겪었다.

저순도 카다놀   고순도 카다놀

　"카다놀은 국내에서 잘 알려지지 않은 원료입니다. 어떠한 제품을
개발해야 하고, 제품의 우수성이 어떠한지, 시장성과 적용 분야, 판매업체
확립에 애로가 많았습니다. 참 좋은 소재를 찾았는데 시장에서 먹힐 제품
을 찾고, 시장에서 사줄 품질과 가격경쟁력은 어느 정도인지 고민하느라
많은 시간을 썼습니다. 먼저 R&D 연구를 통해 카다놀, 카다놀 에폭시, 페
날카민 개발에 주력했습니다. 더불어 페인트·도료 분야에 적용하기 위한
업체와 시장 조사, 영업을 통한 시제품 평가도 진행했습니다. 자체 노력으
로 여기까지 왔는데, 사업화를 위해 필요한 제품개발 및 양산공정 표준화
에서 막혔어요. 랩Lab 규모로 개발된 합성공정을 스케일 업 테스트하고, 시
제품 생산을 위해서는 파일럿Pilot 규모의 설비가 반드시 필요하거든요. 그
러다 울산테크노파크의 첨단장비를 활용한 합성공정 표준화 및 시제품제

작 지원으로 막힌 혈이 뚫린 것입니다. 개발 중인 카다놀 기반의 전자재료용 친환경 에폭시 모노머 및 폴리올 모노머의 양산공정 표준화 확립 및 조기 사업화에 성공할 수 있었습니다."

울산테크노파크 지원사업 성공으로 제품양산에 돌입

케미폴리오는 울산테크노파크와 2019년 증류장비 사용을 시작으로 합성장비 임차, R&D 지원사업 수행 등 긴밀한 협력관계를 맺어오고 있다. 울산테크노파크 안에 기업부설연구소를 설립해 울산 한국화학연구원과의 R&D 지원사업 수행, 협력체계 구축 등 부산·울산·경남 지역의 바이오화학산업 활성화에 적극적으로 협력하고 있다. 케미폴리오는 2021년과 2022년 2년 연속 울산테크노파크의 '고기능성 융복합 화학소재 지원센터 구축 사업'에 참여했다. 첫해엔 카다놀 기반 고기능성 에폭시 수지 원료소재 개발 및 시제품 제작지원, 이듬해는 카다놀 기반의 친환경 에폭시 모노머와 폴리올 모노머 개발 관련 시제품 제작 지원을 연속해 받았다. 울산테크노파크의 지원을 받은 케미폴리오는 고객사가 요구한 기한에 맞춰 카다놀 기반의 전자재료용 친환경 에폭시 모노머 및 폴리올 모노머를 안정적으로 개발하고 실증하게 되었다.

개발제품 생산에 필요한 전용공장 신축을 위한 기초 엔지니어링 자료를 확보해 대량생산 기초를 마련한 것도 수확이었다. 울산 기술강소기업 유치와 이어진 표창 등의 회사 경사가 각종 매체에 보도되면서 전국적으로 확실한 홍보 효과도 누리게 되었다. 대기업의 지원과 협력도 꾸준하게 이어지고 있다. 케미폴리오는 SKC의 신소재 기술 공모전 '스타트업 플러스'를 통해 2000만 원 상당을 지원받는 등 이런저런 상금과 연구과제 지원금

SKC 스타트업 플러스 수상 사진

벤처 기업인 수상 사진

이 끊이지 않고 있다. 카다놀을 통한 기업의 ESG 경영 관련 오픈 이노베이션[OI]도 진행하고 있다. 2022년 6월에는 조광페인트와의 OI로 생분해성 코팅제 개발을 함께했다.

울산테크노파크와의 협력을 통해 케미폴리오는 성장의 가속페달을 더 세게 밟고 있다. 2022년에는 팁스[TIPS] 기술개발사업에 선정되어 6억 8000만 원의 지원금을 받아 3년 기한으로 카다놀 아크릴레이트 기반 UV 경화코팅 모노머 및 수지 개발에 몰두하고 있다. 올해부터 내년까지 울산 기술혁신형 중소기업 육성지원사업에 참여해 5억 원의 지원금으로 99.5% 이상의 초고순도 카다놀 제조 및 이를 이용한 난연성 폴리올 개발을 진행하고 있다. UV 경화코팅은 물론 난연성 폴리올 제품 개발이 성공적으로 완료되면 케미폴리오는 성장에 거대한 날개를 달게 된다. 불에 강한 난연 효과가 뛰어난 폴리올 개발에 성공하면 바닥재, 벽체 등 건축 소재 시장에서 케미폴리오는 곧바로 히든 기업으로 등극하게 된다. 불에 타지 않고 불을 옮기지 않는 난연성 소재는 건축 시장의 숙원 제품이기 때문이다.

카다놀 기반 화학제품 적용분야 넓고 시장 밝아

카다놀 기반 화학제품은 특장점이 많고 경쟁력이 크다. 바이오매스 기반 제품이기에 바이오매스 함량이 높고, 화학구조 특징으로 안정적인 효과가 나타난다. 상대적으로 열에 강하고 화재에 안전하며, 유연성과 방수성이 높다. 제품에 따라 생분해성, 항균성 등의 고기능성도 지니고 있다. 케미폴리오의 카다놀은 바이오매스함유량 100%로 완벽한 바이오매스 물질이며, 케미폴리오가 개발한 카다놀 기반 제품은 모두 미국 농무부[USDA] 인증 기준으로 바이오매스를 최소 70~99% 이상 함유하고 있다.

USDA 인증 라벨

카다놀 기반 제품은 여러 가지가 있고 분야에 따라 제품의 특장점과 경쟁력을 달리한다. 페인트 및 도료 분야에 적용하는 카다놀과 카다놀 에폭시는 점도가 낮아 희석제로 사용된다. 저온 속건성 경화제 페날카민은 저온에서도 경화가 잘 일어나는 특장점으로 선박 및 중방식용 경화제로 안성맞춤이다. 글로벌 조선 경기가 살아나고 국내 조선소에 선박 주문이 몰리면서 페날카민 매출 전망은 더욱 밝아지고 있다.

카다놀 기반 폴리올은 기본적으로 방수성이 우수하게 나타난다. 특정 구조의 폴리올은 종이와 코팅하면 생분해성이 뛰어나다. 카다놀 기반 아크릴레이트는 항균성이 뛰어나 대장균과 황색포도상구균을 99.9% 이상 제거한다. 이처럼 카다놀은 여러 가지 석유화학 제품을 대체해 다양하게 활용할 수 있는 친환경 신소재다. 케미폴리오가 연구 개발하는 카다놀 기반 제품은 적용 분야와 쓰임에 맞게 기능성을 최적화하는 게 특장점이다. 이렇게 국내에서 독보적인 케미폴리오의 기술을 미국의 카돌라이트와 견

주면 어떨지 이 대표에 물었다.

"우리 기술이 결코 뒤지지 않습니다. 다만 카돌라이트는 기성 제품의 대량생산으로 매출규모가 클 뿐입니다. 그리고 우리는 카돌라이트와는 다른 길을 갈 겁니다. 우리는 카다놀을 적용한 신규 분야의 고도화된 제품을 계속 개발하여 시장을 공략할 것이기에 카돌라이트와는 아예 경쟁을 하지 않는 것이지요. 국내 화학소재 대기업과도 제품 차별화를 통해 결을 달리할 겁니다. 경화제나 에폭시는 이미 시장이 존재해서 경쟁할 수밖에 없습니다. 하지만 석유화학 기반의 UV 원료의 대체제가 되는 바이오매스 기반 접착제 같은 경우 안정적으로 생산한다면 수백억 시장이 새로 생기는 겁니다. USDA가 바이오매스 99% 소재로 인정한 바이오 폴리올로는 더 많은 제품을 개발할 수 있습니다. 우리는 '카이사르의 것은 카이사르에게' 주고 우리 시장을 따로 만들어 갖겠다는 전략입니다."

카다놀 추출과 화학소재 원료합성 기술이 핵심

이 대표가 자랑하는 케미폴리오의 핵심기술은 두 가지다. 첫째는 CNSL에 포함된 카다놀을 추출할 수 있는 기술과 카다놀을 기반으로 다양한 화학소재 원료를 합성할 수 있는 기술이다. 카다놀 추출 기술은 기존에 알려진 일반적인 단증류가 아닌 진공을 이용한 분자증류 기술이다. 분자증류 기술개발로 케미폴리오는 생산성을 높이고 최대 99% 이상의 고순도 카다놀을 생산함으로써 미국과 동등한 기술력을 보유하게 되었다. 합성기술 고도화를 위해 카다놀의 화학합성과 물성평가를 수백 번 반복 수행했다. 이를 통해 제품의 순도를 높이고 반응성과 분자량을 제어할 수 있는 여러 가지 기술도 갖췄다. 또한 수요기업의 요구에 맞추어 화학구조 및 물성맞춤형 제품을 생산할 수 있는 기술도 동시에 확보하고 있다.

케미폴리오는 기술력 개발과 더불어 제품생산을 늘리기 위해 공장 건립을 서두르고 있다. 울산미포산업단지에 들어설 신규 공장은 연간 5,000톤의 제품을 생산할 수 있는 규모로 디자인했다. 주로 매출 증가가 기대되는 에폭시와 폴리올 제품을 생산할 계획이다. 여기에 UV 아크릴레이트와 바이오 플라스틱 분야 제품개발이 완료되면 신제품 생산도 추진하고 있다.

공장 준공을 전제로 SK 피유코어, 한화솔루션, LG화학 등 대기업과 중소기업 2개 사의 시제품 품질 검증 완료와 일부 구매 계약도 체결했다. 이 대표는 신규 공장이 완공되면 연간 매출 360억 원이 가능할 것으로 내다보고 있다. 2025년에는 해외에 원재료인 캐슈넛쉘액 및 카다놀을 추출하는 생산공장을 건립할 계획이다.

공장을 만드는 데 드는 돈은 크게 걱정하지 않는다. 2020년 울주군에 건립하려다 무산된 공장건립용으로 유치한 투자금이 고스란히 남아 있고, 새로운 투자유치 진행도 순조롭다. 벤처투자 시장에서 케미폴리오의 탄탄한 재무구조와 유연한 현금흐름, 뛰어난 기술경쟁력과 밝은 매출 전망은 매력적인 투자 조건이란 평가다.

케미폴리오의 기술적 목표는 화이트 바이오 산업 분야 중에서도 고부가가치 제품 개발이다. 전기·전자, 반도체, 바이오 플라스틱 등에 적용될 수 있는 고기능성 바이오매스 제품이 이에 해당한다. 이를 기반으로 국내 화학기초소재 및 스페셜티 케미칼 시장에 진입하고, 해외 진출에도 나설 참이다. 카다놀 기반 제품의 원료인 캐슈넛이 바이오매스로써 이산화탄소를 흡수하고 탄소중립에도 도움이 된다는 점에도 기대를 걸고 있다. 대기

해외 CNSL 공장 전경 1

해외 CNSL 공장 전경 2

해외 CNSL 공장 전경 3

업의 ESG 도입과 탄소중립 대응에도 케미폴리오의 친환경 바이오 제품이 유용하기 때문이다.

케미폴리오의 가장 큰 경쟁력은 우수한 인력

케미폴리오에는 창업 이래 경영지원과 품질관리, 생산관리 분야의 내로라하는 '고수'들이 꾸준히 합류하고 있다. 현재 회사를 함께 이끄는 조민재 공동대표는 KG ETS의 바이오사업부 출신으로 여러 사업 진행과 경영지원을 총괄하고 있다. SK에너지와 SK피유코어에서 34년간 전문지식과 현장경험을 쌓은 강원광 본부장은 품질보증 및 관리 총괄을 맡고 있다.

케미폴리오의 기술고도화를 위해 설립한 기업부설연구소인 친환경 신소재연구소의 김수형 연구소장은 츄고쿠삼화페인트와 니폰페인트코리아에서 근무한 이력을 살려 연구개발을 총괄하고 있다. 김 소장과 함께 사업기획과 선행기술 조사를 맡은 박용범 팀장과 제품개발, 공정개발에 주력하는 김우형 팀장이 연구소의 R&D 기술을 책임지고 있다.

또한 2023년 10월자로 SK이노베이션에서 수십년간 공정기술을 총괄하던 박근수 공장장과 오장율 생산부장이 케미폴리오에 합류하여 완벽한 공장건설에 매진하고 있다. 이 대표는 케미폴리오 비전과 경쟁력은 우수한 인력에서 나온다고 강조한다.

"경영도 기술개발도 결국 사람이 하는 것입니다. 우리 회사는 설립 이래 지금까지 개인 사정으로 회사를 떠난 두 분 외에는 계속 근무하고 있습니다. 지금 당장 대기업과 비교하면 급여와 사원복지 등에 부족한 면이 있지만, 칭찬과 응원, 비전 공유는 세계 일류기업에 뒤지지 않는다고 자부합니다. 늘 직원을 칭찬하려 노력합니다. 실제 직원 모두 맡은 직분을 충실히 이행하고 성과도 좋고요. 회사의 비전은 시장에서 인정받는 기술과 실적에 있다고 봅니다. 여기에 직원 모두에게 수익배분을 약속했습니다. 직급별로 핵심 직원들에게 주식의 형태로 미래수익을 배분할 수 있는 장치를 만들어 주었고요, 회사의 발전에 따라 주식 가치를 향상시켜서 잘하면 집 한 채까지도 마련할 수 있는 수익을 공유할 수 있도록 하였습니다. 향후 주식시장 상장은 기술특례보다는 회사의 매출과 수익으로 해낼 생각입니다. 상장 시기는 국내외 대규모 공장이 완공되고 본격적으로 수익이 실현되는 2027년~2028년이 될 것으로 봅니다."

벤처투자자에게 한마디

유행 따라가지 말고
기술과 비전을 보세요

올해 들어 벤처투자 시장에서는 잘 나가던 분야조차 옥석가리기가 심해진 분위기다. 기세가 등등하게 덩치를 키운 바이오벤처도 최근 약속이나 한 듯 주주배정 유상증자를 통해 주주들에게 손을 내밀고 있다. 주주들은 주가 하락을 우려하면서도 마지못해 울며 겨자 먹듯 유상증자에 참여하는 실정이다. 인터뷰 끝머리에 회계사로서 벤처기업 장부를 훑어 투자분석도 해봤고, 지금은 벤처기업가로서 투자유치 PT를 하는 상반된 입장인 이 대표에게 '투자자에게 한마디'를 부탁했다.

"하, 투자자님들께 할 말 참 많습니다. 많은데, 콕 집어 한마디만 할게요. 유행만 따라가지 말라는 겁니다. 유행 따라 투자하는 것도 제멋이지만. 유행은 길어야 몇 년이고 결국 실적입니다. 한때 투자시장을 싹쓸이하던 플랫폼, 메디컬, 3D프린터, NFT, 블록체인, 2차전지, 로보틱스 창업기업 중 살아남은 게 몇 개나 있나요. 투자시장 트랜드와 마케팅 등에 의존한 일시적인 성장이 아니라 지속적으로 시장 지위를 높이고 내실이 탄탄한 기업을 찾으세요. 어느 분야든, 그런 기업이 명품입니다. 명품기업은 기술적 경쟁우위와 시장을 만들고 키우는 비전으로 탄생하니까요. 바이오케미컬벤처에도 그런 기업이 있습니다."

올해 벤처투자 업계의 핵심 이슈는 리스크관리와 성장이라는 두 마리 토끼를 동시에 잡는 기업 찾기다. 자금흐름이 유연한 재무구조와 성장세가 뚜렷하면서도 지속 가능성을 주로 살피고 있다. 이 대표는 벤처에 투자하려면 돈의 흐름을 보라고 조언했다.

"재무구조와 성장세가 좋은 데다 경영자가 재무담당에게 과도하게 의지하지 않고 현금흐름을 직접 챙기는 기업, 투자금 사용 계획과 사용처가 일치하는 기업이라면 더욱 좋은 투자처입니다."

04 전북테크노파크 지원기업
디와이이노베이트(주)

산업기계의 개념을 바꿔 편리한 미래 세상을 선사한다

디와이이노베이트(주) 제1공장 전경

| 전북TP 지원사업명

- 선도기업 기술개발역량강화 지원사업
  (2억 원, 21.09~22.08)

| 지원성과(전·후)

- 매출액: (2020) 899억 원 →
  (2022) 1920억 원(↑114%)
- 고용: (2020) 196명 → (2022) 259명(↑32%)

EV 플랫폼 활용 신사업개발-디와이이노베이트(주)

1978년 10월 동양유압(주)는 출범과 함께 경상남도 창원공장에서 국내 최초로 건설 장비용 유압 실린더 생산에 들어갔다. 현 디와이^{DY} 그룹 최고 ESG$^{Environmental, Social and Governance}$ 책임자를 맡고 있는 조병호 회장이 창업주다. 그는 대우중공업(현 HD현대인프라코어)에 입사해 기계·부품산업계에 발을 딛고, 32세의 젊은 나이에 유압기기 회사를 설립했다.

"동양유압(주)가 우리 디와이이노베이트(주)(https://innovate.dy.co.kr)의 모태입니다. 동양유압(주)는 자동차 부품과 산업기계 등의 사업 부문으로 확장하면서 인천에도 공장을 세우고 1988년 8월 동양기전(주)로 회사명을 바꿨습니다. 2014년에는 다시 디와이(주)로 변경하면서 유압기기사업 부문은 디와이파워(주)로, 자동차 부품사업 부문은 디와이오토(주)로 기업 분할해 지주사 체제를 갖췄습니다."

디와이이노베이트(주) 이승창 대표는 '산업기계사업 부문은 디와이(주)의 사업부로 남아 있었다'고 덧붙인다. 전문경영인인 그는 디와이 그룹

디와이이노베이트(주) 이승창 대표

의 각 계열사에서 두루 근무한 '평생 디와이맨'으로서 2020년 5월 디와이이노베이트(주)가 물적 분할에 의해 분사했을 때 대표이사로 취임했다.

"조병호 회장께서는 '디와이는 사원의 회사'이며, '대표이사는 사원 중에서 뽑는다'는 원칙을 가지고 계십니다. '임직원 한 사람 한 사람이 기업의 주체'라는 경영철학이 전문경영인 체제 정착의 뿌리입니다. 전문경영인 체제 외에도 일찍부터 사원들의 경영 참여, 이익공유제, 독서경영 등 선진 기업문화를 도입하셨습니다."

선각자적 경영 마인드의 소유자인 조병호 회장은 현재 이사회 의장으로서 큰 틀에서 조언만 하는 정도로 경영에 관여한다. 디와이이노베이트(주)의 경영 책임은 전적으로 이승창 대표의 몫이다. 이 대표는 디와이(주) 상무이사로 보직된 2016년부터 산업기계사업부장 업무를 수행하며 사실

상 사업을 총괄해 왔다.

인간 친화적으로 노동력을 절감해 주는 제품들

디와이 그룹은 주력 계열사들의 내실 있는 성과를 축적하며 2022년 매출액 1조 1000억여 원을 달성했다. 기계 부품 소재와 특장차 제조 등에서 주요 기술의 완전 국산화를 주도하고 있으며, 글로벌 시장 경쟁력을 갖춰 지속 성장의 기반을 탄탄하게 닦았다. 그룹사 임직원 수는 국내 1,450명에 해외 1,500명으로 총 2,950명에 달한다.

전라북도 익산시 석암로 13길 118에 자리한 디와이이노베이트(주)는 공식 출범한 지 4년차로 디와이 그룹 계열사 중 분사가 가장 늦었다. 익산 제2일반산업단지 내 제1공장과 제2공장에서 카고크레인·콘크리트펌프카·

골프카·자동세차기 등 전략 제품군을 생산하고 있다. 분사할 때 199명이었던 임직원 수는 280명 규모로 늘어 그룹 전체의 10%에 살짝 못 미친다.

"디와이이노베이트(주)는 디와이 그룹에서 유일하게 B2C^{Business to Consumer}(기업·소비자 간 거래) 사업을 진행하는 회사이고, 자체 브랜드를 가지고 있습니다. 1992년 12월 익산공장을 준공하면서 건실한 지역기업으로 자리 잡아 왔습니다. 사업 영역은 1996년 스틱크레인과 세차기, 2000년 넉클크레인, 2008년 대형 콘크리트펌프트럭^{CPT}, 2009년 골프카의 순으로 넓혔습니다."

이승창 대표는 '디와이이노베이트(주)가 지주회사 내의 한 사업부로 속해 있는 동안에도 독립 경영 체제로 운영되어 왔다'고 밝힌다. 사업부일 때는 본사가 인천광역시에 있었지만, 분사 후에는 완전히 익산으로 이전했다. 이 대표 자신은 '사업부장에서 대표로 호칭만 바뀐 것 같다'고 한다. 그만큼 디와이이노베이트(주)는 실질적으로 연륜이 깊은 회사다.

"우리가 생산하는 제품을 묶어 '산업기계사업'이라고 통칭하지만, 인간의 노동력을 절감해 준다는 측면에서 '휴먼 프렌들리 메이커'^{Human Friendly Maker}의 비전을 말할 수 있다고 봅니다. 각각 성격이 다른 제품인 것 같아도 인간 친화적으로 노동을 대신하는 장비들이라는 공통점이 있지요."

이승창 대표는 디와이이노베이트(주)의 이미지가 좀 더 친숙하게 느껴질 수 있도록 사업 성격을 규정 짓는다. 2018년 평창 동계올림픽 때는 비록 지금의 이름은 아니었지만, '올림픽 사상 최초의 자동세차기 부문 공식 후원사'이기도 했다.

디와이이노베이트(주)는 설립 첫해 899억여 원이었던 매출액이 다음해인 2021년에 1524억 원으로 급등하는 좋은 실적을 거두며 분사 효과를

톡톡히 누렸다. 국내시장에서 야마하 사와 경쟁하고 있는 골프카 제품에서
는 자체 브랜드 'APRO(에이프로)'를 내세워 최근 일본 수출 성과를 올림으
로써 화제가 되었다.

현재는 성장 네트워크 가동을 본격화한 상태다. 익산 제1·2공장을
중심으로 제조와 판매본부를 구분해서 전국 지점망과 직영 애프터서비스
센터를 새롭게 구축했다. 신사업 분야로는 미국 LSV^{Low Speed Vehicle} 시장의
본격적인 진출도 계획 중이다.

사회 발전에 기여하는 기술기업의 내일

디와이이노베이트(주)의 사업 목표는 '1등 제품 경쟁력 확보'에 있다.
크레인 부문에서는 정보기술^{IT} 접목 기술 기반의 스마트 안전^{Smart Safety} 크
레인을 지향한다. 콘크리트펌프카는 북미·유럽 중심의 전략시장에서 제품
라인업을 강화하고 있다. 세차기는 최근 산업 기술과 트랜드를 반영해 무
인화 세차기와 비대면 서비스가 가능한 앱^{APP}, 넌브러시^{Non-Brush} 세차기를
개발·접목해서 사용자 편의성을 높였다. 골프카의 경우는 글로벌 품질 수
준으로 올라서고 있다.

각 제품별로 보면, 먼저 크레인 사업은 30여 년 전 일본에서 도입된
직진식 트럭마운팅 크레인으로 시작했다. 국내기업들의 경쟁 속에서 우리
나라의 특성에 맞게 진화해서, 완성 제품은 해외에서도 품질을 인정받고
있다.

디와이이노베이트(주)는 크레인 제조업체 중 2025년 매출 1위를 목
표로 한다. 국내의 특별 수요 충족에 총력 대응하며, 한국기업들 간의 경쟁
이 치열한 해외에서는 러시아·중동 등의 시장점유율 확대에 역점을 두고

크레인 제품 생산 라인

콘크리트 펌프 트럭

자동세차기 제품

서 글로벌 진출을 겨냥하고 있다.

유럽의 기술에 도전 중인 콘크리트펌프카의 경우도 마찬가지다. 세계시장의 25% 이상을 국내 4개 기업의 제품들이 차지하고 있다. 타 업체들에 비해 후발 주자이기는 하지만, 디와이이노베이트(주)는 이 사업 부문에서도 매출 1위가 목표다. 앞으로 북미와 유럽 수출을 확대하는 전략을 추구하며, 기존 품질 경쟁력의 업그레이드를 추진해 나갈 예정이다.

30년 가까이 축적한 역량을 토대로 한 자동세차기 부문은 전국에 6개 직영 지사를 두고 국내시장 판매량을 확대하고 있다. 일본기업이 인수한 업체와 1 : 1 경쟁 구도인 우리나라에서 시장점유율 1위로 올라서는 목표 연도를 2025년으로 잡고 품질과 서비스를 고도화하는 한편, 글로벌 최대시장인 북미와 신흥시장으로 떠오르고 있는 중동 진출도 준비 중이다.

EV 사업 모델 다각화를 추진 중인 골프카

국내 골프카 시장도 일본의 야마하 사와의 양강 구도를 꾸준히 유지해 왔다. 불과 몇 년 전까지만 해도 업력과 인프라에 밀려 상대보다 열세를 보였지만, 내수사업에 치중하면서 우세하게 반전시켜 나가고 있다.

다만, 국내시장에서 골프카의 성장세는 분명한 한계가 존재하며 '코로나19' 사태 이후 골프 산업의 침체기 도래에 대비한 돌파구가 필요하다. 디와이이노베이트(주)는 이러한 환경 변화를 극복하고자 글로벌 시장 진출과 EV^Electric Vehicle(전기자동차) 플랫폼을 활용한 사업 모델의 다각화 전략을 추진하고 있다.

"사업 전망으로는 EV 골프카 시장 쪽이 밝은 편입니다. 당연히 우리는 국내에서 시장점유율 1위를 목표로 하며, 북미와 아시아를 주축으로 하는 글로벌 네트워크화를 지속해 수출 확대를 꾀하고 있습니다. 향후 성장 가능성이 큰 분야여서 다각적인 검토와 더 많은 준비를 해 나갈 생각입니다. 현 단계에서는 모빌리티^{Mobility} 부문의 자율 주행과 연관된 다양한 서비스를 염두에 두고 기술 중심의 미래사업을 구상하고 있습니다.”

이승창 대표는 새로운 먹거리이자 신성장 동력으로서 EV 사업을 평가한다. 디와이이노베이트㈜의 성장 잠재력을 키우는 데 큰 역할을 해 줄 것으로 기대하고 있다. 아울러 고객과 시장이 각기 다른 주력 4개 제품군의 조화와 보완을 통해 신사업 기회를 적시에 살리는 경영 활동에 집중한다면, 디와이이노베이트㈜가 사회 발전에 기여하는 기술기업으로 인정받을 수 있다고 생각한다.

전라북도 선도기업기술개발사업 참여 선정

‘코로나19’ 사태가 절정인 시기에는 해외 골프 여행 제약과 MZ 세대 유입 등으로 국내 골프 산업은 호황을 누렸다. 전반적 위축을 예상했던 것과는 다른 현상이었다. 이에 따라 디와이이노베이트㈜의 골프카 사업도 매출 확대의 기회를 맞았다.

“한때의 기회에 안주하면 곧장 위기가 찾아옵니다. 국내 골프장들의 수익성이 좋아지면서 골프카 교체 수요가 늘었는데, 코로나19 국면이 진정되면 오히려 한풀 꺾일 거라고 내다봤습니다. 신제품과 사업 모델의 다각화로 대응해 나가야 할 상황이었습니다.”

마침 EV 플랫폼 사업 진출을 고민하고 있던 때였다. 전북테크노파크에서 2021년 10월부터 2022년 9월까지 1년간 진행하는 ‘전라북도 선도기업기술개발사업’이 돌파구를 마련할 기회일 수 있다고 판단하고 참여를 신청하게 되었다.

주목적은 골프카 사업 측면에서 품질 수준을 높이고 사용성과 편의성을 개선한 신규 모델과 제어 기반의 핵심 기술을 고도화하는 것이 첫째였다. 또한 EV 플랫폼을 골프카에 한정하지 않고, 대규모 플랜트와 유원지·관공서·교통 약자 이동 수단 등으로 활용하는 저속전기차 모델 확대에서도 과제 수행이 필요했다.

이승창 대표는 이의 원활한 진행을 뒷받침해 줄 물적 지원과 지역적 네트워크 활용, 사업 모델의 실효성 검증 등을 위해 자사가 선정되기를 바랐다. 결과적으로 2021년 '전라북도 선도기업'에 선정되었고, 성장에 속도를 낼 수 있는 계기가 되었다. 이 대표는 당시 'EV 플랫폼을 활용한 골프카 및 유틸리티카 개발 과제'에 선정된 것은 EV라는 특수성과 혁신성에서 높은 점수를 받았고, 해당 사업과 기술을 10년 넘게 꾸준히 발전시켜 온 건실한 기업이라는 장점이 작용했기 때문이었다고 분석한다.

"과제 수행을 통해 확보해야 할 핵심 기술은 크게 두 가지였습니다. 하나는 골프카 플랫폼을 저속전기차로 활용하는 북미 등의 글로벌 시장을 공략할 수 있는 2인승 모델의 개발이었습니다. 다른 또 하나는 제어 기술의 고도화와 신기술의 접목으로 전기차 구동 제어 기술 수준을 한 단계 높여야 했고, 원격 모니터링과 멀티 디스플레이 등 다양한 환경에서 요구되는 시스템 개발 기술이었습니다."

이승창 대표는 '단순히 연구개발 성과에 머물지 않고 양산으로 이어지는 신뢰성을 확보하는 것이 이 지원사업을 통해 이루려고 한 목표였다'고 요약한다. 목표 달성 후 이 대표가 꼽는 가장 큰 성과는 2021년과 2022년 국내 골프카 시장점유율 1위로 올라선 것이다. 지원사업의 개발 결

연구개발 회의 진행

과들이 양산 제품에 선반영되어 회사 전체 매출 규모는 2022년 1920여억 원에 이르렀고, 고용 확대가 이루어졌다.

연구개발 성과뿐만 아니라 지원사업 진행 과정에서 연결된 지역 인프라와 네트워크로 다양한 사업적 파트너십을 구축한 것도 성과다. 특히 자동차융합기술원[JIAT]과 전북대는 과제 수행 이후에도 신뢰성 평가 지원과 산학연 연계사업 등 시너지[Synergy] 효과를 창출하는 여러 가지 시도들을 이어가고 있다. 이승창 대표는 이 지원사업을 계기로 2022년부터 전라북도 선도기업협의회 회장을 맡아 왔다.

골프카 사업 부문에서 EV 전문기업 도약

미국 골프카 시장 규모는 우리나라와는 비교가 안 될 만큼 크다. 골프카 플랫폼에서 파생된 차량들이 NEV[Neighborhood Electric Vehicle], LSV 등 저속 전기차 개념의 이동 수단으로도 활용된다.

디와이이노베이트㈜의 'APRO' 골프카는 험하기로 유명한 국내 골프장 환경에서도 안전하게 주행하는 탁월한 성능과 내구성, 견고한 품질이 차별화 포인트다. 따라서 미국을 비롯한 글로벌 시장에서도 충분히 경쟁력이 있다.

현지 실증에서도 힘 좋고, 튼튼하며, 품질 좋은 이동 수단으로 양호한 평가를 받아 해외 진출을 노려볼 만하다. 실제로 그 기술력을 확장해서 EV 플랫폼을 기반으로 한 LSV 개발에 성공했고, 첫 북미 수출 성과도 냈다.

"전라북도 선도기업기술개발사업을 진행하던 중에 미국의 한 딜러로부터 LSV 사업 제안을 받았습니다. 골프카 플랫폼을 활용해서 미국의 저속전기차시장에 진입하면 어떻겠느냐는 것이었습니다. 그런데 미국에 수출을 하려면 최고 속도를 40km/h로 올리고, 등화장치와 속도계 등의 부품이 「FMVSS^{Federal Motor Vehicle Safety Standards}(연방 자동차 안전 기준) 500 법규」를 만족해야 하는 상황이었습니다."

디와이이노베이트㈜가 테크노파크 지원사업 참여 전 생산 골프카 최고 속도는 20km/h였고, 기타 안전장치나 편의장치의 안전 기준이 규정되어 있지는 않았다. 이승창 대표는 처음에는 어렵다고 생각했으나, 개발을 목표로 한 유틸리티 저속전기차 플랫폼과 미국 LSV 제품의 요구 사양에서 많은 공통점을 발견해 제안을 받아들였다.

결국 디와이이노베이트㈜는 지원사업의 과제 수행을 통해 EV 플랫폼 및 제어 기술을 적용한 북미형 40km/h급 LSV 모델 개발을 완료했다. 또한 20km/h급 NEV 시장 진출계획도 수립할 수 있게 되었다. 그리고 2022년 11월 현지사업 중인 USEV 사와 북미 딜러 계약을 체결하고 LSV

골프카 생산 라인원들

사업 진출 성과를 이뤘다.

"기회는 준비된 자에게 찾아온다는 말이 가슴 깊이 와 닿는 소중한 경험이었습니다. 이는 대내외적 긍정적인 환경 조성과 더불어 골프카 사업 성장을 가속화할 수 있는 촉진제가 되었습니다. 물론 각 시장별 규제나 사용 환경을 분석하고 최적화하는 힘든 과정을 거쳐야 했습니다. 그래도 우리의 품질 수준과 기술력을 한 단계 높일 수 있는 계기였습니다."

디와이이노베이트(주)는 테크노파크 지원사업을 통해 일본 GSM^{Green} _{Slow Mobility} 시장 진출계획 등 사업 인프라를 넓히기도 했다. 3세대 EV 플랫폼 및 다양화된 차종을 개발해 2024년 양산 예정이다.

이승창 대표는 골프카 사업 모델과 라인업 확대로 신개발 제품이 확대되는 글로벌 시장 안착을 위해 역량 있는 전문 인력 확충에 많은 노력을 기울였다. 아울러 사업 초기 품질 이슈를 최소화하고, JIAT와 연계한 성능 평가를 수행해 자동차 수준의 주행과 안전 성능 확보에 주력했다. 그 결과,

디와이이노베이트(주)는 EV 전문기업으로의 대도약을 눈앞에 두게 되었다.

'즐거움이 있는 100년 기업'의 비전 실현

30년 전 입사 초기 이승창 대표가 꿈꾼 목표는 '동양기전(주)의 1조 원 매출 달성'이었다. 그 목표는 디와이 그룹 차원의 '1조 원 클럽 가입'으로 실현되었다. 현재 이 대표에게는 디와이이노베이트(주)의 지속 성장을 가능하게 할 준비가 관심사다. 우선은 '연간 매출액 3000억 원을 달성하겠다'는 목표를 세우고 있다. 그러면서 최종적으로는 '조병호 회장의 경영철학 실현에 눈을 두고 있다'고 말한다.

"우리 디와이 그룹에서는 사실 달성 연도를 정해 놓은 '매출액과 영업이익 수치'를 내세우는 것은 경영 목표가 될 수 없습니다. 조병호 회장께서 창업 이래 45년 동안 '바른 경영을 통해 탁월한 가치를 창출하여 공동체의 행복과 사회 발전에 기여한다'는 미션^{Mission} 완수를 최고의 기업 가치로 삼아 왔기 때문이지요. 우리의 진정한 목표는 '즐거움이 있는 100년 기업'의 비전 실현이며, 디와이이노베이트(주)에게도 마찬가지입니다."

'즐거운 사원들'이 모여 '즐거운 100년 기업'을 만들어 가는 목표는 조병호 회장의 특별한 경영철학과 정신에서 출발했다. 조 회장은 좀 더디게 가더라도 '이상을 현실로 만드는 회사, 소외된 이 없이 모두가 즐거운 회사'를 일구는 데 일념을 쏟았다. 경영자로서 그의 남다른 면모는 '2011년도 한국의 경영대상'을 수상하며 대외적으로도 인정받았다.

"그동안 디와이는 고용노동부 '일·생활 균형 컨퍼런스' 워라밸^{Work·life Balance} 우수기업, '노사문화 대상' 등의 수상 이력을 쌓고 훌륭한 노사문화를 정립해 왔습니다. '깨끗한 일터, 즐거운 사원, 튼튼한 회사'가 우리의 핵

디와이 그룹 창업주 조병호 회장

심 가치입니다. 디와이이노베이트(주)도 디와이 가족의 일원으로서 회사명에 있는 'Innovate'(혁신하다)의 의미를 구현하며 스스로 즐거움을 찾아 일하고 100년 기업 그 이상으로 지속 성장을 추구하도록 하겠습니다."

디와이이노베이트(주)는 꾸준한 사회공헌 활동으로 지역 사회에 스며들고 있다. 이승창 대표는 '디와이 그룹의 장학재단 운영으로 익산 지역의 소외계층 및 특성화고 학생들에게 장학금을 수여하며, 채용도 우선적으로 하고 있다'고 밝힌다.

장학재단과는 별도로 봉사동호회 활동도 하고 있다. 이를 통해 탈북 정착민과 다문화가정 지원, 고령자 헬스케어, 대안학교 관리 등 여러 형태의 봉사를 펼친다.

디와이이노베이트(주)의 ESG 경영 목표는 '공동체 행복과 사회 발전 기여'를 지향한다. 사업 확장과 기술개발 투자로 고용을 창출하고, 구성원들의 행복을 끝까지 책임지는 자세로 임하고 있다.

소박하게는 '건강하고 좋은 일자리를 만들어줌으로써 전북 지역의 젊은이들이 외지로 가지 않고, 자기 고향에 정착해 마음껏 꿈을 가꿔 나갈 수 있게 하는 회사'를 목표로 한다고 해도 무방하다. 이것이 곧, 친환경 모빌리티를 대표하는 EV 사업을 필두로 노동력을 대신해 편리를 제공함으로써 모든 사람에게 행복과 즐거움을 주는 산업기계기업의 미래 시작 지점이라고 할 수 있다.

임직원 화합 중시

가족적인 분위기로 복지에 힘쓰는 기업
구성원 전원 참여 경영제도를 정착시켰습니다.

기업의 이해관계자 모두는 '즐거운 사원들'을 중심으로 상생의 길을 가야 한다. 이는 '화합과 인간 존중'을 최고의 기업 가치로 여기는 디와이이노베이트(주)의 믿음이다.

"디와이 그룹이 1991년부터 도입한 '경영협의회'는 이 같은 믿음에 입각한 가장 적절한 실행 사례입니다. 노사가 동수로 경영에 참여하는 제도인데, 국내에서는 유례를 찾을 수 없습니다. 기존 노사문화를 혁신한 구성원 전원 참여 경영으로 임직원들이 보람을 느끼며 일하는 기업문화를 조성해 왔습니다."

이승창 대표는 '전사적 중요 의사결정은 경영협의회 협의를 거친다'고 말한다. 경영협의회는 경영자위원회와 근로자위원회로 구성된다. 그리고 근로자위원회에는 그룹 계열사들과 지주사 사업부에서 선출한 위원장 및 위원들이 참여하고 있다.

경영협의회에서는 기업문화와 인사제도 개선, 임금 조정과 성과·상여금 논의·결정, 공장 가동계획, 근로 환경, 교육·훈련, 인사 평가와 채용·면접 등 중장기 경영계획 수립부터 창립기념일 행사에 이르기까지 회사의 모든 일을 안건으로 다룬다. 정년 연장과 근로 시간 단축, 정기상여금의 통상임금 산입 등 민감한 사안들도 문제없이 합의했다.

디와이이노베이트(주)는 경영협의회 참여 외에 회사와 임직원이 이익을 공유하는 공정성과배부제 시행에도 앞장서고 있다. 이 또한 조병호 회장이 설계한 디와이 그룹만의 독특한 제도다.

공정성과배부제는 경영 성과에 따른 기업 이익 중 10%는 공익기금에 지원하고, 또 10%를 근로복지기금에 투자해 총 20%를 배분한다. 이승창 대표에 의하면, 이 제도는 '기업이 지속 가능하기 위해서는 전체 이해관계자들의 공동 발전을 추구해야 한다'는 창업주 조병호 회장의 신념에서 비롯되었다고 한다.

05

포항테크노파크 지원기업

(주)에이치에너지

누구나 전기를 만들어
사고팔고 돈도 번다고요?

소규모 옥상 태양광발전소(모햇발전소)

- 지역투자생태계 조성지원사업 투자상담회
  참여 및 IR코칭 지원 (22.02)
- 경북 AI 중소벤처기업 R&BD 지원사업
  (5500만 원, 22.05~22.12)
- 지역전략산업선도기업육성사업
  (1700만 원, 22.10~22.12)

| 지원성과(전·후)

- 매출액: (2021) 115억 원 → (2022) 224억 원
  (↑95%)
- 고용: (2021) 40명 → (2022) 61명(↑53%)

재생에너지 공유 플랫폼 - (주)에이치에너지

에이치에너지(대표 함일한)는 누구나 에너지를 소유하는 주인이 되도록 전력시장을 기술로 혁신하는 기후 기술 기업이다. 에너지 투자 플랫폼 '모햇'을 중심으로 무료 태양광발전소 관리 서비스를 제공하는 '김태양서비스', 한 번의 신청만으로 기업의 RE100 달성을 돕는 원스톱 서비스 '모두의 RE100'을 운영하고 있다. 대표 상품인 모햇은 안전하고 쉽게 에너지 투자에 참여해 수익을 받을 수 있는 재생에너지 플랫폼으로 참여자가 9월 현재 4만 명을 돌파했다. 누적 투자금은 800억 원을 넘어서 올해가 가기 전에 1000억 원을 달성할 추세다.

재생에너지 플랫폼 모햇에서 주인은 투자자이자 조합원인 개인이다. 누구나 원하는 상품에 가입해 출자와 조합원 차입금을 납입하면 발전소를 구축하고 재생에너지 전력을 판매하는 전력협동조합 사업에 조합원으로 참여하게 된다. 조합 사업 자본을 모두 조합원 차입금으로 조달하기에 조합의 수익은 외부에 나가지 않고 전액 조합원에게 돌아간다.

에너지 투자 플랫폼 '모햇'

　　모햇을 통해 만들어지는 태양광발전소인 '모햇 발전소'는 장소에 크게 구애받지 않는다. 방치하는 창고나 공장 등 큰 건물의 빈 옥상, 주택 지붕 공간에 지어져 유휴공간 활용은 물론 자연훼손과 파괴 없이 재생에너지를 생산한다. 조합원은 모햇의 '사업 현황'을 통해 매월 사업의 손익, 현금 흐름 등을 한눈에 파악할 수 있다. 사업 진행 현황 공지로 발전소의 발전사업허가, 공사현황, 발전자회사 준공계약 등에 대한 사업 전반의 현황도 상세히 확인할 수 있다.

　　에이치에너지의 사업모델은 플랫폼이지만, 기본적으로 한전과 관계사가 생산과 유통을 독점하고, 거대자본이나 기웃거릴 수 있던 전력 시장에 개인이 끼어든 셈이다. 어쩌면 수레바퀴를 막아선 사마귀나 다름없었을 이 사업에 함일한 대표는 무슨 생각으로 뛰어들었을까, 어떻게 성공할 수 있었을까.

플랫폼 서비스 성공 보고 에너지 플랫폼 기업 창업

"대기업에서 에너지 사업팀장으로 일하면서 태양광 시장을 만들었습니다. 이후 빅데이터 스타트업에 COO(최고운영책임자)와 신재생에너지 CMO(최고마케팅책임자)로 합류해 플랫폼사업을 일궈왔습니다. 그때 '야놀자', '배달의 민족' 등 플랫폼 서비스가 거대한 시장으로 커나가는 것을 보며 자극을 받았습니다. 내가 가진 장점과 강점을 살려 에너지 시장에 온라인 플랫폼 기술을 접목해 전력시장을 플랫폼 경제로 만들자는 강한 동기가 생겼습니다. 재생에너지 투자부터, 생산과 소비, 거래가 일어나는 플랫폼 경제가 비전이었고, 성공 확신이 있었습니다."

㈜에이치에너지 함일한 대표

탄탄한 기업에서 전문성과 역량을 인정받던 함 대표는 예정된 부와 명예를 버리고 2018년 3월 에이치에너지를 창업했다. 온몸을 던져 세상에 실질적 변화를 이끌며 사회의 문제를 해결해 나가자는 함 대표의 창업정신에 동의한 포스텍 동기 세 명이 함께했다. 포스텍에서 수학을 전공한 임성빈 CTO(최고기술경영자), 컴퓨터

공학을 전공한 조욱희 CPO(최고제품책임자), 산업공학 석사 출신의 민경록 CFO(최고재무책임자), 그리고 금융기업에서 영업 마케팅 부서장을 거친 최희근 CMO가 합류해 창업 '어벤저스'가 꾸려졌다. 창업 동지인 이들은 누구도 소외당하지 않고 모두가 참여해 이익을 얻는 선순환적 구조를 만들자, 우리가 각자 가진 고유의 역량과 아이디어로 차별화된 승부를 내보자며 어깨동무하고 에이치에너지의 닻을 올렸다.

참신한 비즈니스 모델과 기술로 시장 진입에 성공

창업과 시장 진입 과정은 비교적 순항이었다. 워낙 비즈니스 모델이 참신하고 탁월한 능력과 화려한 경력을 갖춘 창업 동지들이 가장 큰 경쟁력이었다. 창업 2개월 만에 분산자원 최적운용 및 전력중개 서비스 개발로 팁스(TIPS) 프로그램에 선정된 것을 시작으로 포스텍기술투자 등으로부터 투자를 이끌었다. 플랫폼을 런칭하고 동작시민가상발전소 사업을 시작했다. 이듬해엔 '시리즈A' 투자유치에 이어 한국동서발전의 '에너지신사업 협력 이익공유제 파트너'가 되었다. 2020년에는 울산시와 경상북도에서 시민가상발전소 사업을 시작했다. 상복도 터졌다. 국회의 '2020년 4차산업혁명 Power Korea 대전'에서 스마트에너지공유 플랫폼상, 경상북도지사 표창, 동반성장위원회의 '2020년도 동반성장대상' 최우수협력기업상 등을 연달아 수상했다. 무엇보다 12월에 공유옥상플랫폼 기반 전국형 가상발전소 모햇을 출시하고 고유 사업모델을 세상에 알리며 본격적으로 재생에너지 시장에 진입했다.

2021년 3월에는 규제샌드박스 특례를 통과해 전력 거래의 길을 텄다. 경북과 울산 지역 내 소규모 태양광 전력거래 플랫폼 실증특례였다. 울

산시가 산업통상자원부 공모에 선정돼 4월부터 추진한 '지역거점 시민가
상발전소 구축 사업'은 9월에 성공적으로 마무리했다. 에이치에너지가 울
산시와 정부, 한국동서발전, 울산스마트협동조합 등과 공동으로 국비, 시비
와 민간투자 등 총 30억 원을 투입해 유휴 옥상 18곳에 총용량 1.5㎿ 규
모 태양광발전 설비를 설치해 전력을 생산하는 사업이었다. 에이치에너지
는 이 사업의 운영과 관리를 맡았다.

회사 매출도 꾸준히 늘어 115억 원을 올렸다. 전력 생산, 유통 서비
스도 안정화되었다. 하지만 더 큰 도약을 위해서는 기술고도화와 여기에
들어가는 목돈이 필요했다. 인력충원과 사업확장을 통한 시장점유율 확대
를 위해서도 시리즈B 단계의 투자유치가 절실했다.

포항테크노파크 지원으로 시리즈B 투자유치에 성공

"포항테크노파크의 도움을 여러모로 크게 받았습니다. 우리는 지역
기업인데 벤처캐피탈(VC)을 비롯해 투자자들은 대개 서울 수도권에 있습
니다. 지역기업은 투자기관과 투자자를 만나기조차 쉽지 않은 게 현실입니
다. 시리즈B 투자를 받기 위해 동분서주하다 2022년 2월에 포항테크노파
크의 '지역투자 생태계 조성 지원사업'인 기업IR 및 투자상담회에 참가했
습니다. 포항테크노파크가 참여하고 있는 아이스퀘어 벤처스, 쿼드자산운
용 등의 투자사를 소개받아 에이치에너지의 기술과 비전을 설명했더니 좋
은 결과가 나왔습니다. 덕분에 기업가치 500억 원을 인정받으며 모두 5개
의 투자사로부터 70억 원의 시리즈B 투자유치에 성공해 쾌속성장의 발판
을 마련하게 되었습니다."

에이치에너지는 투자유치와 함께 포항테크노파크의 성장단계별 맞

무료 태양광발전소 관리 서비스를 제공하는 '김태양서비스' 이미지

춤형 지원을 받으며 경쟁력을 키웠다. 중소벤처기업 AI 기술융합 스케일업
Scale-up 기술사업화 사업은 플랫폼 업그레이드의 계기였다. 에이치에너지가
겪고 있던 R&D 및 정부과제 수행의 어려움을 털어내고, ESS(에너지저장시스
템) 최적 운전 등 신사업을 추진하는 동력이 되었다.

포항시 유망강소기업 대상 맞춤형 기업지원사업(Compass 프로그램)과
온택트On·tact 마케팅 지원사업을 통해서는 부족했던 마케팅을 강화했다. 온
오프라인 광고와 동영상 제작으로 마케팅과 홍보에도 날개를 달게 되었다.
온라인 매체 재생에너지 플랫폼 모햇 배너광고가 진행된 한 달간 사용자
는 33만 9,952명이 증가하였고, 재사용자는 4만 3,936명이 늘었다. 모햇에
방문해 상품의 상세페이지를 파악한 횟수는 7,664회를 기록했다. 이를 통

한 회원가입도 줄을 이었다.

2023년부터 모햇 매출, 가입자, 누적투자액 '껑충'

지원사업의 성과는 정량적 수치로도 확인할 수 있다. 2021년 114억 원이던 매출은 2022년 223억 원으로 94.5% 상승했다. 모햇의 누적 가입자는 1,910명에서 1만 2,555명으로 무려 557.3%나 늘었다. 누적 상업운전 용량은 5,367kW에서 1만 2,155kW로 126.5%가 증가했다. 임직원도 40명에서 61명으로 늘어 21명의 고용창출 효과가 나타났다. 경영지표 개선과 함께 누구나 에너지 프로슈머가 되어 에너지 시장에 참여하는 독자적인 에너지공유 플랫폼 경제 시스템을 구축한 게 무엇보다 값진 성과였다.

포항테크노파크의 폭넓은 지원으로 에이치에너지는 비약적인 성장 단계로 접어들었다. 올해 1월 10억 원의 산업통상자원부 R&D 과제를 수주한 게 신호탄이었다. 7월에 모햇 태양광발전소가 300개소를 넘어섰고, 10월 현재 499개소로 급증했다. 전체 설비용량은 80,395kW로 69,536kW를 건설 중이다.

모햇 태양광발전소는 에너지투자 플랫폼 모햇을 통해 상품에 가입한 개인투자자가 태양광을 운용해 매전수익을 올릴 수 있도록 돕는 플랫폼이다. 한전 발전자회사와의 고정가격계약으로 추가 신재생에너지공급인증서[REC] 수익도 확보하고, 이 수익도 참여 가입자들에게 돌아간다. 특히 건물의 유휴 옥상을 활용함으로써 난개발이나 환경파괴 우려가 없다. 모든 태양광발전소는 파손이나 자연재해, 화재 등으로 인한 피해를 담보하는 공제보험에도 가입했다.

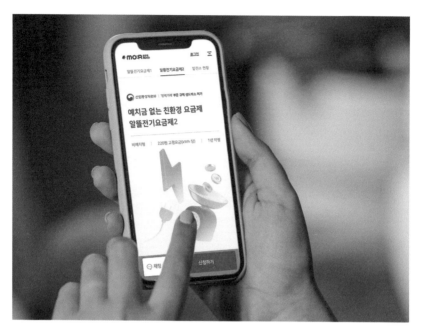

모두의 RE100 플랫폼 상품 '알뜰전기요금제2'

'모두의 RE100' 서비스로 기업의 탄소중립 해결

에이치에너지는 모햇 태양광발전소 22호에서 REC를 구매해 RE100을 달성했다. REC는 공급의무자가 '신재생 에너지를 이용하여 에너지를 공급한 사실을 증명'하는 인증서다. 모햇 태양광발전소에서 생산된 재생에너지를 통해 별도의 발전소 건설 없이 RE100을 이행한 것이다. 에이치에너지는 자사의 RE100 달성 여세를 몰아 7월에 '모두의 RE100' 서비스를 출시했다.

모두의 RE100은 사용량도 사용기간도 고객이 자유롭게 정하는 '고객맞춤형 PPA 서비스'를 제공한다. PPA는 전력 시장을 통하지 않고 전력판매자와 전기사용자가 전력을 직거래하는 당사자 간 계약 방식을 말한다.

온사이트 PPA를 개편하고, 신청하면 즉시 다음 달부터 재생에너지를 공급받는 것이 가능해 빠르게 RE100을 실현할 수 있다. 모두의 RE100에서 직접 운영하는 태양광발전소와 발전소에서 보유하고 있는 REC를 통해 재생에너지를 공급받기 때문이다. 모든 프로세스를 에이치에너지가 전담 대행하기에 기업에서 별도로 담당 직원이나 팀을 구성할 필요가 없다는 것도 장점이다.

모두의 RE100 서비스는 RE100 달성을 추진하는 기업에 좋은 해결책이다. 기업이 RE100을 이행하고 싶어도 발전소 건설부지 부족, 발전소 건설 투자 등 난제가 많은데, 모두의 RE100 서비스는 이 모든 어려움을 한방에 해결하는 솔루션이기 때문이다. 에이치에너지는 8월부터 SK E&S를 통해 기업 RE100용 재생에너지를 공급하고 있다. 모햇 태양광발전소에서 생산된 태양광 전력을 민간기업에 RE100 이행용으로 판매하는 사업이다. 재생에너지 전기공급 사업자인 SK E&S는 모햇에서 받은 태양광 전력을 L사에 공급하고 있는데, L사는 이를 RE100 달성을 위한 재생에너지 조달용으로 사용하고 있다.

모햇, 안전하고 수익 높은 투자상품으로 떠올라

주력사업인 에너지 투자 플랫폼 모햇도 승승장구하고 있다. 전력 문외한도 안전하고 쉽게 에너지 투자에 참여해 높은 수익을 올리는 플랫폼으로 알려지면서 가입자가 기하급수적으로 증가하고 있다. 모햇은 세부적으로 매월드림모햇, 매월드림모햇플러스, 바로드림모햇 세 가지가 있다. 모두 원금환급률이 100%이다. 매월드림모햇에 가입자가 가장 많이 몰렸는데, 10월 18일 기준 누적투자금액이 317억 원에 이른다. 안정적인 판매처로 기본금리 연 9~9.5%를 보장하고, 여기에 보너스금리 2.5%와 변동금리 3%가 추가되어 최고 연 15%의 이자를 매월 받을 수 있는 상품이다. 고정 기본금리는 동서발전, 전력거래소, 한국에너지공단 등 한전 발전자회사와 20년간 고정가격으로 계약을 체결해 에너지 가격이 떨어져도 기본 수익이 줄어들 걱정이 없다. 가입자는 납입 다음 날부터 계약 시작일 전까지 예치 이자로 연 12%를 일할계산하여 받는데 첫 달 이자수익은 이벤트를 통해 2배를 받는다. 예를 들어 11월에 1억 원을 납입하고 12월 1일 계약 시작으로 12월 첫 이자는 73만 원, 이벤트로 지급하는 첫 이자는 경품으로 별도 지급되며, 약 71만 원의 이자가 꼬박꼬박 통장으로 들어온다.

"모햇은 제가 생각해도 참 좋은 투자 플랫폼입니다. 2018년 모햇 서비스를 오픈한 이래 가입자에게 47억 원의 이자를 지급했습니다. 누적 원금상환 지연은 전혀 없었습니다. 기본금리를 보장하면서 에너지 가격이 오르면 보너스금리를 추가로 지급합니다. 포스코 5대 벤처 플랫폼으로 선정되어 지속적으로 협업하며 수익을 극대화합니다. 태양광발전소 시공 및 운영도 빈틈이 없습니다. 전기는 25년간 출력을 보증하는 국내 1위 대기업의 태양광 모듈을 사용해 안정적으로 생산합니다. 태양광종합공제보험 가입으로 천재지변 등 발전량에 영향을 미치는 특수한 상황에도 대비하고 있습니다. 누적 가입자가 폭발적으로 증가하는 이유가 여기에 있습니다."

에이치에너지는 8월에 경상북도와 경북창조경제혁신센터 주관 '경상북도 예비유니콘 성장지원사업'에 선정되었다. 재생에너지 거래 B2C 플랫폼으로 에너지자원환경분야 예비 유니콘 기업으로 뽑혔다. 경북도 벤처기업 육성자금 융자 최대 3억(금리 1%) 우선 추천, 사업화 자금 지원, 프라이빗 IR 참여와 함께 해외 진출도 지원받게 되었다. 한 달 뒤에는 포스코홀딩

스의 유니콘 후보기업으로 인증받았다. 포스코의 투자 및 글로벌 네트워크를 활용해 기업가치를 한층 높일 수 있는 인증이다. 포스코는 퍼시픽 밸리를 꿈꾸며 유망 벤처기업들을 지원하는 '체인지업 그라운드 포항'에 본사를 두고 유망 기업들을 지원하고 있다.

2026년 매출 1조 원 달성, 진정한 유니콘 기업으로 우뚝

함 대표는 올해 국내 재생에너지 시장 규모를 4조 원대로 파악하고 있다. 기업의 RE100 수요증가 등을 감안하면, 해마다 1조 원 정도가 늘어 내년은 5조 원대를 넘어서고 2026년에는 7조 원에 가까울 것으로 전망한다. 더불어서 에이치에너지는 2026년 매출 1조 원을 달성해 경북을 대표하는 진정한 유니콘 기업으로 우뚝 설 것이라 장담한다.

이를 위해 올 4분기에 시작해 내년 1분기까지 시리즈C를 완료할 계획이다. 올해 매출이 650억 원을 넘으면 기업가치 1000억 원을 인정받고 투자금 200억 원을 유치할 수 있을 것으로 예상한다. 기존 투자자를 비롯해 새로운 VC 등을 대상으로 홍보 IR을 추진할 예정이다. 실적 중심으로 영업 현황과 에너지 플랫폼사업의 비전, 기술의 우수성 및 서비스 경쟁력, 재생에너지 사업의 전망, 투자자금의 회수 가능성 등에 대한 IR 홍보 동영상 시연 등 꼼꼼하고 깐깐하게 사전 준비를 하고 있다. 이미 올해 매출 530억 원 달성을 보고 시리즈C 실행에 참여하겠다는 의사를 밝힌 투자자의 금액이 80억 원이니 실제 유치 규모는 120억 원 수준이다.

플랫폼 기업답게 에이치에너지 직원들의 근무와 복리후생도 독특한 면이 있다. 임직원은 10월 말 현재 87명이고 자유복장에 선택적 출퇴근제를 실시하고 있다. 퇴근 후 자기개발이나 취미생활을 즐기려는 직원들은 8

기획 회의 중인 함일한 대표와 직원들

시 출근 5시 퇴근을 선호하는데, 2030 세대 직원이 대부분을 차지한다. 휴가는 파격적으로 넉넉하다. 연말 성탄절을 앞두고 전 직원을 대상으로 '클로징 비즈 오프'Closing Biz off 휴가를 준다. 2년, 5년 단위로 근속 휴가에 특별휴가비도 지급한다. 자기개발비, 통신비, 사내 스터디, 동호회 활동도 지원한다. 명절에 상품을 지급하고, 생일 축하금도 있다. 아침과 점심, 무한 간식도 직원들이 좋아하는 복지 중 하나다.

스타트업 직원들의 로망인 스톡옵션은 직원들의 가장 큰 사기진작제도이다. 2018년 창사와 동시에 도입해 주주총회를 거쳐 스톡옵션을 부여하고 있다. 지금까지 모두 21명에게 21만 1,428주가 직원들에게 돌아갔다. 합리적으로 성과를 보상하는 경영성과급도 2021년부터 시행하고 있다. 지속적인 성장 동력과 가치 창출을 위해 영업이익 중에서 일정 수준으로 성과를 보상한다. 이 밖에 근로자 동의하에 '청년내일채움공제' 등을 시행하고 있다.

2023 대한민국 산업대상 수상

"Have your energy and share it"

업계에서는 에이치에너지의 에너지 시장 혁신을 크게 세 가지로 평가한다. 첫째 누구나 참여할 수 있는 오픈 플랫폼을 만들었다는 점을 꼽는다. 자본이 지배하는 폐쇄적이고 진입장벽이 높은 에너지 시장을 플랫폼을 통해 개인이 직접 에너지 자산에 투자하는 주인이 된다. 둘째, 모햇 전력은 친환경적인 옥상 태양광이다. 모햇 태양광발전소는 자연훼손이나 난개발 없이 빈 옥상에 소규모로 짓는다. 친환경 에너지로 기업의 RE100 달성과 국가의 탄소중립을 돕는다. 마지막으로 협동조합 시스템으로 모두에게 권리와 수익을 보장한다. 가입회원 저마다 조합의 주인으로서 투자수익을 보장받는다. 에이치에너지는 이렇게 에너지 자산의 소유와 분배구조를 바꾸며 시장을 혁신하고 있다. 함 대표에게 회사의 비전, 경영철학이 무어냐 물었더니 이런 답변이 돌아왔다.

"Have your energy and share it"

상품을 알면
회사 경쟁력과 투자 가치가 보인다

B2C 재생에너지투자플랫폼 모햇(mohaet.com) 상용서비스

10월 말 현재 가입자 4만 명에 누적투자금액이 800억 원을 넘어섰다. 2022년 6월 시리즈B 이후 월간 38%의 독보적 성장률이다. 전국의 옥상, 지붕을 자원화하며 재생에너지 입지 제약, 공급의 한계를 해결하고 B2C 핀테크 서비스로 소규모 분산자원 시장의 금융제약을 해결했다.

분산자원 최적운영, 김태양서비스(solarkim.com) 시범서비스

전국의 시공사가 참여하는 플랫폼 경제를 구현하고 분산자원을 최적운영하는 김태양서비스(solarkim.com)를 시범서비스 중이다. 2022년 서비스 개방 후 978개소, 81,730kW 수준으로 급성장했다. 월간 성장률은 8%(유료는 9%), 연간 목표 성장률은 500%다.

가상발전소 전력판매서비스, 알뜰전기요금제

국내 최초의 재생에너지 전기를 가정에 판매하는 플랫폼 서비스이다. 2021년 '소규모태양광 전력거래 플랫폼서비스'로 규제특례를 받았다. 한전과 사업협약을 통해 올해부터 시범서비스 중이다. 가정에서 알뜰전기를 쓰면 한전 전기 소비량을 줄여 누진세 감소로 전기요금을 낮출 수 있다.

친환경 전기 판매 서비스 시장 확대

국내 1위 도시가스기업 SK E&S와 사업협약을 체결했다. 모햇 플랫폼을 통해 생산한 재생에너지 전력을 SK E&S에 공급하여 기업의 RE100 달성을 돕고 있다. 한화솔루션 케미컬부문과 사업협약을 체결했고, 한전의 발전자회사인 한국동서발전과 공동사업으로 진행 중이다.

가상발전소 최적운영 및 실시간 밸런싱^{Balancing}

중기벤처부의 K·스마트등대공장 사업에 지능형 마이크로그리드^{micro·grid} 플랫폼 공급기업으로 참여하고 있다. 'K·스마트등대공장'은 제조업 고도화를 유도하기 위한 정책이다. AI 기반의 그린 스마트공장 구축을 목표로 신성이엔지와 협력해 실증사업을 진행 중이다. 에너지 절감과 탄소중립 달성을 위한 에너지 최적화 솔루션이다. 산업통상자원부의 '신재생에너지 기반 마을단위 마이크로그리드 실증 기술 개발(생활·문화공동체형)' 과제에 선정된 안동 하회마을에서 마이크로그리드 실증사업을 진행하고 있다. 마이크로그리드는 재생에너지를 확대할 수 있는 탄소중립 방안으로 주목받고 있다.

PART 2_____

Global

수출경쟁력 강화지원으로 글로벌 강소기업이 되다

01_ 경기테크노파크 지원기업   (주)에이피테크놀로지

02_ 경북테크노파크 지원기업   (주)테스크

03_ 대구테크노파크 지원기업   (주)한국알파시스템

04_ 대전테크노파크 지원기업   원텍(주)

05_ 인천테크노파크 지원기업   (주)제이치글로벌

06_ 전남테크노파크 지원기업   (주)티젠

07_ 제주테크노파크 지원기업   만제영어조합법인

01

경기테크노파크 지원기업
(주)에이피테크놀로지

모유올리고당으로 열어가는
인류의 건강과 행복

에이피테크놀로지의 연구실

- IP기반 해외진출지원사업(1차 6600만 원, 2017~2019 / 2차 1.7억 원, 2022~2024)

- 매출액: (2021) 37억 원 → (2022) 41억 원 (↑11%)
- 고용: (2021) 73명 → (2022) 76명(↑4%)

모유올리고당 전문 바이오벤처-(주)에이피테크놀로지

에이피테크놀로지(신철수 대표)는 바이오의약용 재조합 단백질 제조 및 미생물대사공학 기술 기반의 생물 소재 제품을 개발하는 바이오 벤처이다. 국제 특허를 받은 바이오 공법으로 '모유올리고당'^{HMOs} 함유 제품생산에 주력하는 국내 유일의 모유올리고당 전문기업이다. 세계 최초로 코리네박테리움 글루타미쿰 균주를 이용해 모유올리고당의 주요 성분인 2'-FL(투에프엘) 생산 기술을 개발해 사업화에 성공했다. 모유올리고당을 함유한 분유첨가제, 맘스타민 2'-FL 프리바이오틱스 유산균 등의 제품을 생산 판매하고 있다. 국내 판매에 앞서 미국, 베트남, 싱가포르 등지에서 매출이 빠르게 증가하며 수출 기업으로서 탄탄하게 입지를 다지고 있다.

"2001년 11월 12일 의약용 단백질 분야 연구로 잘 나가던 대학 동문 넷이 의기투합해 '인류의 건강하고 행복한 내일은 재조합 단백질을 값싸게 제조하는 것'이라는 모토를 걸고 에이피테크놀로지를 창업했습니다. 회사 이름에 AP$^{Advanced\ Protein}$를 넣은 것은 유전공학기술, 고농도발효기술,

㈜에이피테크놀로지 신철수 대표

고순도·고효율 정제기술 및 대사공학기술을 기반으로 하는 바이오산업 핵심기술의 확장성에 주목한 것이지요. 실제로 우리의 핵심역량이자 기술 고도화로 개발한 모유올리고당 기반 제품은 식품을 비롯해 화장품, 의약품 등으로 확장성이 무한합니다."

경기도 수원에 있는 광교테크노밸리 경기R&DB센터 515호에서 만난 에이피테크놀로지 신철수 대표는 회사의 비전이 무엇보다 모유올리고당의 제품 확장성에 있다고 말한다. 지금은 모유올리고당 시장의 95%가 분유첨가제에 치중되어 있지만, 인체에 미치는 다양한 효과만큼이나 새로운 영역 개척이 가능하다는 것이다. 영유아는 물론 청년, 중장년, 노년 세대까지 아우르는 유효한 소재가 바로 모유올리고당이라는 설명이 이어졌다.

'맘스타민' 브랜드로 글로벌 기업 도약

에이피테크놀로지가 분유첨가제에 이어 두 번째로 내놓은 카테고리이자 첫 번째 브랜드는 유산균 제품이다. 2019년 장내 유산균만을 선택적으로 증식시킬 수 있는 2′-FL 프리바이오틱스 적용 제품인 맘스타민 MOMSTAMIN을 출시하며 모유올리고당 제품의 본격적인 영토 확장에 나섰다. 맘스타민은 장 건강과 면역력 향상, 기억력 증진에 도움이 되는 모유의 핵심성분인 2′-FL이 다량 함유된 제품이다. 변비, 설사, 과민성대장증후군 완화와 면역강화, 피부 및 불면증 개선, 숙취 감소에도 효과가 나타난다.

맘스타민은 미국 FDA 인증을 받으며 해외시장에서 승승장구하고 있다. 미국 아마존에 입점한 데 이어 중국의 알리바바와 티몰, 싱가포르 가디언 드럭스토어 등 글로벌 이커머스와 오프라인 매장에서 좋은 반응을 얻고 있다. 올 2월에는 미국 매사추세츠 주정부의 공공조달 공급자로 선정되어 맘스타민 2′-FL 프리바이오틱스 유산균 제품 2종을 공공기관과 시설, 공립병원과 대학 등에 공급할 수 있게 됐다. 올해 상반기 맘스타민의 해외 판매량은 전년 동기와 대비해 무려 80%나 증가했다. 모유올리고당은 인체에 어떻게 유용하고, 에이피테크놀로지의 기술은 얼마나 대단하길래 이렇게 글로벌 시장에서 인정받는 것일까.

"모유올리고당 핵심성분인 2′-FL은 체내에서 염증성 물질 분비를 억제합니다. 장내 유익균총인 마이크로바이옴을 형성하며, 두뇌 발달에도 작

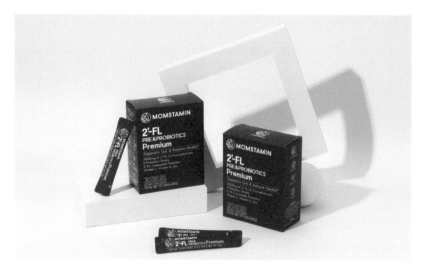

맘스타민 투에프엘 프리미엄

용합니다. 사람의 모유에만 있는 희귀당으로 인간 생존과 성장에 꼭 필요한 성분이지요. 모유에 포함된 200여 종의 모유올리고당 중 가장 높은 비중을 차지하고 있고요. 우유 등 포유류의 젖에는 극미량만 존재해 모유 수유 이외에 대체 방법이 없었던 물질입니다. 세계적으로 다섯 개 기업이 모유올리고당을 생산하고 있는데, 모두 대장균을 생산균주로 배양하고 있습니다. 이에 반해 우리는 세계적으로 유일하게 식품용 미생물인 코리네박테리움을 이용한 모유올리고당 제조공정으로 미국, 유럽 등에서 판매 허가를 받았습니다. 대장균이 아닌 코리네박테리움을 이용함으로써 경쟁력에서 앞서게 된 겁니다."

모유올리고당 제품을 생산하는 세계적인 기업들은 모두 대장균을 생산균주로 쓰고 있다. 에이피테크놀로지도 처음에는 대장균을 사용하려 했으나, 우리나라는 대장균을 생산균주로 이용한 전례가 없어 식약처 허가가 나기 어려운 상황임을 알게 됐다. 서진호 서울대 교수 연구팀을 비롯하여 신철수 대표가 윤종원 연구소장 겸 CTO(최고기술책임자), 정밀발효 전문가인 윤덕병 COO(최고생산 운영책임자)와 머리를 맞대고 찾아낸 대안이 바로 코리네박테리움이다. 식품용 생산균주인 코리네박테리움이 오래전부터 조미료 아미노산 제조에 쓰이는 데에 착안한 것이다. 음식에 감칠맛을 내는 조미료의 라이신 아미노산 발효에 사용하는 생산균주가 코리네박테리움이다.

이와 관련한 우리나라의 정밀발효^{Precision Fermentation} 기술은 세계 1위로 인정받고 있다. 발효 식품은 치즈 정도가 고작인 미국이나 유럽에 비해 예부터 장류, 젓갈 등을 즐겨온 우리나라엔 우수한 발효 DNA가 살아있다. 일찍부터 대중화된 조미료 덕분에 코리네박테리움을 이용한 정밀발효 기술은 발전에 발전을 거듭해 왔다. 최근에는 환경보전과 동물권 보호, 비건인이 늘면서 선진국에서도 우리의 뛰어난 정밀발효 기술에 주목하고 있다. 세계적으로 정밀발효 기술로 생산한 유청단백질 등이 식음료, 화장품, 의약품 등에 폭넓게 사용되면서 시장이 커지고 있기 때문이다. 예상대로 코리네박테리움을 사용함으로써 식약처 허가는 났고, 결과적으로 이것은 신의 한 수가 되었다.

에이피테크놀로지는 발 빠르게 세계 주요 국가에 특허출원을 했고, 차별화된 경쟁력은 실적으로 드러났다. 코리네박테리움 기반 2′-FL을 본격적으로 생산한 2019년에 매출 20억 원을 달성했고, 이듬해엔 수출액만 27억 원을 찍으며 상승가도에 올라탔다. 투자유치도 이어졌다. 2018년 국내 VC(벤처캐피탈)로부터 1차 투자를 받은 데 이어 2019년 프랑스 소재의 바이오 식품소재 전문회사인 로케트그룹으로부터 2차 전략적 투자, 2020년 국내 VC 3차 투자를 유치하는 등 모두 400억 원의 투자가 쏟아졌다. 로케트 그룹은 까다로운 유럽 시장 개척의 든든한 파트너이기도 하다.

서울대 서진호 교수의 모유올리고당 생산기술 이전 받아

"모유올리고당과 코리네박테리움을 만나기 전까지 참 사업 운이 없다고 자책했습니다. 2001년 창업해 대학 동문들과 서울대 창업보육센터에 둥지를 틀고 재조합 단백질 제조공정 기술개발을 진행했어요. 식품공학을 전공한 저와 후배, 생물학과와 농화학과 출신 동문이 뭉쳤지요. 연구와 생산기술 개발에는 자신 있었거든요. 초기 자본이 없는 상태에서 의약단백질인 성장 호르몬 제조공정에 매진해 2004년 일본 기업에 기술이전 프로젝트를 진행했습니다. 회사의 기반을 다질 수 있는 거액의 기술이전비를 받기로 했는데 예기치 못한 상황으로 무산되었지요. 우리의 성장 호르몬 관련 기술을 이전받기로 했던 일본 기업이 주력사업 아이템을 인슐린으로 바꾼 것입니다. 회사가 어려워지면서 창업동지들이 뿔뿔이 흩어지는 걸 손 놓고 지켜볼 수밖에 없었어요. 결국 회사엔 저와 연구원 1명만 남았고, 2004년 단둘이 경기테크노파크로 이전하면서 암중모색에 들어갔습니다. 도전과 포기, 응전과 좌절 사이에서 갈팡질팡하던 차에 작은 희망의 불씨가 지펴졌습니다. 일본 토요타자동차에 유리 제품을 납품하던 중견기업 A사가 2006년 바이오 사업에 뛰어들면서 우리에게 연구용역을 맡긴 것입니다. 당시 의약단백질 제조기술을 개발하는 연구용역으로 받은 금액이 월 2000만 원이었습니다."

창업 6년여 동안 재조합 단백질 공정기술을 고도화한 덕분에 수탁한 연구용역으로 회사는 숨통이 트였다. 직원도 두 명에서 네 명으로 늘었

신철수 대표와 연구원들

다. 이후 국내외 20여 개 연구 프로젝트를 진행하며 여러 생물 소재의 재조합 단백질 의약품 생산 기술 개발에 매진했다. 회사 형편은 여전히 팍팍했으나 희망은 있었다. 의약품은 하나만 터지면 연매출이 수십조가 발생하고, 에이피테크놀로지는 로열티로 수백억 원을 받을 수 있었다. 연구직원도 시나브로 늘었고 10년간 필사적으로 매달렸으나, 회사가 개발해 제공한 기술은 아쉽게도 제품화에 성공하지 못했다.

회사는 연구용역 수탁을 사업 아이템으로 '가난한 안정'을 이어갔다. 시장에 내놓을 자체 제품이 없어 회사의 성장성은 안갯속이었다. 그렇게 회사의 미래를 고민하던 신철수 대표의 손에 새로운 성장동력을 쥐어준 이는 서울대 서진호 교수였다. 서진호 교수는 개발하던 '미생물을 이용한 모유올리고당 생산기술'을 사업화해 보라고 제자인 신철수 대표에게 권유했다. 당시만 해도 벤처기업을 하는 제자는 신철수 대표가 유일했고, 기술에 대한 확신이 있었기에 서교수의 권유는 적극적이었다. 그때 마침 독일 회사가 만든 모유올리고당 제품이 미국 FDA 승인을 받았다. 신철수 대표는 2016년 서울대 산학협력단으로부터 원천기술을 이전받아 회사 사업의 전환을 단행한다.

코리네박테리움을 생산균주로 개발한 모유올리고당 2'-FL 제품으로 도약의 발판을 마련한 회사는 숨 가쁘게 돌아갔다. 시장·환경 분석, 경쟁사 R&D 방향에 대한 분석 등 풀어야 할 과제도 많았다. 국내외에 지식재산권 확보도 시급했다. 에이피테크놀로지의 관련 지식재산권을 견고히 확보해야 세계시장에서 기술 지배력을 강화할 수 있기 때문이었다. 해외 경쟁자들이 보유한 특허는 경쟁자들끼리 침해 소지가 있고 실제로 특허 소송이 일어난 사례도 있었다.

에이피테크놀로지는 경기테크노파크의 지원사업인 '글로벌IP스타기업'으로 선정되어 난제를 해결해 나갔다. 1차 지원 기간인 2017년부터 3년간 특허맵을 통한 지식재산권 분석으로 모유올리고당의 상업적 생산기술의 경쟁력을 확인했다. 이에 서울대산학협력단으로부터 기초 수준의 모유올리고당 제조방법 특허 2건의 전용실시권을 추가로 받았다. 상업화 생산을 위한 공장을 구축하였고, 매일유업과 분유 첨가제 2'-FL 납품계약을 체결했다.

사업화 촉진에도 박차를 가했다. 글로벌 시장 진출을 위한 권리 확보와 브랜드 개발, 제품디자인 개발, 특허기술 홍보영상 제작 등이 서둘러 진행됐다. 경기테크노파크의 1차 지원에 힘입어 모유올리고당은 주력 제품군으로 자리 잡았다. 경기테크노파크의 2차 지원은 2022년부터 시작해 내년까지 'IP기반해외진출지원' 선정 사업으로 진행된다. 모유올리고당 응

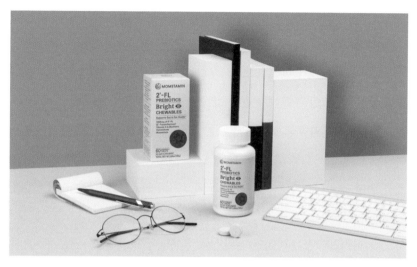

맘스타민 투에프엘 브라이트 추어블

용 제품 기술개발, 홍보마케팅 및 해외 지식재산권 확보, IP 경영인증을 통한 지식재산경영 체계 확립으로 기업 경쟁력을 제고하는 게 핵심사업이다. 구체적으로 살펴보면, 1단계(2022년)는 심도 있는 기업 성장 전략으로 특허맵(심화), IP경영진단 구축, 해외권리화에 집중했다. 올해 2단계는 신제품 맞춤 홍보전략 및 권리 확보를 위해 특허 기술 홍보영상 제작과 해외권리화에 치중하고 있다. 내년은 추가 기술개발을 위한 기술분석 단계로 특허맵을 심화하고 해외권리화를 더욱 강화할 계획이다.

경기테크노파크 지원 힘입어 세계시장으로 비상

"경기테크노파크의 지원이 큰 힘이 되었습니다. 덕분에 현재 국내 등록특허 25개, 해외 등록특허 15개, 국내 등록상표 21개, 해외 등록상표 5개, 디자인 1개, 저작권 1개를 보유하고 있습니다. 글로벌IP지원사업을 통해 지식재산 권리 확보를 위한 도움을 받았는데, 통상적으로 국내보다 해외출원, 해외 OA, 해외등록은 소요 비용이 상당합니다. 경기도 지원사업을 통해 비용을 지원받아 회사의 부담을 경감시키면서 성공적으로 권리를 확보할 수 있었던 겁니다. 미국, 유럽, 일본 등 7개국에 특허 등록을 마치고, 미국 식품의약국 소개허가$^{FDA\ GRAS}$, 우리나라를 비롯해 베트남, 말레이시아 등에 인허가를 완료했습니다. 인구 5천만 명 이상인 나라엔 특허등록을 다한 셈입니다. 또한, 경기테크노파크 지원사업으로 각종 특허조사를 통해 특허전략을 수립하고 기술 보호를 강화할 수 있었습니다. 경기테크노파크가 아니었다면 전략적인 서비스를 제공받지 못해 더욱 많은 돈과 시간이 투자되었겠지요. 현재의 특허전략을 구축하고, 이를 진행하는 데 어려움이 많았을 겁니다. 성과도 장담할 수 없다고 생각합니다."

경기테크노파크 지원은 성장의 기폭제가 되었다. 2020년 11억 5000만 원이던 매출은 21년 36억 9000만 원, 22년 41억 원으로 해마다 뛰었다. 올해는 상반기에 40억 원을 달성해 100억 원에 달할 기세다. 고용인원은 2020년부터 매해 꾸준히 증가하고 있다. 에이피테크놀로지는 올해 들어 맘스타민의 판매와 경쟁력 강화에 주력하며 더욱 성장 가속페달을 밟고 있다. 맘스타민을 3월부터 싱가포르 가디언 및 메디컬 채널에서 판매하고 있다. 가디언은 월평균 3300만 명이 이용하는 H&B 드럭스토어로 싱가포르에만 100여 개 매장을 보유하고 있다. 다양한 플랫폼 입점 전략의 하나로 신라인터넷면세점에서도 판매를 시작했다. 신라면세점 입점 기념 이벤트로 30% 할인 혜택과 장시간 비행을 하는 고객들의 장과 면역 건강을 위해 맘스타민 에어키트 사은품을 제공하고, 맘스타민 제품을 3개월분 이상 구매한 고객에게는 '맘스타민 HMO 패밀리' 1개월분을 추가로 증정하는 프로모션도 진행했다.

올해 9월에는 맘스타민의 신제품 2'-FL 프리바이오틱스 퓨리티를 출시했다. 이번 신제품은 장건강 및 면역력 향상, 기억력 증진에 도움이 되는 모유의 핵심성분 2'-FL이 99% 이상 함유돼 있다. 퓨리티 제품은 기존 맘스타민 제품과 다르게 1회분 포장이 아닌 벌크 형태로 선보였다. 한 통에 약 90g의 내용물과 이를 1g 단위로 나눠 섭취할 수 있도록 스푼이 내장돼 있다. 구매자의 연령, 필요에 따라 양 조절이 가능하다. 퓨리티 제품은 해외 판매에 집중할 계획이다. 미국 아마존, 중국 틱톡 등 글로벌 이커머스에 최적화된 프로모션을 진행하고, 오프라인을 통한 판로 확장에도 나서고 있다. 미국 홈쇼핑 채널 'MBC홈쇼핑 아메리카'를 통해 맘스타민 2'-FL 프리바이오틱스 유산균 제품을 런칭했다. 미국, 중국, 싱가폴 등에 온오프라인 동시 판매를 통해 시너지를 가속화하고 있다. 이와 함께 지역별 맞춤 마케팅 전략으로 중동 지역으로도 확대할 계획이다. 맘스타민은 이번 신제품 출시를 통해 2'-FL 프리&프로바이오틱스 3종(프리미엄, 패밀리, 키즈)과 2'-FL 프리바이오틱스 츄어블정 및 벌크타입 퓨리티로 총 5종의 제품 라인업을 갖추게 됐다.

경쟁력 강화·기술보호 위한 거침없는 특허 사냥

품질은 물론 경쟁력 강화, 기술 보호를 위한 특허 사냥도 계속되고 있다. 올해 8월에는 '2'-FL 생산성 증대 방법과 이를 활용한 조성물'에 대한 특허를 취득했다. 이번에 취득한 특허는 2'-FL의 생산성 증대가 핵심으로 효소 처리를 통한 배양 배지 조성과 배양 방식이 담겼다. 특허 방식을 통해 퓨리티 제품의 원료 공급이 더욱 수월해지고, 제품의 질 향상도 기대

에이피테크놀로지 회사 전경

하고 있다. 2´-FL을 유효 성분으로 포함하는 모발 성장 촉진용 탈모 개선, 탈모 예방을 위한 치료용 조성물에 대한 특허도 함께 취득했다. 뇌 심혈관 질환의 예방, 치료용 약학 조성물을 위한 해외 특허도 진행 중이다. 2´-FL을 다양한 건강기능식품과 의약품에 활용하기 위한 연구개발을 쉼 없이 진행하고 있다. 향후 환자식, 메디컬 푸드 등의 신규 시장 진출도 구상 중이다. 에이피테크놀로지가 이처럼 2´-FL 제품 다각화에 적극 나서는 것은 그만큼 모유올리고당의 인체 유익 효과를 확신하기 때문이다.

"비교하기엔 쑥스럽지만, 인류의 의약품 역사를 바꾼 신약의 첫 번째 임상실험 대상자는 개발자 자신인 경우가 많습니다. 인체에 영향을 미치는 제품은 개발자가 확신이 서야 남에게 적용할 수 있으니까요. 우리 모유올리고당 제품을 가장 열심히 먹고, 효능을 가장 믿는 고객은 저와 제 아내입니다. 저는 당뇨가 있고, 비즈니스를 이유로 어쩔 수 없이 술자리가 많은 것이 사실입니다만, 그럼에도 당사 제품을 꾸준히 먹는 것만으로 당뇨는 물론 간 수치가 안정적으로 관리되어 의사가 깜짝 놀라기도 합니다.

제 아내는 심장 스텐트 수술을 받았어요. 당연히 혈액응고와 고지혈증, 콜레스테롤 관련 약을 달고 삽니다. 그러던 아내가 맘스타민을 3개월 먹고 병원에 가니 의사가 수치가 낮아졌다며 복용량을 반으로 줄이는 처방을 내렸어요. 6개월 뒤에 갔더니 의사가 수치가 더 낮아졌다며 약을 또 반으로 줄이면서 매우 이례적이라며 놀라더랍니다."

2024년 스케일 업 공장건립과 기술특례상장에 주력

신철수 대표는 성인병인 대사성증후군 완화와 알츠하이머 관련 인지능력 및 기억력 개선에 관여하는 2′-FL 함유 제품이 회사의 또 하나의 성장동력이 될 것이라 믿는다. 올해 초부터 연구소에서 동물실험을 해왔는데 연구진도 흥분할 정도로 기대 이상의 결과가 나왔기 때문이다. 실험 결과, 비만과 지방, 혈당이 높은 쥐에게 2′-FL을 먹이고 일정 기간이 지난 후 수치를 측정한 결과 현저하게 낮아졌음을 확인할 수 있었다. 알츠하이머 동물실험도 고무적이었다. 알츠하이머에 결정적으로 관여하는 것으로 알려진 아밀로이드 베타가 축적된 쥐에게 2′-FL를 먹이면서 경과를 지켜보는 실험이었다. 결과는 아밀로이드 베타 축적량이 현저하게 줄었고 인지능력이 향상된 것으로 나타났다.

동물실험 결과에 고무되어 사람을 대상으로 인체 적용성 시험연구도 진행 중이다. 적잖은 비용을 들여 미국 텍사스대학에 의뢰해 3~4종의 기능성을 확인하고 있다. 이 결과를 토대로 내년이나 내후년 새로운 건강기능식품을 생산 공급할 수 있을 것으로 기대한다. 나아가 질병 예방과 치료 의약품을 개발하기 위한 후속 연구도 차질 없이 진행할 계획이다. 신약 개발은 일반적으로 2조 원 이상이 소요되는 대형 프로젝트다. 신철수 대표

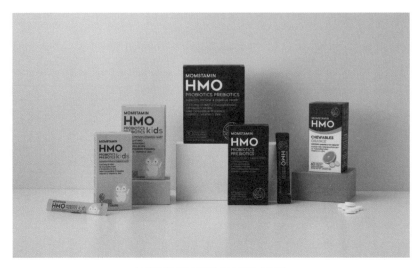

모유올리고당 브랜드 맘스타민 제품군

는 글로벌 제약사 서너 곳에 신약 개발 협업을 타진하고 있다고 귀띔한다.

에이피테크놀로지의 현안은 공장증설과 코스닥 기술특례 상장이다. 날로 커지는 시장 확장에 발맞춰 현재의 생산 규모에서 10배 이상 스케일업scale up이 가능한 공장건립이 필요하다. 내년 착공해 2025년 완공하는 일정으로 글로벌 협력사와 추진하고 있다. 2025년에는 생산규모 확대와 중국, 인도 시장 개방이 맞물려 세계시장 점유율이 20%를 넘어설 것으로 내다본다. 분유 첨가제 시장에서만 연매출 2000억 원 달성이 가능하다는 계산이다. 기술특례 상장 신청은 내년 4월 예정으로 꼼꼼하게 준비하고 있다.

모유올리고당 2′-FL 사업의 강자로 우뚝 선 에이피테크놀로지는 이렇게 인류의 건강과 행복을 위한 더 큰 내일을 만들어 가고 있다. 에이피테크놀로지의 임직원 미션은 회사의 방향과 정확히 일치한다.

"우리는 내일을 만들어 간다"We are making ready for tomorrow

에이피테크놀로지의 **3단계 성장전략**

분유첨가 글로벌 M/S 20% →
건강식품 다양화 → 신약 개발

에이피테크놀로지는 단기·중기·장기 3단계 성장 전략을 세워 전사적으로 추진하고 있다.

단기(2~3년) 진행 목표는 생산능력 확장을 통한 가격경쟁력 극대화다. 이로써 모유올리고당을 함유한 분유 첨가제 세계시장에서 점유율을 20% 이상 끌어올린다.

중기(3~5년) 실행 과제는 2'-FL 관련 3~5종의 인체검증을 거쳐 독점적 기능으로 메디칼 푸드 시장을 확보하는 것이다. 소재의 고부가가치화를 달성하고, 소비 타깃을 모든 연령대로 넓힐 계획이다.

장기(5년~) 전략 목표는 현재 수행 중인 인체검증에서 확인된 특수 기능을 활용한 의약품 개발이다. 신약 개발은 막대한 시간과 비용을 수반하기에 글로벌 파트너링을 적극 추진하고 있다.

02

경북테크노파크 지원기업

(주)테스크

도로 위 차량들이 내뿜는 매연을
없앤 기업을 아십니까?

㈜테스크 본사 전경

| 경북TP 지원사업명

· 경북 글로벌강소기업 경쟁력강화사업

  (3000만 원, 22.01~22.12)

| 지원성과(전·후)

· 매출액: (2021) 306억 원 → (2022) 336억 원

  (↑10%)

· 고용: (2021) 74명 → (2022) 80명(↑8%)

지역기업에서 글로벌 강소기업으로-(주)테스크

유럽연합^{EU}은 2005년부터 차량의 배기가스 배출 기준을 '유로^{Euro} 4'로 상향했다. 이 기준은 자동차 1km 주행 시 질소산화물^{NOx} 0.25g, 미세먼지^{PM} 0.025g 이하 배출을 규정하고 있다. 상용차인 경우는 1시간 운행 시 유해가스인 일산화탄소^{CO}와 질소산화물 배출을 각각 1.5g, 3.5g 이하로 줄여야 한다.

환경보호는 전 지구적 과제이고, 우리나라도 예외일 수는 없었다. 2001년 도입한 '유로 3'을 4년 만에 한 단계 더 강화하면서 종전 기준 등급에 맞춰 생산했던 운행 차량들의 배기가스를 감축해야 하는 문제 해결이 시급해졌다.

당시 국내 도로를 주행하는 차량은 배기가스가 발생할 때의 폭음을 저감해 주는 장치인 머플러^{Muffler}만 장착한 경우가 대부분이었다. '유로 4' 수준으로 배기가스를 줄이는 장치를 제조·공급하는 회사를 설립해야 할 필요성이 커졌다.

이는 ㈜테스크(http://www.tesk.co.kr) 창업의 시대적 요구였다. '테스크'^{TESK}라는 회사명은 '토털 이미션 솔루션 코리아'^{Total Emission Solution Korea}의 의미를 함축한다.

"저희 CI^{Corporate Identity}에는 검정·빨강·파랑·초록의 4개 원이 있습니다. 운행 중인 차량에서 배출되는 유해물질을 저감시키는 단계를 보여 줍니다. 즉, 검은 매연이 산화 작용과 촉매의 화학 반응을 거쳐 최종적으로 무해한 청정 상태로 배출된다는 뜻입니다."

㈜테스크 기술연구소 미래전략팀 최진영 이사는 '차량매연저감장치 제조·공급으로 배기가스 저감 미션^{Mission}을 수행하겠다'는 출범 목적을 CI에서 직접적으로 표현했다고 설명한다.

매연저감장치 생산·보급으로 환경 개선 일조

경상북도 김천시 어모면 산업단지로 20에 위치한 ㈜테스크는 전문 경영인 체제를 도입하고 있다. 그 탄생의 모체는 황정상 총괄대표가 1996년 4월에 설립한 ㈜정도정밀이다.

현대기아차 2차 협력사인 ㈜정도정밀은 자동차용 배기 파이프 분야에 진출해 전문화 일류기업으로 성장했다. ㈜테스크는 '유로 4' 발효와 미국 환경청(EPA)의 배출가스 규제제도인 티어(Tier) 기준 적용에 대응해 2006년 1월 분사한 기업이다. 차량매연저감장치의 주요 제품인 DPF^{Diesel Particulate Filter}(디젤 미립자 필터)와 SCR^{Selective Catalytic Reduction}(선택적 촉매환원장치)을 전문 생산하기 위해서였다.

"국내에서 기존 운행 중인 차량에 매연저감장치를 추가 장착하는 '리트로핏^{Retrofit} 개조사업'이 태동한 때는 기후변화 이슈 등에 의해

GHG$^{GreenHouse\ Gas}$(온실가스)의 문제점이 부각된 1990년대부터였습니다. 그렇지만 2000년대 중반에도 선진국들에 비해 관련 기술 수준이 뒤떨어진 편이었습니다. ㈜테스크는 분사와 동시에 기술연구소를 두고 영국·미국의 선진 업체 두 곳에서 기술 도입을 해서 설계와 시험 역량을 쌓은 뒤, 양질의 제품을 자체 설계·제조·보급해 왔습니다."

전문경영인으로 영입한 손형대 대표와 경영을 분담하며 지금도 여전히 현업에서 진두지휘 중인 황정상 총괄대표는 '10여 명의 전문 기술 인력을 보유한 기술연구소를 중심으로 제품 다각화에 힘쓰고 있다'고 ㈜테스크를 소개한다. 리트로핏 업계에서는 시장점유율을 확대하며 수많은 차량의 배기 시스템을 개조해 대기 환경 개선에 일정 부분 기여했다.

"국내 도로에서 시커먼 매연을 내뿜는 차량을 발견하기 어렵게 되었지요? 불과 십수 년 사이의 변화입니다. ㈜테스크가 기여한 바가 크다고 생각합니다. 각 차량들에 장착된 매연저감장치를 가장 많이 보급했습니다. 매연을 사라지게 해서 대기오염을 막고, 좀더 깨끗한 환경을 만드는 데 일조했다는 점에서 사업의 보람을 느꼈습니다."

창업 초기에는 '차량 매연 저감'이라는 뚜렷하고 직접적인 목표점이 있었다. ㈜테스크의 성장 국면에서 이미 그 지점은 넘어섰다. 현재도 매연저감장치 생산 전문기업으로서 관련 연구를 다양하게 지속하고 있지만, 제품 고도화와 새로운 사업 다각화가 필요한 시점이다.

황정상 총괄대표는 한때의 성취에 정체해 있을 기업가가 아니다. 이제 ㈜테스크는 버스·트럭 등의 차량과 농기계·중장비 배기가스를 정화해서 배출하는 제품들의 모듈^{Module}화 생산 체제를 갖추고 있다. 티어-4 파이널^{Final}을 충족시키는 DPF 모듈·SCR 모듈·요소수 탱크 모듈 등이다.

㈜테스크 기술연구소

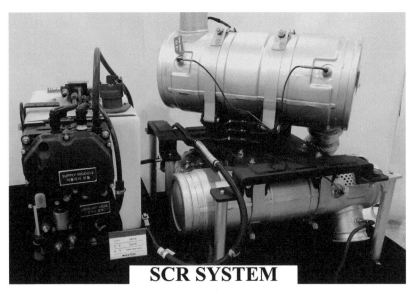

오프로드용 SCR 매연저감장치

티어 규제란, 건설기계·농기계 등 오프로드$^{Off-road}$ 장비에서 나오는 일산화탄소, 질소산화물, 미세먼지 등의 오염물질 허용 기준으로 단계 숫자가 높을수록 강화된다. 지난 2015년 1월부터는 트랙터·콤바인 등 6개 기종의 농기계에도 티어-4 기준의 규제가 적용되었다.

㈜테스크는 최근 차세대 오프로드 배기 규제인 티어-5에 대응할 수 있는 제품도 선행개발 중이다. 티어-5는 현재 미국 EPA와 캘리포니아 주 대기자원위원회^{CARB}에서 논의하고 있으며, 2028~2029년경 발효될 것으로 예상된다.

환경 규제에 대응하며 중장기적 성장 도모

리트로핏 개조사업은 사양길에 접어든 상태다. 그래도 ㈜테스크가 주력을 쏟고 있는 배기 시스템 시장 규모 확대 전망은 양호하다. 2021년 369억 달러에서 2026년에는 479억 달러 규모로 성장할 것으로 예측되고 있다. CAGR$^{Compound\ Annual\ Growth\ Rate}$(연평균 복합성장률)은 5.3% 수준이다.

㈜테스크는 배기 시스템 시장에서 농기계와 오프로드 중장비 분야의 OEM$^{Original\ Equipment\ Manufacturing}$(주문자 상표 부착 생산)에 집중하고 있다. 기술 수준은 티어 규제 충족은 물론 '유로 6' 시스템을 연구개발 완료해 양산 중인 단계다.

국내 고객사는 HI현대인프라코어, 대동, LS엠트론, TYM(국제농기계) 등이며, 주요 부품을 일본에 수출하고 있다. 주력 제품 외에도 축적된 파이프 밴딩 기술과 용접 기술로 생산하는 엔진용 EGR$^{Exhaust\ Gas\ Recirculation}$(배기가스 재순환장치) 파이프, 오일·연료 관련 파이프 부품도 OEM 고객사에 공급 중이다.

㈜테스크 생산공장 내부 전경

"지난 코로나19 기간에 대동·LS엠트론·TYM의 국내 농기계 3사는 미국 등 북미시장에서 매우 높은 매출 실적을 나타냈습니다. 미국 정부가 코로나19 지원금을 늘린 영향이 컸던 걸로 보입니다. 취미 활동으로 농사를 짓는 사람들이 정부 지원금으로 소형 트랙터 등의 농기계를 구입하는 경우가 많아서 수출이 활황이었지요. 저희도 따라서 매출이 증가했는데, 코로나19 팬데믹Pandemic 종식 이후 급격한 시장 하락이 일어나고 있는 추세입니다."

고객사들의 농기계 수출 침체는 ㈜테스크에도 단기적 어려움으로 다가오고 있다. 그렇지만 중장기적으로는 오히려 매출 확대를 기대할 수 있는 시장 여건이다. 우리나라는 국제 규제 수준 적용이 빠른 국가에 속한다. 성장성이 높은 제품군에서 변화하는 규제에 신속하게 대응한다면 고객

㈜테스크 제품 생산

사 확보와 매출 증대가 가능하다고 보고 있다.

현재의 시스템에서 티어-5로 강화될 경우, 요소수 탱크가 필요한 SCR의 확대 적용이 요구된다. 이에 따라 ㈜테스크의 매출 실적은 어느 정도 자연 상승될 것으로 보여 긍정적이다.

"질소산화물을 줄이는 SCR 모듈은 요소수를 공급하는 요소수 탱크가 세트 개념으로 구비되어야 합니다. 티어-4 파이널 규제는 대형 농기계 위주이고, 티어-5로 상향되면 중형급 농기계도 기준 대상에 들어갑니다. 그럴 경우 당연히 SCR 제품을 적용하는 농기계 대상이 대폭 확대될 것이라고 예상할 수 있습니다."

기존 규제에서 중형급 농기계는 DPF 제품만으로도 배기가스 배출 기준 충족이 가능했다. 하지만 2020년대 말에는 DPF보다 고가인 SCR과

요소수 탱크를 장착해야 한다. ㈜테스크로서는 자연스럽게 사업 호전의 계기를 마련할 수 있다는 예상이다.

농기계와 오프로드 중장비의 디젤 시스템 유지 전망도 비관적이지 않다. 승용차의 경우는 전기차나 수소차로 전환하는 속도가 굉장히 빠르지만, 트랙터와 굴삭기처럼 순간 동력이 뒷받침해야 하는 농기계, 중장비 등은 오히려 향후 10년 이상 디젤 시스템에 의존할 것으로 내다보고 있다. 결과적으로 관련 배기가스 저감장치시장도 지속적인 확대가 기대된다.

경북테크노파크의 다각적 지원으로 성과 창출

중소기업은 대부분 자금·기술·인력 면에서 항상 도전에 직면해 압박을 받는 현실적 어려움을 겪는다. ㈜테스크도 예외일 수는 없다. 현재의 사업이 내연기관과 직접적으로 연관되어 자금유동성은 낙관적이지 않다.

오프로드 부문의 농기계와 중장비는 시장 상황이 차량과 달라서 중장기적으로 안정적인데도 주위의 인식은 부정적이다. 특히 금융권은 내연기관 부품기업을 모두 위험군으로 분류해 대출 연장 등에서 매우 소극적인 태도를 보이고 있다. 또한 정부의 R&D 지원도 친환경 부문에 집중되어 여러모로 힘에 벅찬 처지다.

이 같은 현실에서 2018년 경북스타기업 선정과 함께 활발한 참여 기회가 열린 경북테크노파크 지원사업은 글로벌 강소기업 도약의 밑거름이 되어 주었다. 2022년의 경북글로벌강소기업경쟁력강화사업의 제품 고급화 지원은 DPF 제품 개선과 신규시장 개척 성과를 낳았다.

"글로벌 강소기업 자격 사항은 매출액 100억 원 이상 기업 중 수출액 500만 달러 이상의 기업을 대상으로 하고 있습니다. 저희 ㈜테스크의

자가전력발전 시스템 전시

경우는 그 조건에 미치지 못하나, 혁신형 기업으로서 수출액 100만 달러 이상이어서 신청 자격이 되었습니다. 이 지원사업을 통해 호주로 수출하는 고 마력^{HP} 트랙터 선행개발 대응을 진척시켰습니다. DPF 제품의 개선설계 모델링과 시작 툴^{Tool} 및 시제품 제작 등의 진행이었습니다."

테크노파크 지원사업과 관련해서는 기술연구소 미래전략팀 최진영 이사의 상세한 설명을 들을 수 있었다. '고객사 니즈^{Needs}에 부합하도록 배기량을 증대할 수 있는 부품 개선개발에 더해 베트남과 인도법인 설립을 통한 해외 신시장 개척을 도왔다'는 언급도 이어진다.

㈜테스크의 2021년 매출액은 306억여 원이었다. 경북글로벌강소기업 경쟁력강화사업에 참여한 2022년에는 336억여 원으로 9.8% 증가한 실적을 나타냈다. 고용 인원은 2021년 74명에서 2022년 80명으로 8.1% 늘었다.

경북테크노파크 지원으로 전시회 참가

㈜테스크의 OEM 제품 특성상 지원 효과는 한 해에 그치지 않는다. 최소 5년에서 10년은 지속될 수 있다. 그러므로 개발 지원 제품만의 매출액이 가령 1년 10억 원이라면 50~100억 원의 증대가 있는 셈이다.

㈜테스크로서는 기대 이상의 성과라고 여기고 있다. 경북테크노파크의 편견 없는 선정 과정을 거쳐 순조롭게 지원사업이 이루어진 것이 무엇보다 감사하다는 소감이다. 황정상 총괄대표는 테크노파크 지원사업을 수행한 소회를 대신하는 인사를 이렇게 전한다.

"신사업 기회를 마련하고, 기존 제품 개선개발과 선행개발 시 자금 부담을 완화할 수 있었습니다. 신규 수주로도 이어져 사업 확장에 도움을 받았습니다. 경북테크노파크 담당자분들의 기업을 위하는 적극적인 태도에 늘 고마운 마음입니다. 아울러 고객사의 개발 방향을 주시해 정확하게 요구 사항을 파악하고 선행적인 대응을 함으로써 수주 확률을 높이는 데는 우리 임직원들의 노고가 컸습니다. 설계·제작·시험평가를 일괄적으로 진행해 고객사를 만족시키는 일련의 활동들을 잘 수행해 주셨습니다."

그린 모빌리티 사업 부문 확대 추진

경북테크노파크와의 지속적 협력 유지는 신사업을 추진하는 ㈜테스크의 연구개발 노력에 동력을 부여하고 있다. 2021년 7월 지역혁신클러스터지원사업 선정은 2022년 한 해 동안 해외 수출용 SUV 승용차량 고압수소 튜브를 개발할 수 있는 기획 역량 강화의 기회가 되었다.

2022년에는 또한 지역특화산업육성사업(비R&D)의 '첨단 소재 부품 가공산업 고도화를 위한 제품 고급화 및 시험인증 지원'을 통해서도 수소연료전지용 고압 배관을 개발하고 관련 기술과 제품 등을 보완해 왔다. 수소연료전지용 고압 배관이란, 수소탱크로부터 수소연료전지 시스템까지 수소를 이송하는 파이프를 말한다.

"저희는 ㈜정도정밀 때부터 30년 가까이 확고하게 확보하고 있는 파이프 벤딩 기술을 활용해 수소연료전지용 고압 배관의 개발·제조를 신사업으로 추진 중입니다. 최근 전기차와 수소차 등 친환경 차량의 개발 확대에 대응한 전략이기도 합니다. 이외에 자체 특허를 보유한 수동 및 자동 미션용 PTO^Power Take Off (동력인출장치) 기반으로 EV^Electric Vehicle 출동충전 서비스 차량과 하수구 고압세척 특장차를 개발하고 있습니다."

황정상 총괄대표는 향후 성장의 좌표를 그리고자 회사 조직에도 미래전략팀을 신설했다. 기존에는 내연기관 위주였던 사업 분야의 발전 방향은 불확실성에 빠져 있다. 어느 한쪽으로 올인^All In 하기에는 위험 부담이 너

황정상 총괄대표의 해외 협력 강화

무 크다. 미래전략팀의 신사업 구상과 대외협력 업무 추진은 그래서 중요
하다.

친환경이 부각되면서 2000년대 초반만 해도 개념조차 생소했던 전
기차가 급부상하고, 수소차가 나왔다. 거의 쇠락하는 듯했던 내연기관시장
도 새로운 친환경 연료의 등장으로 다시 살아날 기미가 보이고 있다.

메이저 자동차회사들도 여러 방향의 가능성을 열어 두고 논의와 연
구개발을 진행하고 있는 상황이다. 특정 부문에 치중한 선택은 오판이 될
수도 있는 시점이므로 부품기업으로서는 치밀한 연구개발과 신사업 진출
전략이 요구된다는 것을 잘 알고 있다.

정리하자면, 현재 ㈜테스크는 농기계와 중장비 배기 시스템의 OEM
과 신사업 부문인 수소 고압 배관 생산을 한 축으로 하고, PTO와 특장개
발 부분을 또 다른 축으로 해서 점차 개발과 투자를 늘려 나갈 계획이다.
특히 고압 수소 배관부품과 배터리 케이스 부품의 개발은 친환경 차량 부

품 부문으로 사업을 전환하는 방향성을 보여준다고 할 수 있다.

PTO 부문에서는 이미 자동 미션용 개발을 마치고 사업화에 들어갔고, 시장 반응은 기대 이상으로 좋은 편이다. 배터리 케이스 부품은 냉동 컨테이너 내장 배터리 시스템에 사용되는데, 향후 소형 전동 굴삭기에도 적용하려는 목표로 개발하고 있다.

㈜테스크는 궁극적으로 그린 모빌리티 사업 부문을 확대해 지역을 대표하는 기업으로서 지속가능경영을 실현하고자 한다. 여기에는 정부의 R&D 지원 정책이 힘을 북돋워 줘야 한다는 바람을 갖고 있다. 전기차와 수소차에만 국한하지 말고, 기존 내연기관 시스템을 활용한 친환경 에너지 기반의 부품 생산기업도 지원하는 것이 바람직하다는 입장이다.

고객사들이 신뢰하는 제품과 기술 제공

㈜테스크는 창업 이래 꾸준한 연구개발로 23건의 특허와 8건의 실용특허, 8건의 의장 등록 실적을 보유한 기술 강소기업이다. 현재 3건의 신규 특허도 출원 중에 있다.

기술연구소에는 중견기업 수준의 시험 평가장비를 보유하고 있고, 전체적인 설계와 시험을 거쳐 제품을 공급한다. 품질부서는 제품 100만 개당 10개 미만의 불량률을 기록하며 품질경영을 실행하고 있다.

'고객사들이 신뢰하는 제품과 기술 제공'이 늘 사업에 임하며 다지는 황정상 총괄대표의 각오다. 그는 '중소기업은 사람이 재산'이라며, 전 임직원이 '회사의 경영 현황과 비전을 공유하며 함께 성장해 나가는 공감대를 형성하고 있다'고 뿌듯해 한다.

㈜테스크의 사훈은 '긍정적 사고·창조적 행동·도전적 자세'다. 이를

인도 합작사 조인식

바탕으로, '비록 작지만 강한 기업'이 되려는 노력을 멈추지 않았다. 그 결과, 지역기업에서 글로벌 강소기업으로 성장할 수 있는 도약대 앞에 섰다.

"저희 ㈜테스크는 어려운 대내외 경제 여건 속에서도 꾸준히 투자와 고용을 늘려 왔습니다. 지역기업의 본분을 잊지 않으려는 자세를 유지해 왔기에 나름 김천지역의 경제 활성화에 기여한 부분이 있다는 자부심을 갖습니다. 앞으로도 시설 투자와 고용 창출을 지속하며 글로벌 강소기업으로 도약하는 지역 대표기업이 되겠다고 다짐합니다."

사실 ㈜테스크는 지난 2015년 이후 매년 50% 이상의 수출 신장률을 보이며 김천지역사회와 국가 경제 발전에 이바지한 공로가 적지 않다는 평가를 받고 있다. 2022년 11월 김천시가 '2022년 경북 프라이드^{Pride} 기업'으로 선정한 이유이기도 하다.

황정상 총괄대표는 개인적으로도 지역사회 리더 역할을 하고 있다. 김천시 인재양성재단 이사로서 지역 인재를 양성하는 장학금을 기탁해 왔다. 그리고 ㈜테스크에서는 김천지역 고교 졸업자를 우선 선발 채용하며,

입사 후 일학습병행제와 학자금 지원 등을 통해 역량개발을 돕고 있다.

황정상 총괄대표가 함께 성장해 달성하려는 다음 목표는 ㈜테스크의 '5년 후 코스닥^KOSDAQ 시장 상장'이다. 일단 2025년 500억 원 매출 규모를 달성하고, 2028년 국내 본사와 해외법인 합산 800억 원 매출을 돌파해 상장을 실현한다는 계획을 가지고 있다.

황정상 총괄대표는 '새로운 제품 다각화와 신시장을 확대하며 사업 단위별 매출을 키우고 국내외에서 골고루 수익성을 확보해 시너지^Synergy 효과를 발휘한다면 어렵지 않게 다다를 수 있는 목표'라고 밝힌다.

코스닥 시장 상장이 이루어진다면, 그는 '오랫동안 함께 가고 싶은 모든 임직원에게 그간의 노력을 조금이라도 보상해 줄 수 있는 기회를 만들겠다'는 생각도 가지고 있다. 그것은 개인적 '욕심'이다. 꼭 아낌없이 그 '욕심'을 부릴 그때를 기대한다.

해외시장 진출 **성과와 전략**

글로벌 사업 진출의 어려움을 이겨내고 정상화 궤도에 오르고 있습니다

㈜테스크는 주로 일본 코벨코 사에 제품을 수출해 왔다. 2019년부터는 글로벌 진출의 문을 두드리며 수출선 다변화를 꾀하기 시작했다. 그해에 베트남 하노이에 JT 튜브 투자법인을 설립했고, 이듬해에는 인도 현지기업 VIKAS 그룹 에코켓 사와의 합작법인인 TESK-VIKAS를 세웠다.

"현재 우리나라와 미국, 유럽 등은 티어-4 파이널 규제가 진행되고 있으나, 호주를 비롯한 태평양 도서국가, 동남아 등은 아직 티어-3~4 수준에 머물러 있다가 배기가스 규제 강화에 나섰습니다. 이를 기점으로 저희의 주력 제품인 차량매연저감장치로 우선 베트남과 인도시장을 공략하고자 현지법인을 설립했습니다."

새로운 해외시장 개척은 일본에 집중된 수출을 다각화하려는 의도였다. 그러나 황정상 총괄대표가 밝히는 글로벌 사업 진출에서는, 지역의 중소기업으로서 자금 융통의 어려움을 가장 크게 겪어야 했다. 특히 해외법인 설립 직후 투자가 진행되는 과정에서 발생한 '코로나19' 사태로 첫걸음부터 수렁에 빠졌다.

"호된 신고식을 치른 기분이 듭니다. 코로나19 사태의 심각성으로 전 세계가 움츠러들면서 금융기관의 대출금이 50%로 축소된 데다, 베트남 법인의 경우는 공장을 만들고 기계들을 설치하기 직전에 방문이 불가능해져 손을 놓고 있어야 했습니다. 인도 법인은 그나마 덜했지만, 3년여 동안 대책 없는 손실을 입었습니다."

'코로나19'의 위세가 꺾인 2021년 베트남 법인은 설립 2년차에 매출 70억 원과 고용 인원 110명을 달성했다. 인도 법인에서는 2개 차종 연간 11만 대를 공급 중이며, 연 15만 대 신규 고객사 입찰에 선정되어 두 번째 공장 설립이 필요하게 되었다.

2023년부터는 정상적인 영업 활동을 가동해 가시적인 성과 창출에 한층 속도를 내고 있다. 베트남은 인구 평균 연령이 30대일만큼 젊은 인력이 많아 충원이 비교적 용이하다. 인건비는 우리나라의 1/8 수준이다. 인도의 경우는 중국을 대체할 최대시장으로 꼽힌다. 두 국가 모두 진출 초반에는 고전했지만 이제 정상화 단계로 진입했다.

㈜테스크는 자금력 면에서 다소 힘이 부치는 현 상황에서는 글로벌 사업 진출을 당장 더 확대시킬 계획은 없다. 그보다는 내실을 기하는 게 지금은 중요한 시점이라는 판단이다. 다만, 베트남과 인도시장의 장점을 잘 활용하며 현지에 적합한 제품을 접목해 진출 효과를 높이는 데 집중하고 있다.

대구테크노파크 지원기업

(주)한국알파시스템

최고의 지능형 영상 감시 시스템으로
안전한 미래 실현

(주)한국알파시스템 본사 사옥

기술·사업화 지원으로 해외시장 진출– (주)한국알파시스템

아파트 단지나 대형 빌딩의 주차장 출입구에는 자동차 번호판을 자동으로 인식하는 관제 시스템을 운용하는 곳이 많다. 지방자치단체들은 CCTV를 설치해 단속 인원을 최소화하며 이전보다 훨씬 수월하게 불법 주정차를 감시하고 있다.

주차 자동 관제는 '차량 번호 인식 기술'로 가능하고, 원격 불법 주정차 감시는 '딥러닝Deep Learning 기반 객체 검출 및 다중 추적 기술'로 시행한다. 이 기술들을 개발한 회사가 ㈜한국알파시스템(http://www.kasnet. co.kr)이다.

"저희는 영상 정보 처리 관련 소프트웨어S/W 개발과 관련 기기 생산에 매진해 왔습니다. 시스템 설치와 애프터서비스A/S까지도 직접 책임지고 있어 고객의 신뢰가 상당합니다. 전국의 지자체와 공공기관, 민간기업이 저희가 개발한 주차 관제, 지능형 CCTV 등 영상 보안 시스템을 선택하고 있는 이유이지요."

김재용 대표는 ㈜한국알파시스템을 창업해 국내 영상 보안 분야의 기술개발을 본격화해 온 인물이다. 그는 '사람이 보다 안전한 사회에서 살아가는 환경을 만드는 것'에서 영상 분석 기술의 핵심 가치를 찾는다. 회사의 비전 캐치프레이즈Catchphrase를 아예, '㈜한국알파시스템KAS의 비전이 더 안전한 사회를 만듭니다'라고 분명하게 밝혀 놓고 있다.

최근 태국 시장에 진출한 ㈜한국알파시스템은 지난 2020년 4월 대구광역시 수성구 알파시티1로31길 22에 신사옥을 준공하고 도약의 안정적인 터전을 장만했다. 생산 공장은 경상북도 경산시 남천면에, 기업부설연구소는 본사 내에 두고 활동 무대를 넓히고 있다. 그리고 현재 인공지능AI 기술을 활용해 영상 보안 관련 분야의 혁신적 제품과 서비스 영역으로 사업 확장을 추진 중이다.

동 업계를 선도하는 영상 보안 전문기업

김재용 대표는 고교 졸업 후 곧장 취업의 길로 들어섰다. 정보 처리 분야 기술 자격증을 취득하고 네트워크 장비 업종의 H 정보기술에 입사했다. 지사장으로 근무 중이던 1997년에 IMFInternational Monetary Fund 외환위기의 유탄을 맞아 12월 말 퇴사했다.

"만 8년을 일하다가 경영 악화로 감원 대상이 되어 회사를 그만 두니 막상 막막했습니다. 국가경제가 뿌리째 흔들릴 때라서 이직도 마땅치 않았지요. 함께 직장을 떠난 동료들 가운데 네 사람이 창업에 뜻을 모아서 이듬해 3월 2일 '한국알파시스템'을 상호로 내걸었습니다."

김재용 대표는 '창업 준비 두 달 만에 문을 연 회사였으니 내세울

㈜한국알파시스템 김재용 대표

것이 무엇이었겠느냐?'고 반문한다. 가진 건 '몸과 경험'밖에 없었으니, 건물 천장 공간이나 지하 하수도관을 가리지 않고 케이블 설치와 전기 작업 등을 직접 하면서 영세한 운영을 벗어나지 못했다.

　　제품 생산과 연구개발과는 동떨어진 채 오로지 육체노동의 대가로 연명하는 시기를 보냈다. 창업 후 3년여가 지나 다소나마 여력이 생기면서 독자적인 기술 확보의 필요성을 절감하고 2001년 5월 ㈜한국알파시스템으로 법인 전환했다.

　　"사실상 이때가 진정한 창업이었다고 말할 수 있지요. 연구개발은 남들을 따라 하기보다 저희가 기술 우위를 가질 수 있는 틈새시장을 찾는 것부터 시작했습니다. CCTV를 이용해 차량 번호를 판독하는 기술이 유망해 보였고, 실제로 사업 성과로도 나타나서 연이어 수주가 이루어졌습니다."

㈜한국알파시스템의 성장 가능성에 확신이 들 무렵, '호사다마好事多魔'라는 말처럼 급브레이크가 걸렸다. 차량 번호 인식 기술 초창기인 2005년 후반쯤이었다. 기술력을 가진 직원들 중 한 명만 남고 모두 회사를 떠나는 상황이 발생했다.

김재용 대표는 '사업을 하면서 가장 힘들었다'고 기억되는 이 시기를 전화위복轉禍爲福의 기회로 삼았다. 떠나지 않은 직원 한 명과 둘이서 줄줄이 밀려드는 업무를 처리하며, 다시 시작하는 마음으로 새롭게 충원해 나갔다. 2006년 7월에는 정식으로 기업부설연구소를 설립해 체계적인 연구개발 시스템도 구축했다.

"차량 번호 인식 기술을 고도화하면서 2010년대 이후로 AI 기술을 적용한 객체 검출과 추적 기술 수준을 높여 왔습니다. 50~60% 정도에 불과했던 정확도가 이제 완벽에 가까워졌습니다. 이 분야에서는 세계 최고 기술 수준을 자랑한다고 말할 수 있습니다."

하드웨어H/W에만 국한하지 않은 김재용 대표의 연구개발 방향 제시에 의해 ㈜한국알파시스템은 다양한 S/W 구현에 힘쓰며 오늘의 기술력을 일궜다. 단순한 방범용 CCTV나 주차 관리용 설비 납품업체가 아니라, 설계부터 S/W와 H/W가 결합해 시스템화한 완제품과 유지·보수까지 담당하는 영상 보안 전문기업으로 성장했다. 김 대표는 '아직 많이 부족하다'고 말하지만, 동 업계를 선도하는 면모인 것은 의심할 여지가 없다.

교통안전과 국내외 주차 관제 분야의 사업 확대

㈜한국알파시스템이 보유한 핵심 기술은 '차량 번호 인식 기술'과

다차선 차량번호 인식 카메라(KAS-LPR-N400HW)

'딥러닝 기반 객체 검출 및 다중 추적 기술'이다. 회사의 목표 또한 이 기술들을 기반으로 한 최고의 지능형 영상 감시장치 전문기업이 되는 데 있다.

차량 번호 인식 기술은 카메라 한 대로 4차로의 차량 번호를 동시에 인식해 내는 수준을 확보했다. 영상 검지 방식에 의해 화면 내 차량 진입 시 움직임을 촬영해 차량 검지와 번호 인식, 속도 측정을 할 수 있는 기술 시스템이다. 차량 번호 인식률은 99% 이상에 이른다.

㈜한국알파시스템은 이와 관련한 원천 기술인 '4차선 동시 차량 번호 인식·속도 측정 기술, 진입 각도 140° 이내의 대각선 차량 번호 인식 가능 기술' 등의 다양한 특허와 인증을 보유하고 있다.

딥러닝 기반 객체 검출 및 다중 추적 기술도 차량을 포함한 모든 객체의 검지율이 99% 이상이다. 이 기술을 통해 교통량 측정 모듈^{Module}, 속도 측정 모듈, 오토바이 헬멧 검출 모듈, 불법 주정차 모듈 등 사고 예방 시스템에서 필요한 모듈들을 개발했다.

이 밖에 '아이온'$^{Eye-on}$으로 명명한 통합 장애 관리 시스템이 사업의

불법 주정차 단속 시스템

생활 안전 CCTV 시스템

한 부문으로 자리하고 있다. 이는 현장에 설치된 CCTV 장비들의 전원 및 장비 장애를 실시간 모니터링하고, 이상 시 복구 등 문제 해결을 원격 조정해 통합 관리하는 솔루션이다.

㈜한국알파시스템은 이 같은 영상 분석 기술들을 기반으로 기존의 차량 번호 인식 시스템, 방범용 CCTV 카메라군 설치 외에 2021년 들어서

지능형 어린이 사고 예방 시스템과 장애인 주차면 관리 시스템 등의 제품 라인업을 추가했다. 더 나아가서는 조만간 영상 검지를 통해 자살을 예방할 수 있는 시스템과 터널 안전 관리 시스템 등 안전성 강화에 중점을 둔 제품들을 선보일 계획이다.

"코로나19 사태가 발생하면서 보안의 중요성이 더욱 부각되어 국내 CCTV 시장의 수요가 크게 증가 추세를 보이고 있습니다. 사회적 거리두기와 예방 조치 강화로 공공장소와 시설물 감시 필요성이 한층 대두되었기 때문입니다. 아울러 국내 CCTV 시장은 AI 기술의 발전으로 급변하고 있습니다. 이처럼 ㈜한국알파시스템의 연구개발 여건은 신속한 대응이 필요한 상황입니다."

김재용 대표는 한순간도 방심하지 않고, 늘 긴장의 끈을 유지하고 있어야 한다. 어느 한 분야라도 연구개발에 소홀함을 보이면 바로 뒤처지는 것은 시간문제다.

CCTV 시스템을 예로 들어도, AI 기술이 새로운 데이터 분석과 예측 기능을 제공하면서 전과는 비교가 안 될 정도로 효과적인 보안·감시가 가능해졌다. 기술적 혁신이 시장의 수요를 늘리는 결정적 요인이 되었다. 김 대표는 이런 측면을 고려해 연구개발 비중을 높이며 교통안전과 국내외 주차 관제시장의 사업 분야 확장에도 주력하고 있다.

태국 스마트 주차 관제 시스템 시장 개척 진행

'코로나 19' 사태 시기에 CCTV 시장 수요는 증가한 반면, ㈜한국알파시스템은 주요 거래처가 관공서인 성격상 10% 정도의 매출 감소를 감수해야 했다. 긴축 예산을 시행하는 바람에 일정 부분 수주량이 줄어들 수

스마트 주차 관제 시스템

밖에 없었다.

　　이보다 더 우려할 점은 기존 주력 제품들의 시장 정체 상황이었다. 국내시장의 한정된 수요로 공급 포화 상태인데다가 경쟁 심화로 사업 전환의 모색이 필요했다. 국내에서는 성장 잠재력이 제한적이어서 해외시장 진출이 매출 신장을 최대화할 수 있는 효과적인 전략으로 떠올랐다.

　　㈜한국알파시스템은 우선 러시아와 동남아시아 지역을 대상으로 스마트 주차 관제 시스템의 타깃 시장조사에 나섰다. 그러나 러시아 시장은 중국 회사들이 선점해 있었고, 동남아시아 진출을 시도하기에는 여러 여건상 어려움이 예상되었다.

　　"동남아시아 국가 중 태국의 잠재 수요가 우수하다고 파악했습니다. 태국은 교통 체증과 주차 공간 부족으로 주차 관제 시스템에 대한 관심이 많아지고 있어서 고성장 가능성이 엿보였습니다. 하지만 진입 장벽이 높았어요. 특히 태국어 문자의 구조적 특성과 차량 번호판의 다양한 디자인 및 색상으로 인해 차량 번호 인식 기술을 적용하는 데 난점이 있었습니다."

김재용 대표는 60~70% 판독률에 그칠 정도로 기술 실현이 힘든 점을 기회 요소로 삼았다. 태국 차량 번호판에 적합하도록 번호 인식 기술을 개발한다면 주차 관제 시장 선점은 오히려 수월하겠다는 판단이었다.

태국의 경우는 현지 대기업과 사립 교육기관들을 중심으로 보안 강화를 위한 차량 번호 인식 시스템의 요구가 급증하고 있다는 사실도 파악되었다. 동남아시장 진출의 교두보 역할을 할 수 있을 것으로 예상하기에 충분한 여건이었다. 그래서 태국 시장에 다차선 주차 관제 시스템 수출을 위한 현지 테스트를 실시하며, 향후 태국 내 주차 관제 시스템 시장과 주변국으로의 수출을 의도한 제반 활동 진행을 추진했다.

"하지만 중소기업으로서 해외시장 정보력과 기술력, 자금 부족 등의 한계가 뚜렷했습니다. 저희가 보유한 다차선 차량 번호 인식 솔루션과 검지율 99% 이상의 차량 번호 인식 솔루션을 탑재한 현지 수요형 해당 시스템 시제품을 만들어야 했습니다. 또한 태국의 콘도와 대학 등의 주차시설 현장 실증에 필요한 시스템 설계·제작 등을 하려면 현지 수요처도 필요했지요. 이 조건들을 충족하기에는 역부족이어서 포기할까도 생각해 봤습니다."

김재용 대표가 태국부터 시도한 해외시장 진출 과정에서 근본적인 어려움을 겪을 때, 대구테크노파크가 힘이 되어 주었다. 2021년과 2022년에 테크노파크 지원사업에 참여하면서 해외시장 진출의 자문을 받으며 태국 스마트 주차 관제 시스템 시장 개척을 진행 중에 있다. 우선적으로 성과를 말하자면, 중국과 헝가리 업체와 경쟁해 2022년 10월 태국 현지 바이어인 JES CQTec 사와 30만 달러 규모 주차 관제 시스템 사업 업무협약 MOU을 체결했다.

TP 지원사업 통해 해외시장 진출 성공 경험

㈜한국알파시스템은 대구테크노파크로부터 2019년 대구시 프리 Pre-스타기업 지정을 받았고, 2021년에는 지역스타기업으로 선정되었다. 김재용 대표는 테크노파크 지원사업 참여를 신청할 때 '태국 내 주차 관제 시스템 시장 및 주변 국가로의 수출 전략과 비전을 제시하고, 현지시장에서 경쟁력을 확보할 수 있다는 확신을 강조한 점'이 선정 사유가 되었을 거라고 짐작한다.

구체적인 계획과 제안이 테크노파크 지원사업 참여를 이끌어 내면서 ㈜한국알파시스템은 성공적으로 태국 시장에 진출하고, 더욱 활기찬 성장세를 보일 수 있었다. 무엇보다 국제적인 사업 확장과 글로벌 경쟁력을 향상시킬 수 있는 기반 확보가 가장 큰 성과였다.

연도별로는 지역스타기업에 선정된 2021년에 기업 진단을 통해 '지능형 영상 감시장치 글로벌 강소기업 도약을 위한 중장기 성장 전략'을 수립했고, 전문 PM Project Manager이 이와 연계한 연구개발 기획을 지원해 주었다. 그리고 스마트 장애인 주차면 관리 시스템 시제품 제작과 태국 주차 관제 시스템 UI User Interface/UX User experience 개발이 이루어졌다.

2022년에는 태국 현지 맞춤형 다차선 차량 번호 인식 시스템 하우징 Housing 제작과 스마트 장애인 주차면 관리 시스템의 시제품 제작을 완료했다. 아울러 바이어 발굴 상담, 마케팅 머티리얼 Material 제작, 전시회 참가

등 전주기적 연계 지원으로 태국 현지 사업화 성공에 이르렀다.

"작년 연말에 개최된 '태국 스마트시티 엑스포(2022. 11. 30~12. 2)'에 참가해 50여 개 이상의 지자체와 바이어 사를 만나 상담을 진행한 것이 인상에 남습니다. 이를 계기로 태국을 포함한 동남아시아 전역을 대상으로 주차 관제 시스템을 납품할 수 있는 기회를 만들었습니다."

김재용 대표는 2023년 1월에 곧바로 태국과 동남아시아 지역 업무를 전문적으로 수행할 수 있도록 태국 현지법인을 설립했다. 수출에 대응하기 위한 생산공장은 2021년 6월 말에 준공해 이미 준비되어 있었다. 홍보 활동은 인스타그램, 페이스북, 링크드인 등 SNS^{Social Network Service} 태국 계정과 전용 홈페이지를 제작해 꾸준히 전개해 왔다.

㈜한국알파시스템은 태국 현지 사업화에 성공하며 매출액이 2021년 60억여 원에서 2022년 66억여 원으로 10% 증가했고, 특허 출원 2건과 저작권 등록 1건의 결실을 맺었다. 태국 수출 실적은 2022년 한 해 동안 4600만 원에 머물렀지만, 2023년에는 4월 기준으로 7억 8000만 원의 수출계약을 달성했다.

테크노파크 지원사업 참여 결과로 태국에서 성공을 경험한 ㈜한국알파시스템은 새로운 해외시장 도전에는 열정과 협력, 지속적인 노력이 중요하다는 사실을 깨달았다. 이를 소중한 자산으로 삼아 이제 인도네시아 시장 진출도 모색하고 있다.

김재용 대표는 '지난 경험을 토대로 향후 글로벌 시장 개척에서 중소기업에게 닥칠 가장 어려운 과제들을 해결하고 거듭해서 성공할 수 있다는 자신감이 생겼다'며, '동남아시장에서도 기필코 신성장 스토리를 쓰겠다'고 다짐한다. 김 대표의 다음 목표는 세계적인 기술 혁신형 강소기업의 면모를 더욱 확고히 하는 데 있다.

'기술 중심·인간 중심·사회 나눔' 지향

김재용 대표는 '꾸준함'과 '꼼꼼함'을 자신의 강점으로 꼽는다. '코로나19' 사태 시기에도 중단 없이 기술력을 쌓았고, 국내외 고객 관리를 꼼꼼하게 해서 매출을 늘려 왔다. 세계에서 인정받는 영상 보안 전문기업으로 도약하려는 목표를 달성할 수 있는 끊임없는 노력만이 수단이라고 본다.

김 대표는 개인적으로도 사업과 병행하며 뒤늦은 학업에 매진해 박사 과정까지 마쳤다. 2004년 대학 진학 후 경영학 전공으로 차근차근 공부해 2009년 석사와 2013년 박사 학위를 받았다. 2009년부터는 대구 영진전문대 겸임 교수로 출강하고 있기도 하다.

"저는 스스로에게나 남에게도 '포기하지 말자'고 말합니다. 모든 어려움과 도전은 성장의 기회입니다. 포기하지 않고 극복하면 성장이 따라옵니다. 성공은 어려운 여정일 수 있지만, 열정을 더하고 노력을 기울이면 꿈을 이룰 수 있습니다. 그러니까 열정과 노력이 성공의 열쇠라고 할 수 있겠지요. 저는 그 어떤 어려움도 극복하며 성장해 나가겠습니다."

김재용 대표가 생각하는 ㈜한국알파시스템의 성장 방향은 '기술 중심·인간 중심·사회 나눔'을 지향하고 있다. 기술 중심은 곧, '기술개발이 미래다'는 말과 같다. 인간 중심은 '우수 인력 확보가 미래다'를 의미한다. 사회 나눔은 '장기적인 기여 활동이 미래다'에 뜻을 둔다.

"앞서가는 기술력을 가지고 뛰어난 인재들과 함께 지속 성장하며 이웃에게 공헌하는 회사의 미래를 만들고 싶습니다. 기술 측면에서는 4차 산업혁명 시대를 맞아 AI, 사물인터넷[IoT], 빅데이터 등을 융합한 정보통신기

본사 사옥 직원 휴게 공간

술^{ICT}로 따뜻하고 안전한 미래 세상 실현에 이바지하겠습니다. 직원들과는 초심을 잊지 않고 정직과 성실로써 주어진 업무에 최선을 다해 삶의 보람이 있는 행복을 실현했으면 합니다. 이 두 가지가 이루어진다면 자연스럽게 사회 나눔도 실천할 수 있겠지요."

김재용 대표는 자부심이 큰 회사와 그 구성원으로 당당하게 설 수 있는 기업문화 조성에도 많은 신경을 쓴다. 그 성과는 2022년 12월 여성가족부 가족친화기업 선정과 2023년 3월 중소벤처기업부 성과공유기업 지정으로 나타났다.

김 대표는 대외적으로 업계 권익 보호에도 열정적이다. 알파시티단지 입주기업들을 대표하는 회장을 맡으며 추진했던 공동 테스트베드^{Test Bed} 공간 확보가 무산되자, 지방선거 시의원으로 출마해 당선되었다. 지금은 대구시의회에서 중소기업의 입장을 대변하며 육성 정책을 직접 발의하는 역할까지 한다.

김재용 대표가 이처럼 1인 다역을 하며 활동 폭을 넓힐 수 있는 것은 아내인 권영희 공동대표 덕분이다. 내부에서 챙겨야 할 것을 차분하게 빠짐없이 갈무리해주므로 감사한 마음이다.

김 대표는 언제나 그렇듯이 꿈을 향해 뛰는 사람이다. ㈜한국알파시스템의 심볼마크는 그리스 문자의 첫째 자모인 'A'Alpha를 인간으로 표현하고 있다. 태양의 열정을 품은 인간의 가치와 고도의 기술을 합해서 전진을 멈추지 않는다는 상징이다. 그와 같이 '회사 규모를 키워 일자리 창출에 기여하고, 더 나아가 기술을 통해 안전한 미래 사회를 구현하는 신뢰받는 기업으로 계속 성장하고 싶다'는 것이 김 대표의 꿈이다.

지속적 지원 필요성

현지사업의 단기적인 지원에 그쳐서는 진정한 성과를 거둘 수 없습니다

수출 분야의 초보 중소기업으로서 피치 못할 역량 부족은 태국 시장 진출 시 우려되는 문제였다. 글로벌 시장 진출은 국내와는 달리, 다양한 규제와 문화 차이 및 경쟁 환경 등을 고려해야 하는데 그 대응이 어려운 악조건 속에서도 ㈜한국알파시스템은 태국 주차 관제 시스템 시장에 안착하기 위해 다음과 같은 노력을 기울였다.

첫째, 충분한 시장조사·분석과 태국 차량 번호의 데이터 수집을 진행했다. 이와 함께 현지화 전략을 수립하고, 태국의 비즈니스 환경과 시장 동향 파악에 힘썼다. 둘째, 현지시장에 자사 제품이 적합한지부터 평가했다. 그 다음에 관련 특허 2건과 저작권 등록 등 제품 인증에 힘을 쏟았다. 셋째, 현지 네트워킹으로 태국의 비즈니스 커뮤니티와 협력 관계를 구축하면서 파트너 제휴에도 진력했다.

"이러한 저희 나름대로의 시도가 있었기에 대구테크노파크의 지원사업이 시너지Synergy 효과를 일으켰다고 생각합니다. 물론 지원사업 없이 안정적으로 태국시장에 정착하기는 힘들었을 것이라고 단언할 수 있습니다."

김재용 대표는 2023년 태국 수출 목표액을 13억 원으로 설정하고 있다. 태국에서 얻고 있는 긍정적 성과의 일등공신은 '대구테크노파크의 지원'이라며 감사를 표한다.

지난 6월에 주한 태국 대사가 ㈜한국알파시스템 본사를 방문해 태국 현지에서 겪는 애로 사항을 듣고 사업 활동을 적극 지원하기로 약속한 것도 테크노파크라는 든든한 배경이 있기에 가능했다는 생각이다. 김 대표는 이처럼 바람직한 성과를 내고 있지만, '이후의 지속적인 지원이 매우 중요하다'는 점을 강조한다.

마케팅·네트워킹·법률 등 다양한 분야에서 최소한 5년 정도 후속 지원이 이루어져야 한다는 바람이다. 다가올 또 다른 고비를 넘기고, 현지사업 확장이 가능한 단계로 접어들어 진정한 지원 성과를 거두기 위해서다.

04 대전테크노파크 지원기업

원텍㈜

고통과 고민은 없애고,
기쁨을 키워 드리는 기업

원텍㈜ 본사 사옥

- 지역혁신 선도기업육성사업(4500만 원, 22.05.~22.12.)
- D-유니콘 프로젝트 지원사업(8500만 원, 22.07.~22.11.)

- 매출액: (2021) 487억 원 → (2022) 798억 원 (↑64%)
- 고용: (2021) 164명 → (2022) 179명(↑9%)

피부 질환 레이저 치료 기술 선도-원텍㈜

원텍㈜(http://www.wtlaser.com) 김종원 회장의 얼굴은 해맑다. 70대 초반이라는 나이가 믿기지 않을 만큼 잡티 하나 없다. 과연 '레이저와 에너지 기반 의료·미용기기의 세계 선도기업 CEO다운 피부'라는 감탄이 절로 나올 정도다.

"그건 아마도 우리 회사 제품의 성능 실험 대상 역할을 제가 직접 하는 덕분이 아닐까요?"

유쾌한 웃음으로 대답하는 김 회장은 사실 '지독한' 연구개발자다. 제품은 판매를 먼저 생각하기보다 연구개발부터 완벽하게 해 놓아야 성공할 수 있다고 본다.

"RF$^{Radio-Frequency}$(고주파) 피부미용 기기 '올리지오'^{Oligio}를 개발할 때 제가 나서서 미국 제품과 비교 실험을 한 적이 있습니다. 직원들의 만류에도 피부 마취 없이 제 얼굴을 반씩 나눠서 동시에 두 제품의 시술 효과를 검증했습니다. 통증이 꽤 심했어요. 그런데 지난 20년 동안 전 세계를 독점

원텍㈜ 창업주 김종원 회장

해 왔던 미국 제품 쪽이 올리지오보다 훨씬 더 아팠습니다. 거기서 답을 찾았습니다."

그 답은, '통증이 느껴지지 않는 제품을 만들자'였다. 이것이 바로 피부 마취가 필요 없는 혁신 제품 탄생의 계기다. 최근 급격히 빨라지고 있는 원텍㈜의 가파른 성장을 가능하게 만든 발판이기도 하다. 이 같은 연구개발 취지에는 '환자 편의와 치료 효과 극대화'를 최우선시하는 기업 철학도 녹아 있다.

'레이저'의 미래를 내다보고 연구개발에 집중

1999년 7월 1일 출범한 원텍㈜는 국내 레이저 의료기기 1세대 기업이다. 출범했을 때의 회사명은 원테크놀로지^{Wontechnology}였다. 이를 2013년에 'Wonders of Technology'(놀라운 기술)의 의미를 담은 원텍^{WONTECH}으로 바꿨다. 본사 소재지는 대전광역시 유성구 테크노8로 64(용산동).

"원래 우리 회사의 시발점은 대구 영남대학교였습니다. 제가 늦깎이로 대학원을 다니며 공학박사 학위를 받았는데, 당시 지도 교수님이 산학협력 업체 형태로 시작한 회사입니다. 구성원들은 대학원생 위주여서 거의 연구소 분위기였습니다. 저는 처음에는 지원금 정도로 후원하는 데 그쳤어요."

광통신을 전공한 김종원 회장은 대학원 재학 시절, IMF^{International Monetary Fund} (국제통화기금) 외환 위기에도 끄떡없던 건실한 통신회사를 경영하고 있었다. 대학 내에서 산학협력 업체를 운영할수록 가중되는 경비 지출에 부담을 느낀 지도 교수가 그에게 인수를 제안한 배경이다.

김 회장은 '레이저로 암세포를 제거하는 의료기기'의 개발에 관심이 갔다. 새로운 사업이어서 조금 고민은 되었지만, 곧 제안을 수락하고 자신의 활동 근거지인 대전으로 조직을 옮겨 정식 창업에 이르렀다.

"50대 후반의 나이여서 쉽지 않은 선택이었고, 주변의 우려도 있었습니다. 그렇지만 우수한 성능의 제품을 개발한다면 성장 가능성이 아주 커 보이는 사업 분야라고 판단했습니다. 물론 현실은 예상과는 완전히 달랐지요."

창업 후 수 명의 연구 인력으로 제품개발에 매달려 2년 만인 2001년 레이저 항암 치료기 'WON-PDT'를 선보였다. 의욕적으로 사업화에 나섰지만 국내 의료계의 진입 장벽이 높아서 영업은 좀처럼 진척이 보이지 않았다.

한 발 물러설 수밖에 없는 형편을 실감하고 레이저 기술을 살릴 수 있는 분야를 모색해 미용·성형기기를 개발하는 것으로 사업 방향을 수정했다. 이렇게 10년 가까이 별반 매출 없이 제품 연구개발에 비용을 들였다.

2014년에 설립한 판교지사

"가족에게서도 원성을 샀어요. 연구개발만 하지 말고, 우선 팔 수 있는 장비를 한두 개라도 만들어서 돈을 벌어야 하지 않겠느냐고……. 다른 사업으로 모은 자금을 많이 까먹기는 했습니다. 그래도 사업 초기부터 집중한 연구개발 덕분에 지금 많은 제품을 생산할 수 있는 터전을 닦은 셈입니다."

김종원 회장은 회사를 키우려면 자신이 연구개발보다 경영 일선에서 직접 뛰어야 한다는 사실을 깨달았다. 그래서 현 원텍연구원 부원장인 서영석 이학박사를 영입해 연구개발을 전담하게 했다.

이후 생산 제품이 속속 늘어났다. 2009년 4종에서 최근에는 총 63종에 달한다. 그중 지속 판매되는 상용화 제품을 38종이나 확보하게 되었다. 주력사업 분야인 피부·미용기기를 비롯해 수술용 장비, 개인용 탈모 치료기 '헤어빔'^{Hairbeam} 등이다. 창업 후 10년 가까이 연 10억여 원에 불과했던 매출액은 어느덧 2019년에 500억 원 선을 돌파했다.

성장 단계도 차근차근 밟아왔다. 2005년 대전사옥을 신축했고, 2006년에는 '기술혁신형 중소기업'^{Inno-Biz}에 선정되었다. 2014년 판교지사 설립에 이어, 2017년 미국과 일본에 현지법인을 두었다. 2018년 들어서는 레이저 의료기기 전문기업 가운데 유일하게 '월드클래스^{World Class} 300 기업'으로 올라섰다. 같은 해 레이저 장비 '피코케어'^{Picocare}는 산업통상자원부와 KOTRA가 주관하는 '차세대 세계일류상품'에 선정되는 성과를 올렸다.

위기를 넘어서게 도와준 의미 있는 지원

원텍(주)는 성장세를 지속하던 중 예기치 못한 고비를 맞았다. 전 세계를 휩쓴 '코로나19 팬데믹^{Pandemic}'의 영향으로 매출이 급락했다. 「의료기기산업 육성 및 혁신의료기기 지원법」이 제정되어 원텍(주)가 30개 혁신형 의료기기 기업 중 한 곳으로 지정받은 시점이었다.

"지원법 공포에도 불구하고 코로나19 방역을 우선시하다보니까 선정기업에게 제대로 된 지원이 이루어지기 힘든 면이 있었습니다. 의료기기 국산화에 기여할 수 있는 기회가 무산된 셈이죠. 엎친 데 덮친 격으로 2020년과 2021년에 큰 폭의 적자가 났습니다. 200명 가까웠던 인원을 140명으로 줄이는 구조조정의 아픔을 겪어야 했습니다."

김종원 회장의 얼굴에 안타까움이 묻어난다. 문제는 여기서 그치지 않았다. 2018년에 만들었던 중국법인에서는 판매 대금이 묶였고, 금융기관은 대출금 회수를 압박해 왔다. 반려견 수술기와 동물용 레이저 기기를 개발해 신시장을 개척하려던 계획에도 차질이 생겼다. 자금줄 마련이 시급한 상황이었다.

　서영석 부원장이 김종원 회장에게 대전테크노파크 지원사업 신청을 건의했다. 김 회장은 주저하는 마음을 내비쳤다. 대전 지역 스타트업^{Startup}을 지원하는 것이 먼저 아니겠느냐는 생각에서였다.

　"연구소를 이끄는 제 입장에서는 연구개발 인력마저 감축해야 하는 형편에 처해 있었으니 발등의 불부터 꺼야 했습니다. 그래서 2021년에 과제 중심의 지역선도기업육성사업에 지원해서 선정되었고, 이어서 대전시의 D-유니콘프로젝트지원사업에도 참여하게 되었습니다."

　서영석 부원장의 설명이다. 그는 테크노파크 지원사업을 한마디로 '원텍㈜ 재도약의 불쏘시개 역할을 했다'고 언급한다. 회사가 어려운 시기에 요긴한 도움이 되었다는 평가다.

　서울을 제외한 전국 시·도에서 100개 선도기업을 선정한 중소벤처기업부의 지역혁신선도기업육성사업에서는 협업·성장, R&D 기획, 전담 PM^{Project Manager} 매칭 컨설팅과 사업화 지원을 받았다. 『성장·협업 전략 보고서』와 『R&D 과제 기획 보고서』가 도출되었고, 올리지오 제품의 온라인 채널 콘텐츠 활성화와 인지도 확보 및 홈페이지 디자인 개선 등을 수행했다. 대전시로부터는 지역 선도기업 대상의 별도 추가 지원도 이루어졌다.

　D-유니콘프로젝트지원사업은 '1조 원 이상의 가치를 지닌 비상장 스타트업'을 뜻하는 유니콘 기업 30곳의 육성을 목표로 한다. 2022년부터 2024년까지 3차 연도에 걸쳐 대전 지역에서 해마다 10개 사씩 선정하고 있다.

　원텍㈜는 이 지원사업 첫해에 참여하며 기존 제품의 성능 개선과 신제품개발을 진행했다. 아울러 상생협력 수요를 발굴하고, 미국 라스베이

'올리지오' 제품 광고

거스에서 개최된 세계 최대 가전·정보기술^{IT} 박람회인 'CES 2023' 참가와 해외 지식재산권을 강화하는 등의 성과를 얻었다.

이 밖에 같은 시기 대전테크노파크로부터 지역특화산업육성(비R&D) 프로젝트를 통해 전시회 부스 개설, 홍보물 제작, 특허 지원 등의 도움을 받기도 했다.

성장의 불꽃 일으키기에 충분한 '불쏘시개' 역할

원텍㈜는 D-유니콘프로젝트지원사업 참여를 테크노파크 지원사업의 가장 큰 수혜로 여기고 있다. 사업신청계획서에서 목표로 한 올리지

오와 피코케어 제품 성능 개선, 글로벌 시장 진출 등을 달성했기 때문이다. 해당 사업의 2022년도 수행 기간은 7월 1일부터 11월 30일까지 5개월간이었다.

　　D-유니콘프로젝트지원사업에서는 대전테크노파크의 지원금 6500만 원에 민간 부담금 2000만 원을 더한 8500만 원의 성장도약자금과 1000만 원의 상생협력자금 등이 지원되었다. 특히 올리지오의 브랜드 인지도는 이 사업을 계기로 눈에 띄게 상승했다. 2017년에 개발을 시작해 2020년 출시했으나, 원텍㈜의 기술력과 제품 수준에 비해 그동안 상대적으로 고객에게 덜 알려진 편이었다.

　　2022년에 올리지오는 '차세대 세계일류상품'으로 선정되었고, 10월에 미국 식품의약국^FDA 승인도 얻었다. 누적 판매 1,000대 달성의 경사도 겹쳤다. 출시 2년 6개월 만으로, 국내 약 800대와 대만·태국·홍콩·베트남 등 해외 수출 약 200대 규모였다.

　　한편, 성장도약자금은 차세대 먹거리를 창출할 수 있는 신제품개발에도 쓰였다. 초음파를 이용해 안구건조증과 같은 눈 질환을 치료하는 제품사업화 과정에서 '동물실험을 통한 전 임상 데이터 확보'를 진행한 것 등이다.

　　아울러 상생협력자금으로는 대전 지역 관련 회사인 ㈜케이에스전자를 발굴·협력해 신체에 상처를 내지 않고 행하는 비침습형 치료용 고주파 발생장치와 핸드피스^Handpiece를 개발했다. 이로써 시술에서 사용자와 환자 모두가 안전을 확보할 수 있는 신개념 고주파 의료기기의 사업화 진입이 가시화되었다.

　　'CES 2023' 참가 시에는 부스 지원을 비롯해 현지 투자가 및 기

수출 활로 모색 및 지식재산권 확보를 위한 전문가 협력 회의를 하고 있는 원텍㈜

업과의 네트워크화로 해외 진출 기회를 확장시켰다. 뿐만 아니라 이 지
원사업 과정에서 등록 4건, 출원 28건 등 총 32건의 산업재산권을 창
출한 것도 빼놓을 수 없는 성과다. 몇몇 제품의 미국 상표 출원과 IP-
R&DIntel^Intellectual Property - Research and Development(특허전략지원사업) 선행기술조사
로 해외 지식재산권이 강화되고 경쟁력 향상도 가져 왔다.

"우리 회사가 요즘 관심을 쏟는 기술이 작고 얇은 바늘로 피부를 자
극해 치료 효과를 높이는 마이크로 니들링^Micro Needling입니다. 미국의 선행기
업이 특허 장난을 치고 있어서 제품개발이 쉽지 않습니다. 그런데 특허 지
원을 맡은 변리사께서 선행기술조사를 하면서 굉장히 많은 도움을 주었습
니다. 이런 좋은 인연을 맺은 것도 테크노파크 지원사업 덕분이라고 할 수
있겠죠."

서영석 부원장은 여러 측면에서 테크노파크의 각종 지원에 감사하는 심정이다. 김종원 회장 역시 '기댈 언덕이 마땅치 않은 기업들에게는 이 같은 지원사업이 꼭 필요하다'고 수긍하며, '더욱 확대해야 한다'는 바람을 전한다.

원텍(주)는 지난해 6월 코스닥^{KOSDAQ} 시장 상장으로 2023년 D-유니콘프로젝트지원사업의 성장도약자금 지원 대상에서 제외되었다. '비상장기업'을 대상으로 하는 지원 조건을 예상보다 빨리 졸업한 셈이다. 나이스^{NICE} 평가정보와 기술보증기금 두 곳의 기술성 평가에서 모두 'A'를 획득하며 탁월한 기술력을 인정받아서 상장은 순조로웠다. 이 또한 테크노파크 지원사업에 힘입은 바임을 알기에 고마움을 표한다.

시가 총액 1조 원 돌파한 '글로벌 강소기업'

'코로나19' 국제 공중보건 비상사태는 2023년 5월 세계보건기구^{WHO}의 종식 선언으로 공식 해제되었다. 그 이전, 바이러스 확산세가 꺾인 2022년부터 원텍(주)의 매출 곡선은 상승 국면으로 치솟았다. 인원수도 예전 수준을 점차 회복했다.

이 수치 변화는 D-유니콘프로젝트지원사업 전후를 비교하면 한층 뚜렷해진다. 매출액은 2021년 487억 원에서 2022년 798억 원으로 63.9% 증가를 보였다. 인원수는 2021년 164명에서 2022년 179명으로 9.1% 늘었다. 2022년도의 기타 경제적 성과로는 전년 대비 수출액 46.3%, 영업이익 165.1% 성장을 꼽을 수 있다.

경영상의 위기를 극복하고 회원사 만장일치로 코스닥 시장 상장을 실현하면서 김종원 회장은 전 직원에게 빠짐없이 스톡옵션^{Stock Option}을 부여했다. 코로나19 사태 장기화 속에서 침체되었던 임직원의 사기도 뜻밖의 격려에 힘입어 몰라보게 올라갔다.

"미용기기의 매출을 좌우하는 전 세계 피부관리시장은 소득의 증가와 수요 다양화, 기술의 발달에 따라 구조적인 성장세를 보이고 있습니다. 무엇보다 RF와 HIFU^{High Intensity Focused Ultrasonic}(고강도집속초음파) 등의 최소 침습·비침습 시술이 새로운 시장을 형성하며 성장을 견인하는 추세입니다."

서영석 부원장의 말대로, 원텍(주)는 기존 레이저 기반에서 RF와 HIFU 관련 기술을 개발하고 올리지오 등의 인기 제품을 출시하면서 인지도와 매출이 급상승하고 있다. 고객 트렌드인 안티에이징^{Anti-Aging}(노화 방지), 리프팅^{Lifting}(얼굴 윤곽) 및 타이트닝^{Tightening}(탄력) 시술 등과 부합된 결과다.

미국·유럽 등 선진국을 중심으로 수요가 날로 커지고 있는 안티에이징 분야의 경우, 미용기기시장의 고성장을 이끄는 가장 큰 동력 중의 하나다. 앞으로도 관련 수요는 아시아 지역으로 확장하면서 지속적인 증가가 예상된다.

국내에서는 외모를 중시하는 사회 분위기와 피부 미용 관심 확대가 미용 시술 수요를 늘려 관련 의료기기는 시장성이 날로 밝아지고 있다. 또한 발전하는 임상 적용 기술과 의료진의 새로운 아이디어들을 정보통신·반도체·전기·전자 부문 등에 융복합해 향후에는 놀랄 만큼 성장세가 기대된다.

테크노파크 지원사업은 이러한 시장 여건의 호전에 부응할 수 있는 역량을 뒷받침했다. 따라서 원텍(주)의 성공 가도는 '앞으로 곧고 넓게 멀리 열려 있다'고 해도 지나친 말이 아니다.

김종원 회장은 전 세계적으로 보더라도 '레이저 광원과 전기공급장

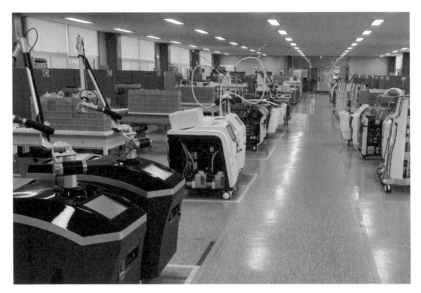

원텍㈜ 생산공장 내부 전경

원텍㈜ 제품출하팀

치를 직접 연구개발하고 자체 생산하는 기업은 원텍㈜가 유일하다'고 강조한다. 의료기기는 적용 대상이 인간의 신체이므로 제품의 안전성과 유효성이 무엇보다 중요하다. 더욱이 레이저·고주파·초음파 등 에너지 기반의 비침습 의료 미용 치료는 세계 각국의 규제기관에서 환자의 안전을 보장하는 엄격한 인허가 규정을 시행 중이다. 그럴수록 전반적인 경쟁 역량을 갖춘 원텍㈜의 강점은 두드러진다.

그동안의 연구개발 실적을 기반으로 제품 라인업은 업계 최고 수준을 자랑하며, 라이프사이클이 짧은 편인 관련 산업의 급격한 변화에도 신속하게 대처할 수 있다. 그에 걸맞게 혁신형 의료기기시장에서도 성장 가능성은 무궁무진하다. 2023년 8월 코스닥 상장 14개월 만에 작성한 시가총액 1조 원 돌파 기록의 시사점을 알 수 있는 대목이다.

매출 1조 원, 'Let's Go Global 1st!'를 향해

원텍㈜의 2023년 2분기 매출액은 창사 이래 처음으로 분기 실적 300억 원을 달성했다. 증가 추세로 봐서는 금년도 전체 매출액 규모를 1200억 원에서 1400억 원 수준으로 예상하고 있다.

무역 실적에서는 2022년 한 해 동안 3000만 달러를 상회했다. 이 공로로 2023년 6월 김종원 회장은 우수한 수출 성과를 거둔 중소·중견기업 CEO에게 시상하는 '제146회 한국을 빛낸 무역인상'을 받았다. 선정 기준에는 수출증가율, 수출 규모, 해외 매출 비중, 직수출 비중, 기술개발 등 종합적 심사 결과가 반영되었다.

"제 꿈은 여전히 목표를 향해 달리고 있습니다. 저는 처음부터 조 단위의 매출을 올릴 수 있는 회사를 만들고자 했습니다. 그러려면 다양한 제품을 생산해서 매출 규모를 늘려야 합니다. 다른 글로벌 기업들도 이 업계에서는 불과 2~3개 제품을 가지고서 4000~5000억 원 수준의 매출 규모에 머물러 있는 형편입니다. 제 목표는 시가 총액 1조 원의 회사에 만족하지 않고 매출 1조 원을 넘어서는 기업을 일구는 데 두고 있습니다."

김종원 회장은 비록 출발점은 뒤졌지만, 2023년을 'Let's Go Global 1st!'의 원년으로 삼아 본격적인 해외시장 확대에 나서겠다고 포부를 밝힌다. '건강이 허락하는 한 끝까지 일하겠다'는 다짐에서도 각오가 새롭다.

"초격차 기술로 세계를 제패해 보자는 욕심이 생깁니다. 과거 20여 년은 뒤에서 쫓아가는 위치였지만 이제는 오히려 선두 주자로서 연구개발에서 제조·판매까지 시스템을 갖춘 세계 유일기업의 입지를 굳혔습니다. 한동안 주춤했던 세계시장 공략에 적극적으로 나서도록 하겠습니다. 현재 미국과 일본시장에 집중하고 있는데, 곧 중국시장 진출도 활성화할 계획입니다."

'가자, 세계 1위로'를 거듭 내세우는 김종원 회장에게는 기업을 경영하면서 이루고 싶었던 또 하나의 꿈이 있다. '무차입 경영'이 그것이다. 그는 '작년 12월 말까지 차입금을 전부 갚았다'며 무차입 경영 실현을 뿌듯해 한다. 저금리의 자금일지라도 빌려 쓰지 않겠다는 이유는 '그 돈이 정말 절실하게 필요한 기업들에게 돌아가도록 하자'는 데 있다.

김종원 회장의 경영철학이자 인생철학은 '정직'이다. 회사 업무에서 아무리 잘못을 했어도 정직하게 자초지종을 밝히면 용서할 수 있다. 하지만 '거짓말을 하거나, 자기 잘못을 은폐하려 한다면 절대로 용납할 수 없다'고 못 박는다.

"정직은 곧 '신뢰'와 직결됩니다. 기업이 신뢰를 잃는다면 존재할 가

자녀가 대를 이어 다닐 수 있는 회사를 지향하는 원텍㈜

치가 없지요. 우리 회사는 코스닥 상장을 앞두고 재무 상태를 정직하게 밝혔습니다. 코로나19 영향으로 입게 된 손실들도 감추지 않고 공개했지요. 그 결과로 상장이 예정보다 1~2년 늦어졌습니다. 저는 오히려 그 편이 득이 되었다고 봅니다. 덕분에 지금 재무적으로나 기술력으로나 인적 역량까지 한층 탄탄한 회사가 될 수 있지 않았나 싶습니다."

김종원 회장은 원텍㈜가 드디어 글로벌 기업으로 도약할 수 있는 모든 기반을 갖췄다고 자신한다. 그는 '안 된다는 생각은 해 본 적이 없는 신념의 사나이'다. 항상 '긍적적으로 해 나가면 절대 실패하지 않는다'고 믿는다.

직원들에게는 '자녀가 대를 이어 다닐 수 있는 회사를 만들자'고 말한다. '척추·비뇨기·소화기 등의 수술 분야와 동물용 레이저 의료기기까지 사업 영역을 확장하고 있는 글로벌 1위 기업에서 일한다'는 자긍심이 '우리 가족의 회사'를 만드는 원동력이다.

원텍㈜는 이렇게 김 회장의 경영철학을 근간으로 모든 임직원이 합심해서 첨단 제품을 끊임없이 양산해 인류의 외적·내적 건강에 이바지하는 사명을 수행하고자 최선의 노력을 기울이고 있다.

상생 협력 한마디

기본에 충실해야 살아남고,
동반성장으로 성공해야 합니다

김종원 회장은 대전 지역의 원로 기업인이다. 지역기업들이 함께 성장하고 성공하기를 바라는 마음이 누구보다 크다.

"기업 경영은 초심이 중요합니다. 그렇다고 창업은 의욕만 가지고 해서는 안 됩니다. 기본부터 갖춰야지요. 충분히 '공부'를 하고 시작해야 한다는 말입니다. 음식점을 예로 든다면, 레시피 준비를 철저히 하고 위생 관리와 서비스 제공 등에 완벽을 기할 때 성공 가능성이 높아질 수 있습니다. 기업 경영에서 요행은 없다고 봐야 합니다."

그는 특히 스타트업 창업자에게 '자기 기술이 있더라도 마케팅과 투자 등 경영 공부를 기본적으로 해 두는 것이 필요하다'고 조언한다. 그리고 원텍(주)는 건실한 스타트업과는 바람직한 협력 관계를 유지해 동반성장할 수 있도록 적극 힘쓰겠다고 다짐한다.

"지역 혁신 선도기업은 해당 지역 후발기업들과 상생한다는 개념을 가져야 하거든요. 동종 업계의 후발기업과 매칭해 동반성장할 수 있는 기회를 만드는 것이 중요하다고 봅니다. 테크노파크의 역할은 특정기업들의 지원에만 그치지 않고, 앞으로 지역기업 간의 동반성장 효과를 높이는 데까지 신경을 써야 한다고 생각합니다."

김종원 회장은 이 부분에서 솔선수범하는 노력을 기울여 왔다. 협력사들과 협력하며 자생력을 키우도록 돕는 일이다. 그는 '테크노파크 지원사업도 함께 성장하는 지역기업 증가에 기여해 긍정적 효과를 키워 나가기를 바란다'는 말을 덧붙여 전한다.

05 인천테크노파크 지원기업

(주)제이치글로벌

친환경 솔루션 제공,
세계로 미래로

㈜제이치글로벌이 입주한 인천스타트업파크 전경

광촉매 나노기술 스타트업-㈜제이치글로벌

제이치글로벌(오주명 대표)은 친환경 나노소재 강소기업으로 기후위기에 대응하는 친환경 소재 기업이다. 광촉매 소재를 연구·가공해 시중 제품에 최적화된 환경개선 솔루션을 제공하고 있다. 환경 이슈인 미세먼지, 악취, 바이러스, 열섬현상 등을 획기적으로 해결하는 가시광촉매와 발수 코팅제 제품이 주력 생산품이다. 소재 개발과 함께 양산화 장비와 검증시스템을 구축해 국내는 물론 글로벌 시장에서도 호평받는 스타트업 강소기업으로 떠올랐다. 인천지역 스타트업의 산실인 인천스타트업파크 인스타에 입주한 제이치글로벌 회의실에서 오주명 대표를 만나 혁신기술과 혁신성장의 전모를 들었다. 먼저 창업을 결심한 계기가 무엇인지 궁금했다.

"대학에서 환경공학을 전공했고 환경에 관련된 공기의 질, 수질, 악취 등 사회적 문제 해결에 관심이 많았습니다. 2013년 소재 업체에서 근무하며 광촉매 소재기술과 인연을 맺어 10년간 화두처럼 붙잡고 있습니다. 어찌 보면 인생의 변곡점인데, 2017년 미세먼지 이슈가 대두되었을 때 중

㈜제이치글로벌 오주명 대표

소벤처기업부 창업성장과제로 개발된 제품을 서울시와 협업하여 국책사업으로 진행했습니다. 광촉매는 미세먼지 흡착 효과가 뛰어난 소재입니다. 나무 한 그루가 1년에 35.7g의 미세먼지를 줄이는 것에 비해 40가구 아파트 1개 동 외벽(950㎡)에 광촉매 페인트를 칠하면 연간 3.4kg의 미세먼지 감소 효과를 얻을 수 있습니다. 그러니까 아파트 한 동 벽에 광촉매 페인트를 칠하면 거의 나무 100그루를 심는 미세먼지 제거 효과가 있는 셈이죠. 사업을 통해 광촉매 소재의 미세먼지 제거 유효성은 증명하였으나 동시에 기술적 한계에 부딪혔습니다. 이를 계기로 기존의 기술적 문제점과 사회적 문제를 해결하기 위해 창업을 결심하게 되었습니다."

당시 서울시와 함께 진행한 '광촉매 아스팔트 도로포장 국책사업'에서 드러난 문제점은 두 가지였다. 시공 전과 비교해 미세먼지의 주범인 질소 산화물은 1.5% 이상 줄었지만, 자동차 1만 대가 통과하면 광촉매 코팅층의 28%가 유실됐다. 여기에 대부분 수입산 소재기술로 만든 $25nm$ 이하의 광촉매가 인체 호흡기에 흡입 시 치명적인 유해성이 있는 것으로 나타났다. 서울시 국책사업 결과를 계기로 인체 유해성을 극복한 소재기술이 요구되었고, 100나노 이상의 광촉매 기술만 사용하도록 기준도 변경됐다.

관련 기업들의 나노기술은 대부분 작은 단위였고, 소재를 사와 제품에 합성하는 단계에 그쳤기 때문에 기존 기술의 문제점을 극복할 혁신적인 소재기술이 필요했다.

시장에서 광촉매 제품이 쓰이려면 현장 적용성, 인체 유해성과 함께 가격과 양산 문제도 해결해야 했다. 2018년 한여름에 창업한 오 대표는 기존 기술의 문제점을 극복할 기술을 찾아 전국을 누볐다. 공공연구기관의 기술이전제도를 활용하기 위해 국가연구원, 기술보증기금, 신용보증기금 등을 찾아 기술 미팅만 수십 차례 이어갔다.

성균관대 산학협력단 통해 핵심기술 이전 받아

"가시광촉매는 기존 자외선 감응형광촉매 소재기술의 한계를 극복하여 가시광선에서 감응합니다. 실외에 적용되었던 기술을 실내에 적용하면 인테리어, 조경 등 실내 건축에 필요한 제품으로 확장이 가능합니다. 그러나 이러한 기술에는 큰 단점이 존재합니다. 표면개질 공정기술이 필요한데, 대부분 백금, 산화텅스텐, 은 등 값이 비싸 건설자재로 쓰기엔 '대략난감'입니다. 2018년 여름 소금땀을 흘리며 전국에 산재한 공공연구기관을 찾아 헤맨 끝에 성균관대학교 산학협력단으로부터 이전받은 원천기술로 문제점을 극복할 수 있었습니다. 이로써 자외선(UV)에서만 반응해 실외에 한정됐던 광촉매 소재를 실내에도 적용하는 기술경쟁력과 타사 제품 대비 10분의 1 수준의 가격경쟁력이라는 강력한 무기를 손에 쥔 것입니다."

오 대표가 성균관대 산학협력단을 통해 이전받은 기술은 전이금속 산화철 증착기술이다. 제이치글로벌은 이 원천기술을 토대로 연구개발에 몰두해 가시광촉매 소재 기술을 더욱 발전시켰다. 가시감응형 광촉매 소

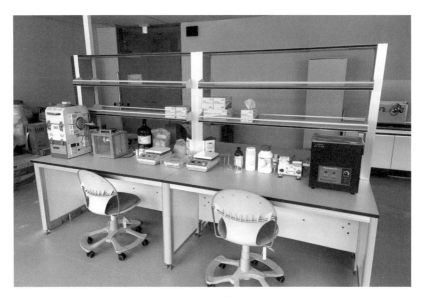

㈜제이치글로벌 연구소

재는 빛을 받아 생기는 OH라디칼로 눈에 보이지 않는 유해물 분해, 악취 제거, 바이러스균 억제 등의 효과가 나타난다. 현장에서 필요한 기준에 따라 온도, 습도, 냉각 등의 조건을 미세하게 조절해 나노 수치를 유연하게 변경하는 것도 장점이다. 8나노, 25나노 등 수치가 일원화된 경쟁기업에 비해 유연한 나노 수치로 환경 기준에 대한 대응력이 그만큼 탁월하다. 합성 방식이 아닌 표면개질 방식으로 직접 생산하기 때문에 소재의 질이 다양하고 수요기업에 맞춤형 제공이 가능하다.

제이치글로벌이 개발한 친환경 광촉매 소재는 일상생활에 폭넓게 활용할 수 있다. 광촉매를 적용한 인조잔디는 중금속이 검출되지 않고 항균력 99.9%를 자랑한다. 유해물질 분해능력이 뛰어나 미세먼지 원인물질을 제거하고 대기 중 휘발성유기화합물을 제거한다. 포장재와 바닥재에 시공해도 친환경 효과가 뚜렷하게 나타난다. 축구장, 야구장, 게이트볼 경기장, 테니스장 등 각종 체육시설을 비롯해 어린이놀이터, 자전거 도로, 산책로 등 일상생활에 적용할 수 있다. 콘크리트 표면에 바르면 미세먼지와 바이러스균, 악취, 열섬현상 등이 제어된다. 환경효과와 안정성, 내구성이 높아 건물 주차장, 옥상 등에 쓰이는 페인트 소재로도 최적이다.

이처럼 기술적 완성도를 높였으나 시장의 반응은 미지근했다. 서울시 국책사업 이후 광촉매 기술에 대한 신뢰성이 낮아졌고, 관련 업체도 우후죽순처럼 늘었다가 소리 없이 사라지던 상황이었다. 전문가들도 환경효과의 지속성과 현장 적용 실효성에 고개를 갸웃했다. 보유기술 실증 및 제품 상용화를 위해 가장 중요한 실제 현장 적용 사례가 없다는 게 문제였다. 대개 스타트업이 그렇듯 자금조달과 판로확보가 어려워 '검증되지 않은 기술력만 있는 스타트업'으로 도태될 위기에 처했다.

검증되지 않은 기술력만 있는 스타트업

"산화철 증착기술을 이전받은 후 3년간 R&D에 주력해 기술혁신에 성공했음에도 시장은 문을 열어주지 않았습니다. 랩 테스트^{Lab Test}를 통해 효과를 증명하였지만, 실제 환경에서 발생하는 효과에 대한 실증과 제품을 양산할 공장 건립 등에 필요한 자금이 절실했습니다. 인천에서 창업한 게 천우신조라고 생각하는데, 인천테크노파크에 둥지를 틀면서 모든 난제가 마법처럼 풀렸습니다. 인천테크노파크가 지원한 실증프로그램을 통해 우리 광촉매제를 아파트, 컨테이너, 잔디구장에 적용한 결과 미세먼지 7%, 악취 60% 제거 능력과 바이러스균 억제 99.9%, 전기에너지 절감 18.5% 효과를 달성했습니다. 이렇게 기술력을 입증한 덕분에 지자체부터 시작해

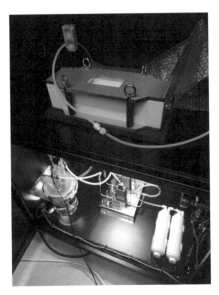
NOx 저감 측정(분석) 장치

관공서, 기업으로부터 주문이 늘기 시작해 매출이 급증했고, 국내외에서 약 20억 원의 투자유치에 성공했습니다."

인천테크노파크는 2020년 중기부 1호 인천스타트업파크 조성 당시 우수한 기술력을 보유한 스타트업 발굴에 나섰다. 전국의 스타트업들을 대상으로 인천스타트업파크 비전과 지원 방향에 맞는 유망 스타트업을 찾았다. 입주기업의 단계별 성장지원을 위한 맞춤형 상담과 기업의 적극적인 지원사업 참여로 입주경쟁은 치열했다. 이렇게 입주한 유망 스타트업 중 인천스타트업파크 비전과 실증기반 투자유치·글로벌 진출 성공의 대표적인 사례가 바로 제이치글로벌이다.

제이치글로벌은 2020년 인력, 자금, 네트워크 등의 한계에 부딪혔다. 창업 초기 청년창업대출을 받아 중형화설비를 구축하였고, 기업마당, K스타트업, 국책과제 지원과 투자유치경진대회에도 참가하며 광촉매 기술을 알렸다. 2년 차에는 약 5억 원의 매출도 올렸으나 딱 거기까지였다. 오 대표는 어렵게 개발한 소재기술의 제품 전환을 위한 투자와 판로개척의 필요성을 절실하게 느꼈다. 혁신적인 제품과 서비스는 보유하고 있으나 검증에 애로사항을 겪고 있는 스타트업을 유치한다는 인천스타트업파크의 지원방향과 딱 맞아떨어지는 상황이었다. 제이치글로벌은 2021년 인천스타트업파크에 입주했고, 공공주도육성 기업으로 선정되어 기술실증과 인력, 투자유치, 글로벌 진출을 지원받으며 인천을 대표하는 스타트업으로 성장 가도를 달리기 시작했다.

기술력과 시장성 갖춘 스타트업으로 변모

인천테크노파크와 인천경제자유구역청, 중소벤처기업부 공동 '스타트업파크 운영사업'에 참여하면서 제이치글로벌은 '기술력과 시장성이 있는 스타트업'으로 빠르게 변모했다. 인천스타트업파크 입주 후 올해까지 3년간 모두 11건의 지원사업에 참여하며 다양한 실증사업을 통해 가시광촉매제 기술력을 입증하는 수많은 유효 데이터를 확보했다. 대표적으로 공기질 개선 및 악취 원인물질(NH_3, TVOCs) 제어 성능을 입증했다. 이러한 기술을 바탕으로 인조잔디, 단열도료, 바닥재 등에 적용하는 실증에 참여할 수 있게 되었다.

다양한 제품군 확보와 뛰어난 기술경쟁력을 앞세워 조달청 혁신제품, LH신기술, 녹색기술로 등록했다. 원소재기술을 활용한 콘크리트 표면강화제, 페인트, 세라믹 타일, 보도블록, MMA, 에폭시, 인조잔디, 테니스 바닥재 등 8가지 지자체 관급조달 제품을 출시하며 양산 및 검사설비도 확충했다. 청년일자리 지원사업을 통해 적정인력을 공급받음으로써 초기 스타트업이 겪는 인력난도 해결할 수 있었다. 오 대표는 인천테크노파크의 지원은 크게 세 갈래로 진행되었다고 설명한다.

"액셀러레이팅과 실증지원, 투자유치와 글로벌 진출 지원 등 세 가지 프로그램으로 진행되었습니다. 액셀러레이팅 프로그램은 판로확보를 위한 제도적 지원과 자금조달입니다. 인천스타트업파크 내 입주지원, 액셀러레이팅 프로그램과 연계한 조달청 혁신 시제품 지정을 지원받았습니다. 테크노파크가 매칭한 엑셀러레이터^{AC}와 함께 로드맵을 수립하고 초기 투자금 1억원을 유치해 회사 운영에 큰 힘을 얻었습니다. 두 번째로 광촉매 기술 및 제품에 대한 실제 현장에서의 실증지원입니다. 실증브릿지^{Smart-X City} 프로그램을 통한 인천도시공사와의 연계·협력을 통해 도시공사가 보유한 임대아파트를 대상으로 광촉매제를 시공했습니다. 당연하게 실내 공기질과 악취 개선에 효과를 입증하며 실증을 성공적으로 완료했습니다. 이를 바탕으로 국내외 IR^{Investor Relations}에 참가해 투자를 유치했고, 싱가포르와 사우디, 인도 등 해외 진출의 기반을 마련하게 됐습니다."

지원사업이 진행된 3년간 제이치글로벌의 성장은 눈부셨다. 지원 첫해인 2020년과 대비해 매출은 21년 322%, 22년 369%로 껑충 뛰었고, 고용도 두 배 이상 늘었다. R&D 연구개발 사업을 통해 업계 최초 광촉매 개질기술 1TON/DAY를 달성하였다. 중형화 스케일과 효율의 일치로 제품 적용성을 확보하였고, 친환경 제조방식으로 대기업과 업무협약을 맺는 등 미래 먹거리를 확보했다. 원천기술을 포함한 지적재산권 30여 건을 출원 및 등록하여 강력한 지적재산권^{IP} 매핑도 갖췄다. 올해 기준 18건의 IP 등록 특허권을 보유하고 있으며 원천기술 외 방어특허 2건, 제품특허 16건을 보

충격흡수율 유지 인조 잔디

유하고 있다. 특히 8건의 IP 라이센스 아웃 실적을 보유해 로열티 비즈니스 모델링을 구축했다. 글로벌 진출전략으로 스마트시티 핵심 국가인 사우디, 미국, 독일, 싱가포르 등에 해외특허 출원도 완료했다.

국내 시장 개척 이어 글로벌 진출에 박차

국내외 시장개척도 성과를 내고 있다. 조달청 혁신제품 제도를 활용하여 지속적인 제품개발에 힘을 쏟아 지자체 납품이 크게 늘었다. 서울시 관악구, 서초구, 중랑구를 비롯해 익산시, 무주군, 전주시, 홍성군, 충주시, 정읍시, 계룡시, 부산시 공단 등에도 차곡차곡 납품실적을 쌓고 있다. 환경을 개선하는 ESG 경영지표로 반영할 수 있어 민간기업에서도 반기고 있다. 현재 제이치글로벌은 대기업과 대형 계약이 기대되는 중요한 실증화 사업을 수행 중이다. LG사이언스파크 POC[Proof of Concept] 실증화 사업의 결과에 따라 단열도료 매출이 발생할 수 있다. 인천유나이티드의 인조잔디 POC 실증화 사업은 글로벌 시장 진출과 연계된다. 실증화 사업의 핵심은 충격흡수율 유지다. 기후위기로 축구장의 천연잔디를 유지하기 어려운 환경인데, 인조잔디는 선수들의 부상 위험이 높다. 충격흡수가 낮고 여름철

아파트 어린이놀이터 실증현장

표면온도가 높아 화상도 염려된다.

"하반기에만 미국 출장이 세 번입니다. 미국과 중남미 시장 조사와 실리콘밸리 투자유치 등이 목적인데, 갑자기 현안이 생겨 샌프란시스코를 방문합니다. 아시다시피 지금 미국은 '메시 광풍'이 불면서 도시마다 축구장을 짓겠다 난리입니다. 마이애미 소속 메시가 9월에 애틀랜타 원정경기에 출전하지 않았습니다. 메시를 보기 위해 거액을 써 전국에서 날아온 팬들이 난동에 가깝게 분노했는데, 메시가 경기에 출장하지 않은 이유가 인조잔디 때문이었습니다. 딱딱한 인조잔디에 부상이 걱정되어 빠진 겁니다. 메시의 한마디로 인조잔디 시장이 위축될 거라 예상하는데, 우리는 그렇게 생각하지 않아요. 발상을 바꿔보세요. 축구장 천연잔디는 엄청난 물을 뿌려야 유지되는데, 미국 샌프란시스코는 물부족 도시입니다. 축구장에 천연잔디 깔고 유지하는 건 기후환경적으로 한계가 있습니다. 인조잔디의 충격흡수를 높이면 해결되는 겁니다. 이미 샌프란시스코 인조잔디 업체와 기술협업 미팅을 잡았습니다."

제이치글로벌이 인천유나이티드와 진행하는 실증화 사업의 핵심이 바로 충격흡수 유지이다. 오 대표는 이미 자체 실험을 거쳤기에 좋은 결과를 기대하는데, 메시도 부상 걱정을 안 할 거라며 제이치글로벌 인조잔디의 충격흡수 유지 효과를 자신했다. 오 대표는 H건설과 진행하는 아파트 놀이터 POC 실증화 사업을 설명하면서 목소리에 더욱 힘을 주었다. H건설이 시공하는 전국 아파트 물량을 생각하면, 이 실증화 사업은 향후 회사 매출에 단비가 될 수 있다. 아파트 어린이 놀이터 바닥엔 EPDM 고무칩 및 우레탄을 쓴다. 어린이놀이터 탄성포장제로 조달시장 규모만 연간 1000억 원에 이른다. EPDM은 고무의 일종으로 탄성이 좋고 바닥을 평평하게 하는 데는 유용하지만 문제는 여름철이다. 여름 한낮에 햇빛을 먹으면 표면온도가 70℃까지 올라간다. 매년 어린이 놀이터에서 찰과상과 화상 환자가 발생하는 이유다. 궁여지책으로 여름철 놀이터 표면온도를 낮추기 위해 설치하는 스프링클러는 설치비용도 상당하고 유지관리에도 애를 먹는다. 이에 H건설은 "아파트 어린이 놀이터 표면온도를 낮추는 기술을 찾습니다."란 입찰공고를 냈다.

"제이치글로벌의 정체성은 문제를 해결하는 혁신기술 솔루션을 제공하는 것입니다. 우리는 이 기술을 4년 전에 개발했는데 이제 빛을 보게 되었습니다. H건설 아파트 놀이터 POC 실증화 사업은 에틸렌 우레탄 고

무첩 표면을 1℃ 이상 낮출 시 성공판정을 예상하는데, 우리 제품은 최고 -25℃, 평균 -12℃까지 온도가 낮아집니다. 표면에 양산을 씌우고 자외선 차단제를 바르는 셈입니다. 결과에 따라 소재 공급으로만 연간 50억 원 매출을 기대하고 있습니다. 우리 제품은 써보면 다들 효과에 놀랍니다. LH 아파트 주차장 바닥을 우리 소재 제품으로 시공하니 자동차 배기가스, 미세먼지가 믿기 어려울 정도로 줄었습니다. 제이치글로벌이 글로벌 시장 진출을 자신하는 이유가 바로 기술경쟁력입니다.”

우리의 기술이 곧 글로벌 기준이 될 것

제이치글로벌 오주명 대표의 눈은 태평양 너머를 보고 있다. 이미 확보한 기술특허등록과 실증화 사업 결과를 무기로 글로벌 시장 진출을 가시화하고 있다. 올해 들어 중국, 베트남, 인도 그리고 남미와 북중미 시장을 겨냥해 해외 출장도 잦아지고 있다. 올 3월 제이치글로벌은 과학기술정보통신부 산하 글로벌혁신센터(KIC중국)가 우리 기업의 중국 시장 진출과 시장 확대를 위해 주최한 ‘2023년 KIC중국 창업대회’에 참가했다. 베이징에서 열린 이 대회에는 과기정통부의 5대 핵심분야인 인공지능[AI]과 빅데이터, 사물인터넷, 환경보호 관련 창업기업 10개팀이 선정되어 현장에서 경쟁 프레젠테이션 형식으로 진행되었다. 전문가 심사 결과 대상은 제이치글로벌이 차지했다. 이로써 제이치글로벌은 중국 주요 도시의 창업단지 및 하이테크존과 연계한 사업 진출 지원을 받는다.

글로벌 시장을 열기 위한 행보는 계속됐다. 4월에는 중소기업벤처부 주관 팁스[TIPS] 운영사인 ‘인천창조경제혁신센터’의 투자기업으로 선정되어 투자와 함께 해외마케팅 지원을 받을 수 있게 됐다. 연이어 6월에는 인천시 주관 '청년 해외진출기지 지원사업'에 선정되어 몽골, 베트남을 중심으로 아시아 진출을 꾀하게 됐다. 9월에는 인천창조경제혁신센터와 중국 상해기술거래소 국제거래센터의 업무협약 체결에 동행해 중국 투자자들에게 제이치글로벌의 우수한 기술력을 알려 큰 관심을 끌었다. 10월에도 인천창조경제혁신센터의 '인천 청년 해외진출기지 지원사업'의 베트남 행사에 동행해 현재 파트너 발굴을 위한 각종 데모데이 및 현지 기업 등과의 1:1 미팅을 진행했다.

"우리 회사는 친환경 나노기술로 ESG 수요기업에 인센티브를 제공하는 소재기업입니다. 친환경 이슈는 솔루션만 있다면 국경은 문제가 되지 않습니다. 앞으로도 밸류업$^{Value-up}$과 스케일업$^{Scale-up}$을 위해 다양한 글로벌 파트너사와 협업을 통해 해외 투자유치 및 해외 법인설립 등 글로벌 진출에 적극 나설 것입니다. 해외 시장 중 특히 스마트시티를 지향하는 인도와 남미 칠레, 페루 등에 관심이 많습니다. 인도는 핵심 정책으로 환경 문제에 대응하고 있고, 칠레 등은 건축 소재가 콘크리트가 아닌 나무 중심이라 기후위기로 인한 화재 등에 촉각을 곤두세우고 있습니다. 지금 진행하는 인도의 실증화 사업에 좋은 결과가 나오면, 남미 시장 진출에 본격적으로 시동을 걸 생각입니다. 아람코 도시개발팀을 통한 사우디아라비아 등 중동 시장 진출에도 힘을 쏟고 있습니다."

제이치글로벌은 테크노파크의 비대면스타트업 R&D지원을 받아 실시간 비대면 AI 모니터링 예측 시스템 구축에 부심하고 있다. 핵심기술이 보이지 않는 미세물질을 제거하는 솔루션이니 신뢰 확보에 꼭 필요하고, 글로벌 진출에도 유용한 시스템이기 때문이다. 인도 등 해외에서 진행하는 실증화 사업 결과에 따라 현지법인과 공장도 설립할 계획이다. 내년 상반

㈜제이치글로벌이 수상한 상장 및 표창

기에 시리즈A 투자유치를 추진하고, 해외 지사에서 일할 글로벌 인재도 찾고 있다. 해외 시장 성공을 자신하냐는 물음에 오 대표는 이렇게 말했다.

"제이치글로벌의 기술이 곧 글로벌 기준이 됩니다."

오주명 대표의 '창업 후배에게 한마디'

세상을 이롭게 하는 창업이 애국입니다

"세상엔 원석 같은 원천기술이 많습니다. 사업 아이템이 있다면 공공연구기관 특히 대학 산학협력단을 찾아가세요. 원천기술을 연구 개발한 교수님들은 창업에 나서기는 꺼리는데, 기술이전엔 적극적이세요. 정부도 학교도 그렇고요. 발품을 팔면 창업을 실현할 기술은 어딘가 있습니다."

"물론 원천기술만으로 시장에 진출할 수는 없습니다. 양산 기술을 접목해야 하고, 시장의 수요와 환경에 맞는 가격 경쟁력도 갖춰야죠. 창업엔 이런저런 문제가 필연인데, 망설이지 말고 도움을 받으세요. 중앙정부와 지자체, 공공기관 등에 문제 해결을 도와줄 구세주가 반드시 있습니다."

"야구에도 투수에 선발, 중간계투, 마무리가 있듯이 사업도 어느 정도 규모가 되면 경영, 기술, 재무, 마케팅 총괄 담당이 필요합니다. M&A도 필요할 수 있고요. 지분 주는 거 신경 쓰지 마세요. 회사가 어느 정도 궤도에 오르면 속도가 중요합니다. 파이를 키워야 내 몫이 더욱 커집니다."

"자금도 너무 걱정하지 마세요. 창업자금 1억 원을 대출받을 수 있습니다. 최선을 다했다면 실패해도 청년창업대출면책제도가 있으니 '쫄지' 마세요. 세상 고마운 투자 제도와 투자 기관도 많습니다."

"우리나라는 창업을 위한 참 좋은 정책과 제도가 있는데, 정작 제도권의 창업 교육은 아쉬워요. 고등학교에 창업교과서, 대학에는 창업학과가 있으면 좋겠어요. 기업의 채용 수요는 한계이니 창업이야말로 고용 창출의 해결책이죠. 세상을 이롭게 하는 창업이 애국입니다. 어쨌든 좋은 원천기술이 있는데 기술고도화, 투자유치, 판로개척, 글로벌 시장 진출에 도움이 필요하다면, 테크노파크를 찾아가세요."

(주)티젠

한국을 넘어 세계에 심은
'티젠 콤부차'

KOMBUCHA

맛과 건강을 다 잡은 티젠 콤부차

ㅣ **전남TP 지원사업명**

- 스마트공장구축사업(2억 원, 2020~2022)
- 글로벌 강소기업 (2900만 원, 2021~2024)
- 전남지역특화산업 수출새싹기업지원사업
  (1500만 원, 2022)

ㅣ **지원성과(전·후)**

- 매출액: (2020) 204억 원 →
  (2022) 580억 원(↑184%)
- 고용: (2020) 66명 → (2022) 82명(↑24%)

국가대표급 차 전문 브랜드-(주)티젠

시작은 글로벌 그룹 방탄소년단[BTS] 정국의 말 한마디였다. 2021년 2월 말, 정국은 V라이브 방송에서 "콤부차 레몬 가루를 시켜서, 좋다고 하길래 하루 2포 정도 먹고 있다"고 말했다. 그날을 기점으로 티젠의 운명이 바뀌었다. 전 세계 곳곳에 포진해 있는 BTS 팬클럽 '아미'가 정국을 따라 너도나도 콤부차를 찾기 시작했다.

방송 직후인 3월 첫 주, 티젠의 매출은 전주 대비 무려 500% 급증하며 BTS 효과를 체감했다. 당시는 신종 코로나바이러스 감염증(코로나19) 확산으로 국내 대다수 중소기업이 어려움을 겪던 때였다. 그러나 티젠만은 상황이 달랐다. 콤부차 한 달분 재고가 3일 만에 동났으며, 특히 레몬 맛은 주문 폭주로 제조 라인을 모두 가동해도 역부족일 정도였다. 콤부차 판매 매장 곳곳에서 품절 현상이 빚어졌고 대형 유통업체인 코스트코에서는 1인당 1개씩 구매 제한까지 들어갔다. 그야말로 정국이 쏘아 올린 전례없는 콤부차 대란이었다.

'다선'을 영어로 한 '티젠', 고품질 차 시장 선도

김종태 티젠 대표는 1983년 설록차 연구개발을 시작으로 차 산업에 발을 들였다. 당시 국내의 차 산업은 갓 걸음마를 뗀 수준이라 김 대표는 대만, 중국, 스리랑카 등의 차 연구소 기술 연수를 통해 차 관련 기술을 확보했다. 그러다 2000년 3월, 식품업체 컨설팅과 원료 비즈니스를 주력으로 자신의 사업을 시작했고, 그로부터 1년 후 티젠 법인을 세웠다. 티젠은 '다선'茶禪(차를 마시며 명상에 잠기어 자기의 본성을 깨닫는 일)을 영어 브랜드로 만든 것이다. 김 대표는 차 문화와 회사의 이름을 접목하고자 다선에서 영감을 얻어 이 같은 브랜드 정체성을 구축했다.

"티젠이 탄생한 2001년은 사회적으로 웰빙 라이프에 관심이 높아지는 시기였습니다. 정신없이 바쁜 하루를 사는 현대인들에게 차를 통해 몸과 마음에 편안함을 주고자 사업을 시작하게 됐죠. 정말 '좋은 차'를 만들

㈜티젠 김종태 대표

고 싶었어요. 차 고유의 우수한 효능에 기반해 사람들이 건강한 일상을 이어가는 데 보탬이 되겠다는 게 제 목표였습니다."

김 대표는 티젠 설립 이후 중국과 인도를 비롯한 세계 각지의 차 산지를 직접 돌아다니며 원료 생산거점을 확보했다. 이를 기반으로 유기농 차 제품을 생산해 이마트와 코스트코 등 대형 유통점에 판매하기 시작했다. 이어 2003년에는 한국식품연구원과 2년간 공동연구를 한 끝에 해남에 국내 최초의 가루녹차 가공설비를 구축했고, 가루녹차 생산성 향상 및 품질 관리를 통해 가루녹차 사업화를 제대로 추진하게 됐다.

다음 단계로 사업을 키워나가고자 김 대표는 2004년 약 18만 제곱미터(6만 평) 규모의 해남 다원과 공장을 인수했다. 티백 포장 설비를 도입해 가공 녹차 대량생산을 기반으로 사업을 넓혔고 2005년에는 국내 처음으로 대형마트와 백화점에 차 전문점을 오픈하며 차 시장 점유율을 확장해 나갔다. 사업이 점차 커지면서 2006년에는 용인 공장을 설립 가동했다. 이어 2009년 해남 제2공장을 가동하면서 현재 용인과 해남 2곳에 자체공장을 운영 중이다.

티젠은 더 건강하고 안전한 차 제품을 생산하기 위해 2010년 유기가공식품 친환경 농산물 인증 및 미국, 유럽, 일본 유기가공인증을 확보했다. 2014년 해썹HACCP 및 할랄HALAL 인증, 2015년 FSSC22000 인증, 2020년 코셔Kosher 인증을 받았고, 2021년에는 글로벌 강소기업으로, 2022년에는 지역혁신 선도기업으로 선정되는 등 점점 더 존재감을 키웠다.

김 대표는 탄탄한 인력 구성에도 힘을 쏟았다. 석·박사로 구성된 티젠의 차 개발 전문가들은 세계 각국의 차 원료를 활용해 다양한 차를 개발해왔다. 이들은 미국의 글로벌티 챔피언쉽과 골든티 어워드에서 총 7회

수상의 영예를 안았으며 일본 티월드-그린티 콘테스트 및 국제명차 선발 대회에서도 상을 받았다. 2018년에는 평창동계올림픽을 기념해 평창의 수국과 세계 각국을 대표하는 꽃차를 블렌딩하며 개발한 '평창의 향기'를 선보였다. 이 차는 '화합'이라는 올림픽 정신을 모티브로 평창 해발 700m 발왕산에서 자란 수국과 국화·로즈마리·마리골드·콘플라워·캐모마일·쟈스민차 등의 세계 각국의 다양한 꽃과 허브를 섞은 프리미엄 플라워티다. 트럼프 대통령 내외의 한국 방한과 청와대 만찬, 해외 정상 등의 선물로 활용되면서 한국 차의 우수성을 세계에 알리는 역할을 톡톡히 했다.

복제품 만연한 차 시장…R&D 투자로 제품 차별화

국내 다류시장은 그 규모가 별로 크지 않음에도 3,000개 이상의 중소기업이 뛰어들어 피튀기는 경쟁을 펼치고 있다. 따라서 가격 경쟁력이 심하고 성장 자체가 부진한 카테고리에 속한다. 게다가 어느 한 회사가 신제품을 출시하면 후발업체가 곧바로 카피해서 유사한 제품을 시장에 내놓는 악순환이 반복되는 게 현실이다. 차 시장이 크게 성장하지 못하고 역신장하는 상황이 지속된 이유다.

이러한 상황에서 티젠도 성장이 주춤할 수밖에 없었다. 김 대표는 시장에서 살아남기 위해서는 남들이 따라하지 못하는 차별화된 제품을 개발해야만 한다고 스스로를 채찍질했다. 이를 위해 연구개발[R&D]에 대한 투자를 아끼지 않았으며, 다류업계 1위의 R&D 투자비율을 꾸준히 유지하면서 티젠만의 제품을 개발하는 데 매진했다. 안전하고 우수한 제품을 생산하기 위해 스팀살균기, 제트밀 등 제품의 오염을 예방할 수 있는 생산설비도 탄탄하게 구축했다. 앞으로도 소비자에게 올바른 가치와 즐거움을

티젠의 첨단 스팀 살균기

줄 수 있는 차 제품을 개발하기 위해 R&D 투자를 활발히 한다는 게 김 대표의 생각이다.

물론 이렇게 각고의 노력 끝에 이뤄낸 성과물마저 대기업의 덤핑(물량) 공세에 가로막히기 일쑤였지만, 티젠은 끊임없이 새로운 제품 개발에 집중해 '천상의 향기', '평창의 향기' 등 독창적인 티를 내놓을 수 있었다. 이후 단순히 맛만 있는 게 아니라 소비자의 건강에도 도움을 줄 수 있는 차 원료 연구를 지속, 콤부차와 같은 기능성 차 제품을 출시하며 차별화된 경쟁력을 구축하는 데 성공했다.

세계 최초의 분말형 콤부차, 시장을 뒤흔들다

지금의 티젠을 있게 한 주력 제품은 두말할 것 없이 분말형 스틱 타입의 콤부차다. 콤부차는 홍차, 녹차 등 추출액에 설탕과 유익균를 넣고 발효시킨 저칼로리 발효차다. 기원전 220년 중국 진시황이 불로장생을 위해 마신 차로도 알려져 있다. 콤부차에 풍부한 글루쿠론산은 체내 독성물질을 해독 및 배출해 세포 손상을 막아주는 데 도움을 줄 수 있으며, 그 외에도 12종의 유산균과 프리바이오틱스가 함유돼 항산화, 항암, 함염증 등 다양한 효능이 있다.

티젠이 콤부차를 처음 내놓을 때만 해도 국내 소비자들 사이에서는 다소 생소하다는 반응이 대부분이었다. 그러나 해외에서는 헐리우드 스타들의 건강 음료로 널리 알려져 있었고, 미국, 호주의 대형마트나 슈퍼에는 콤부차 코너가 따로 있을 만큼 인기 많은 발효차였다. 김 대표는 각국 차에 대해 살펴보던 중 해외 소비자들에게 유독 인기가 많은 콤부차를 주목하기 시작했다. 콤부차에 대해 알아볼수록 맛과 건강을 동시에 충족하는 데다, 한국 중장년층과 노년층뿐 아니라 젊은층까지 공략할 수 있는 트렌디한 차임을 직감했다.

다만 기존에 판매되던 콤부차는 액상의 병 형태가 대부분이라는 게 한계점이었다. 이 때문에 유통과정 중 과발효에 따른 변질이 쉽다는 단점이 있었고, 변질을 억제하기 위해 살균을 하면 유익균의 생존을 억제해 콤부차의 효능이 감소될 수밖에 없었다. 또한 콤부차 특유의 시큼한 향이 한국 소비자들 취향에는 그다지 맞지 않았다. 여기에 더해 발효 과정 중 생성되는 알코올이 음료에 남아있을 수 있어 어린이, 청소년, 임산부의 섭취에도 주의가 필요했다.

이러한 여러 가지 문제점을 개선하고자 티젠은 2019년 세계 최초로 '동결건조 공법'을 활용한 콤부차를 개발했다. 이 공법은 액상을 영하 40

도 이하로 급속 동결시킨 뒤 저온에서 수분을 제거해 건조하는 기술이다. 알코올을 완전히 제거하면서도 원료 고유의 영양소와 풍미를 고스란히 유지할 수 있는 게 특징이다. 분말 형태로 부피를 줄이니 휴대성까지 개선됐다. 티젠은 콤부차 특유의 부담스러운 향을 개선하기 위해 한국인의 입맛에 최적화된 향을 블렌딩했다. 여기에 분말형 탄산을 첨가해 탄산수 없이도 스파클링을 생성할 수 있도록 하면서 기호성과 기능성을 함께 제공하는 분말형 콤부차를 세계 최초로 탄생시켰다.

티젠은 2019년 분말형 콤부차로 글로벌 소비자들을 놀라게 한 이후 계속해서 콤부차 시장을 확대하고 있다. 2020년에는 코로나19로 인해 기업들의 상황이 위축되는 분위기 속에서도 기존 제품과 차별화되는 티젠 콤부차만의 맛과 편의성으로 입소문을 탔다. 그러다 BTS 정국이 V 라이브 방송 중 콤부차를 언급하면서 국내외 팬들을 통한 판매가 급격히 늘어났다. 티젠 브랜드 자체를 각인시키는 데 성공한 것은 물론이고 넘치는 수요를 공급이 따라가지 못하는 상황까지 맞이했으며, 국내 콤부차 시장 자체를 한 차원 크게 만드는 데 중요한 역할을 했다.

"티젠 콤부차는 매출이 연평균 67.9%, 수출은 250.6% 증가하는 등 브랜드 시그니처로 자리 잡았습니다. 이 덕에 티젠은 2020년 매출 205억 원에서 2021년 407억, 2022년 580억 원으로 고성장을 거듭할 수 있었고요. 직원 수 역시 2018년 이후 5년간 연평균 30% 이상의 증가세를 보였습니다. 올해 기준으로는 110여 명의 임직원이 티젠을 키워가고 있습니다. 국내뿐 아니라 해외에서도 제품이 잘 팔리면서 지난해에는 700만 불 수출탑을 수상하기도 했죠. 현재 티젠은 27개국에 제품을 수출하고 있는데 내년에는 그 규모를 더욱 늘릴 계획이에요."

연세대 축제 기간에 운영한 홍보 부스

티젠의 '콤부차 대란' 이후 국내에서는 액상형 콤부차를 비롯해 다양한 종류의 콤부차가 속속 생겨나기 시작했다. 현재까지도 관련 시장은 지속 성장 중이다. 티젠이라는 단일 브랜드의 대히트가 차 시장의 판도를 흔들어놨다고 해도 과언이 아닌 셈이다.

테크노파크 지원으로 세계 시장 노크

2021년 BTS 정국의 V라이브 방송으로 인해 티젠의 해외수출이 더욱 활발해졌으나 한 가지 아쉬운 점은 수출이 미국과 중국에만 집중됐다는 것이었다. 동남아시아 시장의 경우 온라인몰을 통해 인지도가 조금씩 상승하고 있긴 했지만, 오프라인 진출이 부진했다. 기회를 엿보던 티젠은 전남테크노파크의 지원을 받아 대대적인 글로벌 마케팅을 진행하게 됐다.

지원사업을 통해 싱가포르, 일본, 홍콩 등지의 백화점, 대형마트, 편의점 및 드러그스토어에서 활발한 마케팅 행사를 진행할 수 있었다. 티젠은 행사 중 콤부차 진열을 위한 공간을 확보하고 쉘프 디스플레이^{Shelf display}(상품을 선전할 목적으로 선반이나 진열장을 이용해 전시해놓는 일)를 제작해 제품에 대한 정보를 제공했다. 또 소비자들이 콤부차 제품이 진열된 공간으로 이동할 수 있도록 바닥 광고를 제작했고, 샘플을 만들어 최대한 많은 소비자들이 콤부차를 직접 경험할 수 있도록 했다. 특히 일본에서는 현지 음식점 및 매장 시음장을 활용, 콤부차 및 티젠 제품에 대한 관능평가를 진행해 소비자 반응을 직접 확인하기도 했다. 싱가포르, 일본 및 홍콩에서 각국의 소비자 특성에 맞는 차별화된 방법을 통해 제품을 홍보하면서 티젠 제품의 인지도를 높인 결과, 행사가 진행되는 4개월간 약 23억 원의 수출성과를 올릴 수 있었다.

티젠은 세계 최초로 분말형 콤부차를 개발해 국내외 시장을 개척했으나 대기업 등을 통한 저가의 유사제품이 속속 출시되면서 시장 점유율이 축소되는 어려움을 겪었다. 거대 기업에 밀리지 않기 위해서는 티젠 브랜드 자체에 대한 인지도를 높이는 게 절대적으로 필요한 시점이었다. 티젠은 콤부차의 주 소비층인 10~30대 젊은 층을 대상으로 브랜드 각인 효과를 극대화하기 위해 전남테크노파크 지원으로 대학 축제 홍보 캠페인을 시작했다. 연세대학교 축제를 통해 정문에서 공연이 진행되는 무대로 가는 길에 홍보 부스를 설치해 시음 및 이벤트를 진행한 것이 대표적이다. 행사 기간 약 1만 5,000명이 부스에 방문해 콤부차를 체험했으며, 티젠은 시음 행사를 통해 출시를 앞둔 콤부차 새 제품의 반응도 효과적으로 확인할 수 있었다. 동시에 MZ세대와의 적극적인 소통을 바탕으로 티젠 브랜드의 인

Guardian Singapore

Global Beauty Sale

Is there a popular new skincare product you've been waiting to try out? You don't have to go too far! Check out the latest beauty products arriving from all over the world at Guardian!

Get first dibs on our exciting new arrivals in-store and online at www.guardian.com.sg/offers/global-beauty-sale now.

#GuardianSG #GlobalBeautySale #NewArrivals

Global Beauty Sale

티젠의 글로벌 마케팅 사례

지도를 확보하는 데 성공했다. 티젠은 연세대 외에도 숭실대, 경희대, 인천대, 한양대, 건국대 등 대학 축제 현장에서 시음 행사 등을 활발히 펼치며 콤부차를 널리 알렸다.

'2억 스틱' 팔린 티젠, 글로벌 브랜드로 우뚝

티젠은 지난해 9월 '2억 스틱 판매'를 달성했다. 2019년 3월 출시한 콤부차를 지난해 2월까지 1억 스틱 판매한 데 이어 지난해 3~9월 6개월 만에 1억 스틱을 추가로 팔았다. 특히 1억 스틱 판매를 달성한 이후에는 영화배우 김태리를 광고모델로 앞세워 TV CF 등 공격적인 마케팅을 개시하면서 판매 불씨를 더욱 당겼다. 기존 레몬, 베리, 유자에 더해 지난해 피치, 파인애플 맛을 선보이는 등 제품 라인업도 한층 강화했다. 코로나19 이후 건강에 관심이 높아지면서 '헬시 플레저', '디카페인', '저칼로리 음료' 등이 유행 키워드로 떠오른 가운데, 젊은 층 사이에서 티젠 콤부차 선호도는 점점 더 높아지는 추세다.

온라인 판매 덕도 톡톡히 보고 있다. 티젠은 주로 백화점, 대형마트, 편의점 등 오프라인 유통 채널을 활용해 제품을 판매해왔다. 그러다 지난 2018년 쿠팡에 입점하면서 온라인 채널을 확보한 뒤 매출이 급성장하기 시작했다. 현재는 쿠팡의 온라인 판매뿐 아니라 네이버 브랜드 스토어, 자사몰 등 다양한 경로로 온라인 채널을 확대하고 있다. 온라인 채널 확장을 통한 인지도 상승은 다시 오프라인 판매에도 영향을 미쳤다. 이 덕분에 과거에는 진입이 어려웠던 코스트코, 트레이더스 등 할인점과 이마트, 롯데마트, 홈플러스 등 주요 대형마트, 헬스앤뷰티[H&B] 스토어인 올리브영과 편의점에서도 이제 티젠의 제품을 쉽게 찾을 수 있다.

아울러 티젠은 시장 확장을 위해 지난해 주력상품인 콤부차의 RTD^{Ready To Drink} 제품을 출시해 편의점 판매를 시작했다. 분말형 콤부차를 편의점에서 구매할 시 물과 함께 사서 타 마셔야 하는 불편함을 개선한 것이다. RTD 제품은 번거로움 없이 냉장고에서 꺼내 바로 시원하게 마실 수 있어 편의성이 극대화됐다. 이 외에도 티젠은 기능성을 보강한 콤부차 콜라겐 젤리를 출시했으며, 밀크티 등 새로운 제품 개발을 통해 시장을 확장할 준비를 하고 있다. 내년에는 새로운 주력 제품도 내놓을 예정이다.

해외 시장 확대에도 적극적이다. 국내에서 2억 스틱 판매 기록을 세운 티젠은 이제 한국 시장을 넘어 일본, 대만 및 동남아 지역을 중심으로 브랜드 영향력을 키우고 있다. 일본 시장의 경우 이베이재팬이 운영하는 온라인 쇼핑몰 큐텐^{Qoo10}을 비롯해 라쿠텐^{Rakuten} 등에 공식 스토어를 오픈했다. 베리, 복숭아, 파인애플, 레몬 유자, 진저레몬 등 다양한 맛으로 일본 소비자를 공략하고 있다. 음용이 간편하고 카페인 함량이 낮아 노약자도 마시기 좋다는 점을 적극 홍보한다. 브랜드 메인 모델인 배우 김태리 효과도 제대로 누린다는 평가를 받는다. 글로벌 온라인동영상서비스^{OTT} 넷플릭스에 올라와 일본에서도 인기를 끌었던 드라마 '스물다섯 스물하나'에 주인공으로 출연한 김태리를 전면에 내세워 일본 내 마케팅 활동을 펼치고 있다. 제품 패키지는 물론 큐텐 브랜드 스토어에도 콤부차를 들고 있거나 물에 타고 있는 김태리 이미지를 전면에 내세웠다. 또한 티젠은 온라인에 이어 오프라인 진출도 가속화하고자 온타마^{ON-TAMA}와 협력해 채널을 확장 중이다.

티젠은 대만 소비자도 적극 공략하고 있다. 지난해 10월 쿠팡의 대만 로켓배송 진출과 함께 시너지 효과를 노린다. 대만은 전반적으로 차 소

쿨코리아 챌린지 캠페인

비가 매우 큰 시장으로 꼽힌다. KOTRA(대한무역투자진흥공사) 등에 따르면 2021년 기준 대만 음료시장에서 차 판매액은 456억 대만달러(1조 8951억 원)를 기록하며 점유율 1위를 기록했다. 이는 2위 주스(114억 대만달러)보다도 4배 많은 수준이다.

티젠은 일본, 대만 외에 싱가폴, 홍콩 등에도 지역 벤더를 통해 Guardian, Takashimaya, Watsons 등에 입점했으며, 온라인과 오프라인을 넘나들면서 시장을 확대해 나가고 있다. 아울러 대형 유통 플랫폼인 코스트코 등을 활용해 미국, 중국 등 글로벌 시장을 공략한 결과 지난해 80억 원 수출을 달성했고, 올해는 90억 원 수출 달성을 내다보고 있다. 내년에는 티젠 콤부차의 존재감을 더욱 강화해 120억 원 수출 목표를 달성한다는 목표다. 김 대표는 세계 50개국에서 우리 차 티젠을 만나게 될 것이라며 글로벌 브랜드를 향한 잰걸음을 다짐했다.

"티젠 사업을 시작한 이래 마시기 쉬운 차로 건강해질 수 있는 방법을 찾고 이를 널리 알리고자 정진해 왔습니다. 특히 합리적인 가격으로 편리하게 면역력 강화와 다이어트, 변비 해소 등에 도움을 줄 수 있는 콤부차는 선풍적인 인기를 얻으며 티젠 브랜드의 인지도를 높였습니다. 주력 제품으로 자리잡은 콤부차를 지속 발전시켜 소비자들에게 건강과 맛을 제공할 수 있는 제품으로 키우고, 전 세계의 다양한 차 원료를 활용한 제품 개발을 통해 50개국에 티젠 브랜드를 수출하는 글로벌 기능성 차 전문기업으로 자리매김하고자 합니다."

친환경 ESG 경영

탄소중립, 기부, 상생으로
지역 사회공헌에도 앞장

티젠은 ESG 경영을 통한 환경 개선 활동에도 앞장서고 있다. 해남 녹차 다원의 녹차나무가 대표적이다. 녹차 다원 1평당 연간 113kg의 이산화탄소CO_2를 흡수할 수 있으며, 해남의 6만 평 다원은 연간 약 6,800톤의 CO_2를 흡수해 탄소절감에 도움을 준다. 또한 티젠은 기존 제품의 단상자 포장을 위해 사용하던 비닐필름을 제거했으며, 티백 차의 플라스틱 여과지를 옥수수전분을 활용한 친환경 생분해 필터로 교체해 플라스틱 프리$Plastic Free$ 차 제품 개발에 선도적 역할을 하고 있다.

티젠은 지역사회를 대상으로 이익을 공유하면서 상생 경영도 실천하고 있다. 해남 지역 농가 수익을 높여주고자 새싹보리 재배 연구를 통해 해남 지역 새싹보리 생산 가능성을 확인했으며, 새싹보리 재배를 위한 영농조합 설립 지원 및 기술 공유로 우수한 새싹보리 생산 및 분말제조를 통해 새싹보리 산업을 활성화했다. 그 결과 2020년 이후 지금까지 약 20만 평의 재배 계약을 체결해 지역농가와 이익을 공유하고 있다. 아울러 전남 해남 영농조합법인 백년지기와 협력해 연잎차 및 연근차를 개발, 연간 약 4000만 원어치의 원료를 매입하고 있다. 아울러 국내 녹차 산업의 활성화 및 이익 공유를 위해 전남 강진에 소재한 농업회사법인 장원산업으로부터 매년 20톤 이상의 녹차 원료를 매입해 지역 경제 활성화에 기여하고 있다.

이 밖에 티젠은 지역사회의 어려운 이웃을 돕고자 해남 땅끝 송호리에 위치한 '천사원(고아원)'에 10년간 매년 정기적으로 물품을 후원하고 있으며, 코로나19 확산 당시 고생하는 대구, 경북 의료인에게 1억 원 상당 현물을 지원하기도 했다. 또 밀알재단에 5000만 원을 비롯해 한국소아암 재단, 한국사회복지협회 푸드뱅크 등에도 기부를 이어오고 있다. 학업에 뜻이 있지만 생활이 어려운 학생들에게는 매년 장학금을 지원해 후학 양성에도 힘을 쏟고 있다. '좋은 차'를 향한 열정만큼이나 ESG 경영과 지역의 사회공헌에도 앞장서겠다는 게 티젠의 장기적인 방향성이다.

제주테크노파크 지원기업

만제영어조합법인

제주 청정 바다 수산물의 맛과
건강이 세계인의 식탁에

만제영어조합법인 사옥 전경

- 지역스타기업 육성사업(5300만 원,
  22.01~22.12)
- 수출새싹기업 육성사업
  (360만 원, 22.01~22.12)
- 지역기업 혁신성장 바우처사업
  (3000만 원, 22.01~22.12))

| 지원성과(전·후)

- 매출액: (2021) 42억 원 → (2022) 46억 원
  (↑10%)
- 고용: (2021) 13명 → (2022) 15명(↑15%)

수출 활성화·해외 신시장 개척-만제영어조합법인

제주에서도 손꼽히는 아름다운 청정 바다를 품은 해안가 마을 '김
녕'金寧. 주민들은 제주 사투리로 '짐녕'이라고 부른다. '김녕'이나 '짐녕'의 정
확한 뜻은 파악되지 않고 있으나, '넉넉하고 편안한 마을'이라고 알려져 입
으로 전해진다. 구좌 지역 마을 중에서 가장 오래되었으며, 해녀가 많고 물
질의 역사도 깊어 '해녀마을'로도 불린다.

이곳에 제주 자연산 수산물의 신선하고 건강한 맛을 고스란히 소비
자에게 전하는 만제영어조합법인(http://www.egalchi.com)이 자리하고 있다.
제주 바다의 여러 특산물을 재료로 써서 맛있고 먹기 편하며 영양가도 높
은 식품을 만드는 수산물 전문기업이다.

"만제영어조합법인의 제품에는 해녀의 숨결과 지역민의 손길이 닿아
있습니다. '만제'란, 한자 '찰 만'滿과 제주도濟州島의 첫 글자 '제'濟를 더한 이
름입니다. 단순하게 풀이한다면, '우리 제품에는 제주도가 가득 차 있다'는
말이지요. 정말로 제주도만의 자연산 수산물과 해녀의 가치를 우리 제품

만제영어조합법인이 위치한 김녕 해안가 풍경

을 통해 널리 알리고 싶습니다."

　　지역민과 상생하는 기업으로 성장하고 있는 만제영어조합법인의 김수정 대표가 처음부터 간직해 온 바람이다. 제주 청정 해역에서 어획한 은 갈치·고등어 등의 맛깔스런 생선과 해녀들이 직접 잡아 올린 소라·전복·해삼 등의 해산물을 정성스럽게 손질해서 공급하는 수산물 유통이 그 시작이었다.

　　이제 만제영어조합법인은 세계시장에 제주의 맛과 한국을 알리는 식품기업으로 성장했다. 2019년부터 일본·미국을 비롯한 전 세계 각국으로 수출을 늘리고, 연구개발에 힘써 2차 고부가가치 제품들을 출시하면서 매출을 신장시켜 나가고 있다.

생산성 제고와 제품의 고급화 등을 추구

지난 1997년 도입된 '영어조합법인'은 「농업·농어촌기본법」 제16조를 근거로 한 특수법인이다. 설립에 따른 별도의 인허가는 필요하지 않다. 어업인 또는 어업생산자단체가 자율적으로 설립할 수 있다.

같은 지역 내 수산업에 기반을 둔 어업인들이 조직해 협동적 어업 경영으로 생산성을 높이고, 수산물의 공동 출하·유통·가공·수출 등을 하는 회사다. 인근 해역의 수산물을 원료로 향토 브랜드를 지향하고 주민의 고용을 창출해서 지역경제를 활성화하는 기능이 있다.

국내의 영어조합법인 도입은 '세계무역기구 도하 개발 아젠다'[WTO-DDA]와 '자유무역협정'[FTA] 체결이 계기가 되었다. 열의와 의욕을 갖춘 선진 어가를 조합원으로 구성해 자본 출자 조성과 기술집약적 수산업을 실현하려는 의도였다. 즉, 생산성 제고와 제품의 고급화 등을 추구해 대외 경쟁력을 강화하기 위한 일환으로 도입했다.

"만제영어조합법인은 2000년 10월 만제유통으로 첫 걸음을 디뎠습니다. 그때는 구멍가게나 마찬가지였지요. 남편이 원래 김녕포구에서 회를 떠서 판매하는 가게를 했는데, 주민들이 낚아 온 은갈치를 팔게 되었습니다. 저는 그전까지 수산물을 만져 본 적이 없었지만, 그래도 그 분야의 전문가인 남편을 믿고 '한번 해 보자' 하는 마음을 먹었지요."

영어조합법인 도입 10여 년 만인 2008년 1월 2일, 만제유통은 만제영어조합법인으로 전환했다. 법인의 주소지는 제주특별자치도 제주시 구좌읍 김녕로 135다. 같은 해 3월부터는 김녕어촌계 수산물위판장 위탁 경영을 하게 되었다.

"일이 손에 익기까지 무척 힘들었습니다. 만제유통을 열었을 때 주변 사람들은 '석 달 하면 잘 하는 거'라고 예상했습니다. 그 석 달이 20년을 넘어서서 30년을 향해 가고 있네요. 그동안 저는 좋은 수산물을 엄선해서 판매하기 위해 매일 같이 공부하고 연구하며 노력했습니다."

김수정 대표는 제주에서 나고 자란 토박이다. 어머니는 해녀였고, 아버지는 어선을 운영했다. 그래서 항상 자연스럽게 제주 해산물을 접하는 환경에서 성장해 왔다. 어려서부터 해녀와 어부들의 땀과 노력에 존경심을 품었던 김 대표는 그들의 끈질긴 생명력과 강인한 개척 정신을 본받아 사업을 운영하고 있다.

은갈치 판매로 시작한 만제영어조합법인이 현재 선보이고 있는 제품은 고등어·옥돔 등의 생선과 해녀들이 채취한 톳·소라·문어·보말·성게 등의 수산물, 또 이를 활용한 가공품과 절임식품들까지 종수가 아주 다양하다.

이 가운데 톳장과 뿔소라장은 전 세계 유일무이한 제품으로 독자개발해 고객들에게 꾸준히 사랑받고 있다. 매년 최소 2~3종의 신제품을 기획·개발해서 출시하는 실험 정신과 도전 의식으로 대외 경쟁력을 높인 결과다.

가장 좋은 재료를 최상의 역량으로 제품화

만제영어조합법인은 싱싱한 제주산 수산물만을 고집한다. 거기에 고객과의 직거래 위주여서 신선도를 최상으로 유지할 뿐만 아니라, 유통 마진도 최소화해 경제적이다.

"제주산 수산물을 그 어떤 유통업체보다 한결 저렴한 가격으로 공급해 드리고 있습니다. 그렇다고 제주산이라고 해서 무조건 공급하는 건

아닙니다. 고객 입장에서 '이 제품을 받았을 때 기분이 좋을까?'를 기준 삼아 원물을 엄선합니다."

김수정 대표는 굉장히 까다롭게 고른 재료로 '만제'와 '김녕' 브랜드의 제품을 생산하고 있다. 뿔소라살·자숙문어·깐보말·성게·갈치·고등어·옥돔 등 수산물과 톳장·뿔소라장·돌문어장과 같은 절임식품, 해초류 즉석밥 연구를 통한 조리식품, 간편하게 먹을 수 있는 각종 탕과 볶음류 밀키트$^{Meal\ Kit}$가 제주의 바다를 느끼게 하는 바른 먹거리를 제공한다.

이들 제품을 생산·공급하기 위해 2015년 1월 톳장·뿔소라장의 제조 방법을 특허 등록했고, 2016년 7월 식품제조·가공업 등록을 마쳤다. 같은 해 12월 간고등어의 제조 방법 특허, 2018년 1월 톳장아찌·소라장아찌 특허 취득도 이어졌다. 마늘전복장의 경우는 지역 농산물인 마늘과 전복을 활용해 만든 제품으로, 지역민의 적극적인 요청에 의해 상품화를 진행했다.

김수정 대표는 이들 제품 중에서 특별히 '톳장'과 '뿔소라장'을 제주의 명물로 소개한다. 깨끗한 바다에서 나는 톳과 뿔소라는 제주 해녀들의 고정적인 소득을 보장해 주는 지역 상생 제품이기도 하다.

"톳은 '바다의 불로초'라고 불릴 만큼 영양분이 뛰어납니다. 해녀들이 직접 따고, 여러 번에 걸쳐 선별해서 품질이 가장 좋은 것만 씁니다. 최근에는 톳 절임 요리인 톳장이 인기를 끌고 있는데, 철분과 칼슘의 보고인데다 체내에 흡수된 미세먼지를 제거하는 효과도 있답니다. 그리고 제주 자연산 뿔소라는 육지 소라와 비교해 질감이 좋고 맛의 깊이도 다르지요. 쫄깃한 식감에 감칠맛 가득한 뿔소라장 하나면 별다른 반찬 없이도 훌륭한 한 상을 완성할 수 있습니다."

뿔소라장 제품

잘 말린 톳 제품

성게알 제품

김수정 대표는 '일본에서는 톳을 단체 급식 메뉴로 활용한다'면서 '기름진 고기류나 생선 요리 등에 곁들여 먹으면 환상의 궁합을 자랑하는 외식 분야 맞춤형 제품'이라고 설명한다. 뿔소라장은 그대로 삶거나 구워 먹어도 좋고 무침·죽 등 다양한 요리로도 즐길 수 있는 뿔소라를 천연 야채육수와 식초, 간장, 설탕, 새우 소스 등을 더해 장으로 담가 인기를 끄는 제품이다.

이 밖의 제품들도 장점을 얘기하자면 끝이 없다. 다른 지역의 성게보다 맛과 향이 훨씬 진한 제주 성게는 여름철에 딱 한 달만 채취가 가능해서 비교적 비싼 편이지만 각종 효능이 남다르다. 보말은 고단백질로 죽·국·무침·찌개·볶음 등의 식재료로 애용된다. 제주 연안에서 잡히는 특산물인 옥돔은 귀한 선물로도 제격이다.

만제영어조합법인은 주요 제품에 비린내 저감 기술 특허를 적용해 고객의 호응도를 한층 더 높이고 있다. 가장 좋은 재료를 최상의 역량으로 제품화하는 깐깐함이야말로 20여 년 동안 충실히 쌓아온 노하우의 정수라고 할 만하다.

스마트공장화로 효율적·위생적 생산 시스템 완비

만제영어조합법인은 2012년 12월에 수산물 가공공장을 준공했다. 해녀들이 수확한 수산물을 바로 손질해서 신선도와 맛을 유지할 수 있게 하는 작업 공간의 마련이었다.

이듬해 1월에는 수산물가공업 신고를 하고, '식품안전 관리 인증 기준HACCP 적용업소' 인증을 받아 안전한 가공공장의 입지를 확보했다. 믿고 먹을 수 있는 안심 수산물을 통해 제주 해녀의 마음을 전달하게 되었다.

제주 해녀들의 수산물 수확 모습

제주도에는 어류 가공업체가 많고, 해초류 가공회사도 그나마 몇 군데 있다. 그렇지만 소라를 가공하는 경우는 2022년까지 만제영어조합법인이 유일했다. 김수정 대표는 그동안 수작업에 의존해 왔던 이 수산물 가공공장의 생산 효율화를 위해 삼성전자가 주도하는 중소기업 스마트공장 지원사업의 문을 두드렸다. 소규모기업으로서 스마트공장으로 생산 환경을 전환하는 것에 부담감이 없지 않았으나, 과감하게 걱정을 떨치고 제조 혁신에 나섰다.

"그래야 할 절박한 사정도 있었습니다. 2019년 7월 이후 한·일 관계 경색으로 고급 해산물 소비가 많은 주요 수출처인 일본시장에서 수요 감소의 직접적인 타격을 받았습니다. 위기를 타개하려고 개발한 제품이 '톳장'이었습니다. 하지만 생물 위주였던 만제영어조합법인으로서는 가공식품

도전이 쉽지 않았습니다. 모든 공정을 수작업으로 해야 하는 것이 문제였습니다."

불순물 세척과 이물질 제거, 간장 등 양념에 졸이는 과정에서 많은 시간이 소요되었다. 그 다음 작업인 소분 포장, 금속 등 불순물 검사, 라벨 부착, 포장 후 출하 등 후공정의 신속성도 떨어졌다. HACCP을 맞추기도 어려워서 주요 대형 마트 판매처 확보는 먼 일이었다.

2020년 들어 삼성전자 제조 전문가 멘토들의 도움을 받아 중탕기를 최신식으로 교체하면서 용량을 키웠고, 절단기를 도입해 절단 작업을 자동화했다. 그 결과, 종전에는 3명이 하던 작업을 1명이 할 수 있게 되었다.

뿔소라 손질 과정 등에 사용되는 도구들도 개선했다. 후공정 작업에서는 라벨 부착기를 들여와 스티커 부착 건당 작업 시간을 10초에서 5초로 줄였다. 이 같은 혁신에 의해 전체 제품 생산 능력은 개선 전 하루 평균 130kg 수준에서 170kg으로 약 30.8% 증가했다.

HACCP 기준에 맞춘 위생 향상 노력도 이어졌다. 보관함에 자외선 소독등을 설치해 비산 방지를 하고, 위생적인 도구 보관함을 설치했다. 종전 미닫이문으로 날벌레 등이 들어오는 것을 막으려고 물통과 도르래를 활용한 간이 자동문까지 만들었다.

이렇게 해서 스마트공장 시스템은 2021년 2월에 구축 완료되었다. 현재 만제영어조합법인은 삼성전자 스마트공장 지원 후속 과정에도 참여해 고도화를 추진 중이다. 또한 제주테크노파크의 지원을 통해서도 정보통신기술^{ICT} 센서와 스마트 기기를 활용한 품질 및 위생 상태 향상, 생산성 제고에 집중하고 있다. 이는 규모가 작은 공장도 적극적으로 제조 혁신에 나서면 뛰어난 성과를 거둘 수 있음을 입증한 사례로 꼽힌다.

2022년 지역스타기업육성사업 참여업체로 선정

식품 대기업들은 막대한 자본력을 바탕으로 신제품을 꾸준하게 개발·유통하며 앞서 나가고 있다. 하지만 제주도의 소규모기업 입장에서는 신제품개발을 위한 전문 인력부터 자본, 연구 기반 등 모든 것이 부족할 수밖에 없다.

그런 상황에서도 김수정 대표는 기존의 원물 판매에서 벗어나 고부가가치를 창출하려면 신제품개발만이 살길이라고 생각했다. 만제영어조합법인이 2018년 4월 글로벌 IP 스타기업 지정, 12월 제주테크노파크 우수기업 선정 등 여러 지원사업의 참여 기회를 확대하며 적극적으로 역량 강화에 나선 이유다.

"당시까지 제주도 수산업 분야에서 유망 제품이 발굴된 경우는 없었습니다. 그런데 만제영어조합법인이 제주테크노파크의 도움으로 톳장과 소라장을 포함해 미국 수출의 효자 상품인 제주 해물탕 밀키트 등 경쟁력 있는 신제품을 개발·생산·유통까지 진행하게 되었습니다. 이로써 회사가 양적·질적 성장이 정체된 상태를 극복하는 동력을 만들 수 있었던 것 같습니다."

김수정 대표는 테크노파크 지원사업 선정을, '기존 제품에 안주하지 않고 끊임없이 새로운 제품을 개발해 내려는 의지가 보였기에 가능하지 않았을까 생각한다'고 밝혔다. 이전까지는 개발 비용과 전문 인력이 없어 신제품개발 아이디어를 살리지 못하고 있었으나, 이에 대한 도움을 받아 실행이 이루어졌기에 다행스럽고 감사하다는 소감이다.

만제영어조합법인은 톳·소라 원물 등의 부가가치를 높일 수 있도록 가공식품으로 저장성과 맛을 확보하기 위해 절임류 형태를 선택했다. 이를

신제품 개발 지원프로그램으로 탄생한 해물탕 밀키트

제품화하려면 다양한 연구개발 과정이 필요했는데, 제주테크노파크와의 협업이 해결해 주었다.

이후 2021년 8월 제주특별자치도 성장유망기업 선정과 12월 경영 혁신형 중소기업^Main-Biz 인증 획득에 이어, 2022년 4월에는 제주지역스타 기업으로 지정되었다. 제주특별자치도가 제주테크노파크와 함께 선정한 '2022년 지역스타기업육성사업' 참여업체 중 한 곳으로 이름을 올린 성과였다.

기업 매출, 성장률, 일자리 창출 등이 우수하고 지역산업을 이끌어갈 기업이라는 평가 결과인 셈이다. 스타기업 선정기업은 3년간 전담 PM^Project Manager 컨설팅 지원을 통한 기업 성장 전략 수립, 연구개발 과제 기획, 기술사업화 등 맞춤형 프로그램을 제공받게 된다.

만제영어조합법인은 사업 지원 1년차인 2022년에 매출액이 전년도 42억 원에서 46억 원으로 상승했고, 산업재산권은 국내 상표 출원 2건과 국내 특허 등록 3건을 기록했다. 같은 해 11월에는 기업부설연구소 인증서를 획득해 브랜드 이미지 제고의 긍정적 효과를 거두게 되었다.

테크노파크 지원사업 참여는 제품을 고부가가치화해서 늘어난 수익을 신제품개발에 투자할 수 있는 선순환 구조를 정착시켰다. 그러나 사업 과정에서 지원금의 일부가 사전 집행된다면 재정 건전성 확보에 도움이 되지 않았을까 하는 아쉬움이 남는다. 2000만 원 이상 지원사업의 사후 정산은 소규모기업에게 꽤 큰 운전자금 부담을 가져다주기 때문이다.

수출시장을 확대하며 지역 사회와 상생하는 노력

만제영어조합법인에게 국내시장은 유통 구조에서 높은 수수료가 문제였다. 이로 인해 소비자들이 자사의 품질 좋은 제품을 합리적인 가격에 구매하지 못하는 상황이 많았다. 그래서 수출에 눈을 돌렸다.

"2019년부터 국내 대형 유통사 납품 개시와 함께 일본 수출도 시작했습니다. 같은 해 싱가포르는 샘플 수출로 문을 열었고, 2021년까지 실적을 대폭 늘렸습니다. 미국과는 2020년 수출을 본격화해 Kim'C Market에 미역과 톳, 즉석밥 3종 세트, 꽃마 USA에 즉석밥 3종 세트 등을 판매하면서 지속적인 협력 관계를 유지해 왔습니다. 2021년 6월 들어서는 신규 바이어인 KJC America, Inc와 업무협약MOU을 체결하고 수출을 진행 중입니다."

김수정 대표는 1차 수산물부터 가공품까지 품목을 다변화하면서 '제주'의 청정 이미지를 강조하는 '김녕해녀마을' 브랜드로 해외 수출 물량을 늘렸다. 2020년에는 FSSC 22000, EAC^Eurasian Conformity, KMF^Korea Muslim Federation Halal Committee 할랄 인증 등을 획득해 안전한 안심 식품의 품질을 널리 인정받았다.

벤처기업협회 제주지회 제2대 회장으로도 활동 중인 김수정 대표

2021년 7월 '제주특별자치도 수출 유망 중소기업' 지정 이후에는 튀르퀴예와의 MOU 체결, 대만·베트남·중국 등지로의 다각적인 진출 시도 등이 이어지고 있다. 2022년에는 제주테크노파크와 협업한 '찾아가는 수출상담회'를 통해 베트남에서 8,500달러 규모의 계약을 체결했으며, 제주해물탕 등 3개 제품에서 6만 9,000여 달러의 수출 실적을 올렸다. 이 같은 성과로 12월에 개최된 '제59회 무역의 날 기념식' 및 '제12회 제주 수출인의 날 기념식'에서 '1백만 불 수출의 탑'을 수상하게 되었다.

만제영어조합법인은 수출시장에서 각 국가마다 식품 기준이 너무나 달라 큰 어려움을 겪었다. 이를 극복하는 것은 고객들이 원하는 제품을 만들기 위한 노력뿐이었다. 지속적으로 현지시장 소비자 반응도를 확인해 신제품 연구개발을 추진하고 상품화에 힘쓰고 있다. 또한 수출 컨설팅 진행과 전문 교육 이수 등을 통해 현장 업무를 원활히 하는 한편, 온오프라인 수출상담회와 해외 박람회에 적극적으로 참여해 해외시장을 확대하고 있다.

김수정 대표는 이처럼 끊임없는 도전과 연구개발에 열정을 쏟으며, 지역 사회와 소통하고 지역민과 상생하는 일에도 성심을 다한다. 각별히 지역 청년을 위한 비전 제시와 일자리 창출을 돕는 데 열심이다. 제주국제대 외식식품학과와 MOU를 체결하고 현장 실습 및 취업 프로그램 구축에 나서는 등의 사례가 그것이다. 2021년 3월에는 '제주특별자치도 해외시장 개척 및 지역 특화무역 전문 인력 양성 협력업체'로 선정되었다.

지역민과 상생 프로젝트로는 '제주 해녀와 함께 살기', '김녕마을 어르신 도시락 나눔행사' 등을 진행해 왔다. 제주 아동들이 효율적인 교육 환경에서 성장할 수 있도록 후원도 아끼지 않는다. 개인적으로는 금년 1월 사단법인 벤처기업협회 제주지회 제2대 회장으로 선출되어 제주 벤처기업들의 혁신 활동 지원자 역할을 맡고 있다. 그리고 무엇보다 소비자와의 상생을 늘 염두에 두고 더 좋은 제품의 생산·공급에 최선을 다하고 있다.

'살아 있는 유산' 제주 해녀

제주 해녀들에게 안정적 소득을 보장하고
해녀문화 보존에도 관심을 갖겠습니다

만제영어조합법인은 제주도의 1차 산업 생산자인 해녀와 어부들에게 안정적인 수익을 제공하는 데 큰 역할을 하고 있다. 소득 증대보다도 그들의 삶이 덜 고되기를 진심으로 바란다.

"어떻게 보면, 만제영어조합법인이 해녀들한테 일터와 일감을 드리고 있잖아요. 하지만 이익은 두 번째입니다. 그분들이 바다에 들어가서 먹거리를 채취해 왔을 때, 그것을 팔 수 있는 공간이 한 군데라도 존재한다는 건 살아가는 희망을 주는 일종의 끈인 셈이죠."

김수정 대표가 해녀들의 삶에 관심을 기울이는 것은 할머니와 어머님이 해녀였던 집안 내력 때문만은 아니다. 오랜 '업'을 이어서 생사의 경계를 넘나들며 자식들을 먹이고 교육시켜 온 그들의 삶을 존중하는 까닭에서 연유한다.

제주 해녀는 '잠녀' 또는 '잠수'라고 불렸으며, 전 세계적으로 아주 희귀한 직업군으로 주목 받고 있다. 제주도에서는 공기 공급장치 없이 무자맥질해서 해산물을 채취하는 일을 '물질'이라고 한다. 「수산업법 시행령」 제29조는 물질에 해당하는 나잠어업을 '산소 공급장치 없이 잠수한 후 낫, 호미, 칼 등을 사용하여 패류, 해조류, 그 밖의 정착성 수산 동식물을 포획·채취하는 어업'으로 정의 내리고 있다.

제주 해녀는 계속 감소해서 2019년 말 현재 3,820명에 불과하다. 가장 많았던 1966년의 2만 4,268명에 비하면 1/6 이상으로 줄었다. 같은 해 기준 연령별로는 70대가 전체의 58.5%에 달하며, 30세 미만은 0.2%로 미미하다. 제주 해녀가 사라지면 '살아있는 유산'으로서 갖는 소중한 가치를 잃게 된다. 따라서 만제영어조합법인은 제주 해녀를 전 세계에 알리고, 그들이 채취한 수산물을 소비자 눈높이에 맞춘 제품으로 개발·생산해 더욱 사랑받도록 만드는 데 목표를 둔다. 그 영업 활동으로 얻은 수익 중 일부로는 제주 해녀들의 복지와 지역 발전에 이바지하고자 한다.

PART 3

Growth

성장단계별 맞춤지원으로 지역 유망기업이 되다

01_ 강원테크노파크 지원기업   **넥스트바이오(주)**

02_ 경기대진테크노파크 지원기업   **펠리시타로스터리(주)**

03_ 광주테크노파크 지원기업   **(주)씨엔에스컴퍼니**

04_ 부산테크노파크 지원기업   **제엠제코(주)**

05_ 세종테크노파크 지원기업   **(주)에이치이브이**

06_ 충남테크노파크 지원기업   **한양로보틱스(주)**

07_ 충북테크노파크 지원기업   **(주)한얼누리**

01 강원테크노파크 지원기업

넥스트바이오(주)

콜드브루 커피의 새 세상을 연
'슈퍼드롭' 기술

넥스트바이오(주) 본사 및 생산공장 전경

| **강원TP 지원사업명**
- 강원지역 스타기업 육성사업(6000만 원, 21.05~22.12)

| **지원성과(전·후)**
- 매출액: (2020) 62억 원 → (2022) 166억 원 (↑168%)
- 고용: (2020) 44명 → (2022) 54명(↑23%)

유통 채널 다양화·맞춤 마케팅 성공 - 넥스트바이오(주)

우리나라 커피 시장에서 2010년대 중반 콜드브루$^{Cold-Brew}$ 커피 바람이 불기 시작했다. 한국야쿠르트가 2016년 3월 선보인 '콜드브루 by 바빈스키'는 콜드브루라는 이름으로 플라스틱 용기에 담은, 커피 제품으로는 국내 최초의 시도였다.

생생한 그대로의 콜드브루 맛과 향을 단시일 만에 한국야쿠르트 프래시 매니저를 통해서만 만날 수 있다는 '신선도 마케팅'이 소비자의 마음을 사로잡았다. 콜드브루 커피 열풍은 이렇게 시작되었다고 해도 과언이 아니다. 바로 이 '콜드브루 by 바빈스키'가 넥스트바이오(주)(http://nextbio.co.kr)에서 생산한 콜드브루 커피 원액을 활용해 만든 제품이다.

넥스트바이오(주)는 국내 최초로 차가운 물만 100% 이용해 천연 소재로부터 부가적 농축 공정 없이 단 한 번에 고농도의 천연물질을 추출하는 세계 최초의 기술을 개발해 이를 커피에 적용했다. '더치커피'$^{Dutch Coffee}$ 방식과는 차이가 있다.

넥스트바이오(주) 신언무 대표

통상적으로 더치커피는 분쇄한 커피 원두를 찬물 또는 상온의 물로 우려내 장시간에 걸쳐 한 방울씩 떨어뜨려 만드는 '점적식' 추출 커피를 말한다. 이에 비해 콜드브루 커피는 '점출식', 즉 원두를 차가운 물에서 직접 우려내는 방식을 가리킨다. 콜드브루라는 영어 표기 자체가 '콜드'Cold(차갑다)와 '브루'Brew(우려내다)의 합성어다.

고온·고압에서 추출해 불필요한 성분까지 포함되는 일반 커피와 달리, 콜드브루 커피는 순수하며, 맛이 부드럽고 깔끔해서 선호하는 사람이 늘어나는 추세다. 넥스트바이오(주)는 신선한 원두 맛을 그대로 살린 세계 유일의 고농도 커피 저온 추출 기술을 개발해 국내 콜드브루 커피 시장에 많은 기여를 하고 있다.

"시작은 제가 2002년에 설립한 초임계 전문 기술기업 ㈜유맥스였습니다. 모 식품업체와 손잡고, 초임계 추출 이산화탄소^{CO_2} 공법으로 프리미엄급 참기름을 출시했던 회사지요. 임계치를 넘는 압력을 이용해 친환경

용매를 만들어 고농도로 추출하는 기술을 확보하고 있었습니다. 넥스트바이오(주)는 2010년 ㈜유맥스를 매각하기 2년 전인 2008년에 천연물 유래의 건강 기능성 소재를 연구개발하는 회사로 출발했습니다."

신언무 대표는 '그 관련 기술을 커피 원두 추출에 처음 적용하면서 지금의 길로 들어서게 되었다'고 한다. 신 대표는 ㈜유맥스를 창업하기 전, 금융기관에서 20년을 근무한 회사원이었다. 46세에 '연구개발의 열정'만 가지고 시작한 사업은 어느덧 글로벌 커피 시장에 도전하는 단계로 접어들었다. 그는 '국내는 물론이고 전 세계적으로 봐도 우리만큼 고농도로 콜드브루 커피를 생산할 수 있는 전문기업은 없다'며 기술력에 자부심을 드러낸다.

2010년대 중반부터 국내 커피 시장 콜드브루 붐 조성

넥스트바이오(주)는 영동고속도로 새말IC 바로 옆 강원도 횡성군 우천제2농공단지로 65-10에 입주해 있다. 출범 때부터 이곳에 터를 잡고 있었던 것은 아니다. 서울대 화학공정신기술연구소 건물 내의 작은 공간이 첫 출발지였다.

초창기에는 연구개발에 주력하며 신사업을 모색했다. 강원도 횡성과는 탈지 미강분말 및 통밀가루 생산사업을 하려고 공장을 임대하면서부터 인연을 맺었다. 수익 창출의 방편으로 벌인 이 사업은 매출이 부진한데다 납품처였던 모 식품업체가 통밀가루 프로젝트를 중단하는 바람에 실패로 돌아갔다.

신언무 대표에게는 이때가 가장 어려웠던 시기였다. 그래도 연구개발의 끈을 놓지 않아 '크릴오일의 인지질 결합 불포화지방산의 고순도 추출분리 방법'과 '초(아)임계 수^{H_2O}를 이용한 인삼으로부터 기능성 사포닌 변환 생산 방법 및 제품' 등의 특허를 받았다.

"이 신기술들을 활용해서 회사 운영의 돌파구를 찾아야겠다는 생각을 했습니다. 일본에서 열린 식품전시회를 둘러보고 구입한 원두 분쇄기로 커피 분말 판매를 구상한 것은 고육지책이었습니다. 그런데 원두 분쇄기의 디스크 수명이 짧아서 교체 비용이 너무 많이 들어가는 거예요. 아예 직접 개발하자고 마음먹었지요. 그러면서 커피 추출 쪽으로도 아이디어가 떠올랐습니다."

신언무 대표는 기존 연구개발 성과와 연계해 2012년 '고농도 고효율의 저온 추출 슈퍼드롭^{Super-Drop} 공정'을 개발했다. 아울러 커피원두를 초미세입자로 분쇄할 수 있는 마이크로 저온 분쇄기도 개발해 새로운 사업 영역 진출의 틀을 잡았다.

"2013년부터 2017년까지를 콜드브루 커피 생산 설비와 초기 사업 기반 구축기라고 할 수 있습니다. 자체 설계 제작한 추출 설비 1대를 활용해 2013년에 아이스크림 원료로 콜드브루 커피 원액을 베스킨라빈스에 최초 납품했고, 2016년 3월 한국야쿠르트와 '콜드브루 by 바빈스키' 제품을 공동 개발해 출시하면서 국내 커피 시장에 콜드브루 붐을 일으켰습니다."

사업이 본 궤도에 오르면서 대형 프랜차이즈들로도 콜드브루 커피 원액 납품이 확대되었다. 커피 체인점 중에서는 할리스가 같은 해 6월 가장 먼저 넥스트바이오㈜의 콜드브루 커피 원액을 채택했다. 그 뒤를 폴바셋, 테라로사, 투썸플레이스, 엔젤리너스, 파스쿠치, 프릳츠, 빽다방, 이디야 등 많은 유명 카페 체인들이 줄을 이었다. 롯데네슬레, 서울우유, 롯데칠성음료, 매일유업, 비락 등 국내 유수 음료 제조회사에도 콜드브루 커피 원료를 공급하게 되었다.

2017년에는 현 위치 1만 77.2㎡(약 3,000평) 부지에 2,644.6㎡(800평) 규모의 건물을 준공해 본사와 사업장을 옮겼다. 2019년 증축한 신관공장에는 콜드브루 커피 생산설비와 포장 라인을 확충해 커피 로스팅부터 분쇄, 추출, 보틀링, HPP(저온 살균 공정), 검수까지 원스톱 자동화 콜드브루 양산 시스템을 구축했다.

커피 원두 본연의 맛과 향을 그대로 유지하는 기술력

현재 넥스트바이오(주)의 콜드브루 커피 추출액 생산량은 20브릭스Brix(당도 표시 단위) 커피 원액 기준 월 900톤, 최대 1,800톤에 달한다. 주력 제품은 '콜드브루 커피 추출 원액, 콜드브루 SDSpray Dryer 커피 분말, 마이크로 그라인딩 커피 분말 등이고, 디스펜서Dispenser용 액상 판매도 사업 분야에 포함하고 있다.

제품 생산에서는 '고농도 저온 추출 기술'과 '저온 초미세 분쇄 기술'이 주목받고 있다. 이 두 핵심 기술을 토대로 한 기술 역량을 인정받아 2018년에는 '기술혁신형 중소기업Inno-Biz 인증'을 획득했다.

특히 에스프레소 대비 3배 이상 진한 콜드브루 커피 원액을 생산할 수 있는 세계 최초의 '고농도 저온 추출 기술'은 2022년 12월 농림축산식품부로부터 '농림식품 신기술NET 인증'을 획득하기도 했다.

"커피 성분을 18℃ 이하의 저온에서 천연 원재료가 가진 맛과 향, 유효 성분을 살려 고농도·고효율·고속으로 추출하는 공정 기술입니다. 높은 압력을 이용해 살균하는 HPP 설비 시스템으로 미생물을 제어해 콜드브루의 맛과 향을 그대로 유지할 수 있지요."

신언무 대표는 '이 슈퍼드롭 공정은 탄소중립에 기여할 수 있는 기

로스팅 설비

술'이라며, '고온·고압 추출에 비해 에너지를 적게 사용하므로 상대적으로 CO_2 배출량이 줄고, 생산 제품이 고농도 원액이므로 포장재 사용량, 물류 및 창고 보관 비용까지 절감시켜 준다'는 장점도 강조한다.

　이 기술로 생산하는 제품에는 24브릭스의 고농도 콜드브루 커피 원액을 분무 건조해서 만드는 '콜드브루 솔루블 커피'가 있다. 이 인스턴트커피는 세계 최초의 콜드브루 제품이다. 한편, 이 기술을 이용하면 커피 외에 티^{Tea}·허브·홍삼 등의 고농도 콜드브루 추출도 가능하다.

　역시 자체개발한 '저온 초미세 분쇄 기술'은 18℃ 이하에서 디스크 방식의 저온 마이크로 분쇄기가 원료를 평균 입도 25마이크로미터(μm) 이하로 냉각 분쇄해 영양 성분과 향, 맛, 색상 등의 열에 의한 변성을 최소화한다. 타사의 경우는 원물을 −196℃ 이하에서 액체질소로 급속 냉각해 분쇄하는데, 분쇄 분말의 온도를 높이는 과정에서 커피 원두 고유의 향이 손실되는 단점이 있다.

초고압 살균설비

"섬유질 또는 지질이 많은 천연 소재는 마이크로 분쇄가 상당히 어렵습니다. 커피 원두는 10% 이상의 지질이 함유되어 있어 미세하게 분쇄하면 서로 엉겨 붙는 현상이 발생하지요. 통상의 방법으로는 초미세 분말생산이 불가능하지만, 자체개발한 분쇄기로 문제를 해결했습니다. 이 기술로 생산한 제품은 고급 인스턴트커피에 3~5% 첨가해 원두 향과 맛을 더하고, 제과·제빵 등 다양한 식품 소재로 사용됩니다."

넥스트바이오㈜는 신언무 대표의 남다른 연구개발 관심이 뒷받침되면서 이처럼 혁신적인 커피 제품의 제조 기술력을 확보할 수 있었다. 신대표는 연구개발을 기업 성장의 동력으로 보고, 꾸준히 투자를 지속해 왔다. 회사 전체 직원 54명 중 연구소 인력이 6명으로 10%가 넘는다. 그는 여전히 새로운 연구개발 아이디어를 고민하며, 커피 외의 다른 제품으로 영역을 확대한다는 사업계획을 추진 중이다.

2022년 166억 원 매출로 2년 만에 167.7% 상승

신언무 대표가 지향하는 사업 제품 다각화를 위해서는 완수해야 할 연구개발 과제가 있다. 이전에 특허를 등록한 '초(아)임계 수^{H_2O}를 이용한 인삼으로부터 기능성 사포닌 변환 생산 방법 및 제품'의 후속 연구 진행이다. 그것은 '초(아)임계 수^{H_2O}를 활용한 홍삼박으로부터 산성다당체 고효율 획득에 관한 연구개발'로 강원테크노파크로부터 '상용화 R&D 기획 지원'을 받았다.

"후속 연구를 하려면 자금 확보가 필요했습니다. 마침 강원테크노파크에서 지원사업을 적극적으로 홍보하고 안내해 참여 신청을 하게 되었습니다. 신기술과 제품을 포함한 연구개발 지원사업뿐만 아니라, 지적재산권 등록과 마케팅 활성화 등 다양한 비 R&D 프로그램 지원이 있어서 여러 분야에 걸친 실질적 도움을 받을 수 있다고 판단했지요. 2021년 강원스타기업으로 선정되었는데, 우리 회사가 국내외 유명 업체에 납품하는 제품의 우수성과 높은 매출 성장률에서 좋은 평가를 받아 선정된 것 같습니다."

신언무 대표는 넥스트바이오㈜가 강원지역 스타기업 육성사업의 일환으로 지원된 지역특화산업육성 R&D 과제에 참여해 연구개발 중인 '초(아)임계 수 공정 기술'을 활용한 '천연물 유래 면역력 증강 기능성 소재 개발 및 상품화' 기술 로드맵을 구축함으로써 기능성 음료시장 진출 기반 마련을 기대하고 있다. 또한 당시의 연구개발 과제 기획 수행으로 '홍삼 및 홍삼박으로부터 사포닌·산성다당체 등 기능성 유효 성분들의 추출 효율성'을 확보했으며, 이를 활용한 '면역력 강화 기능성 음료개발'에도 탄력이 붙게 되었다.

한편, 성장 전략 컨설팅을 통해서는 기술개발과 사업화 로드맵을 확

20브릭스 콜드브루 커피 개발

립해 신규개발 제품과 개발 방향성을 수립했다. 아울러 콜드브루 커피와 기능성 음료시장을 세분해서 표적시장을 선정하고, 이에 따른 국내외시장 확대 전략도 세웠다. 이 밖에 가정용 콜드브루 커피 원액 디스펜서 시제품 디자인·설계와 자체 브랜드인 '브루젠'^{Brewzen}의 상표 이미지 출원 등의 사업화 지원이 이루어졌다.

넥스트바이오㈜의 매출액은 2020년 62억 원에서 강원테크노파크 지원사업에 참여한 2022년에는 166억 원으로 2년 만에 167.7% 상승했다. 고용 인원수는 2020년 44명에서 2022년 54명으로 10명 확대되었다. 산업재산권의 경우는 특허가 3건에서 4건, 국내외 인증이 8건에서 12건으로 늘었다.

신언무 대표는 '2022년 영업이익은 40억 원에 달한다'며, '이 같은 성장은 강원테크노파크의 지원사업에 힘입은 바 컸다'고 인정한다. 이 시기에 공장 증축과 설비 확충으로 고객 니즈를 충족하고, 네슬레와 비타푸드 등 해외 거래처 관련 매출이 증가한 것도 큰 성과다. 2022년 매출액에서 국내와 해외 수출 비중은 8 : 2 정도다. 신 대표는 앞으로 강원테크노파크와의 협업을 지속하며 수출을 늘려 해외 매출 비중을 더 끌어올릴 계획이다.

자체 커피 브랜드 '브루젠' 출시·판매

넥스트바이오(주)는 다양한 천연 원재료를 활용해서 추출물 제품군을 점차 늘려 가려고 한다. 하지만 아직까지는 콜드브루 커피 원액을 활용한 제품이 매출의 대부분을 차지하고 있다. 주로 액상·분말 스틱용 등에 OEM^Original Equipment Manufacturing(주문자 상표 부착 생산)과 ODM^Original Development Manufacturing(제조업자 개발 생산) 방식의 사업구조인 B2B^Business-to-Business(기업 간 거래) 중심으로 제품 원료를 납품해 왔다.

"제가 커피 사업을 해 오면서 '우리 이름의 제품이 없다'는 것에 아쉬움이 많았습니다. 그래서 우리만의 기술과 경험을 집약해서 자체 브랜드를 출시하기로 마음먹었지요. 테크노파크 지원사업에 참여하면서부터 계속 자체 브랜드 개발 노력을 기울여 최근에 드디어 선을 보이게 되었습니다."

신언무 대표는 넥스트바이오(주)의 직접적인 B2C^Business-to-Consumer(기업·소비자 간 거래) 시장 진출계획을 가지고 자체 커피 브랜드 '브루젠'을 출시했다. 이 브랜드명은 '브루'^Brew와 '제니스'^Zenith(정점·절정)의 합성으로 '콜드브루 커피 추출의 달인(최고수)'이라는 의미를 담고 있다. 국내뿐만 아니라 글로벌 시장에 대한민국 콜드브루 커피의 우수성을 널리 알리겠다는 목표다.

'브루젠'의 액상 제품군은 브루젠 플러스, 브루젠 디카페인, 브루젠 콤부차, 콜드브루 커피 원액 등으로 나뉜다. 주요 특징은 100% 콜드브루 고농도 원액이며, 300㎖ 1병으로 약 25잔의 아메리카노가 가능하다. 금년 9월에는 브루젠 인스턴트커피도 출시했는데, 브루젠 시그니처·바닐라·디카페인·그린밸류 커피 등 4종이다.

"브루젠은 2022년 6월에 우리나라를 대표하는 '브랜드 K' 인증을 획득했고, 앞에서 말한 NET 인증도 받은 세계 최고의 콜드브루 커피입니다. 이 자체 브랜드로 프리미엄 커피 시장을 공략해 나갈 겁니다. 핫브루 커피 대비 추출 수율이 낮은 콜드브루 커피여서 상대적으로 가격이 높아 시장 수요 창출에 다소 어려움이 있기는 합니다만, 최고급 제품 지위를 확보하는 데 역점을 두고 있습니다. 이와 함께 콜드브루 커피에 기능성이 부가된 건강지향성 제품 출시를 통해 독보적인 프리미엄급 제품으로 차별화를 추진할 예정입니다."

신언무 대표는 다시 한 번 연구개발을 강조하면서, '최상의 혁신 기술로 가장 맛있는 최고의 콜드브루 커피를 만든다'는 자신감에 흔들림이 없다. 현재 '브루젠' 제품을 자사 온라인 쇼핑몰(www.brewzen.co.kr)에서 유료 회원제로만 판매하고 있는 이유이기도 하다. 물론 향후 판매 채널을 다양하게 확대해 나갈 예정이다.

전 품목 10~40% 할인 혜택이 주어지는 넥스트바이오(주)의 온라인 쇼핑몰 개인 유료 회원은 '브루젠 환경보호 서포터즈'로 불린다. 연회비 5만 원 중에서 4만 원은 제품을 구입할 수 있고, 1만 원은 자연 환경 보호 기금으로 기부된다. 넥스트바이오(주)도 고객과 매칭해 1만 원을 함께 기부하고 있다.

신규 사업 확장, 그리고 건실한 바이오 기업으로

넥스트바이오(주)는 2023년 12월 중 약 1,452.55m^2(약 440평) 규모의 별관공장을 준공한다. 이 공장의 가동으로 RTD^{Ready To Drink}(캔·병·팩 형태로 구입해 바로 마실 수 있는 음료)와 기능성 음료 생산이 가능해질 전망이다.

창업 때부터 지속해 온 홍삼 연구 과제가 곧 마무리되면 그 개발 기술은 기능성 음료 생산에도 적용할 수 있게 된다. 홍차를 비롯해 다양한 티와 허브 음료도 고농도로 저온에서 추출할 수 있는 분야다.

다이어트와 피부 미용 효과가 알려진 콤부차 제품은 이미 출시했으므로, 넥스트바이오(주)는 현재 기능성 음료시장에 진출했다고 봐도 무방하다. 천연 허브 추출물을 이용한 가글용 액상을 만들어 해외에 수출하고 있기도 하다.

신사업계획의 또 다른 하나로는, 미국의 번^{BUNN} 사와 협력해 2024년 초부터 시중에 크레마 커피 판매를 추진 중이다. 크레마 커피는 한 잔 가득 담으면 약 80%가 거품 형태인데도 맛이 진하고 부드러우며 고소하다. '넥스트바이오(주)의 고농도 콜드브루 커피 원액을 가지고 번 사가 개발한 액상 디스펜서로 만들기 때문에 더욱 일품일 것'이라며 기대감을 높인다.

신언무 대표는 항상 고객 요구 이상의 제품을 공급하고자 한다. 기업을 운영하면서 고객의 신뢰와 최고의 품질을 가장 중요하게 생각해 왔다. 신 대표는 '차별성과 진정성을 가진 제품이 고객에게 인정받으면 그 수요는 기하급수적으로 증가할 수 있다'고 확신한다.

"우리 회사는 품질 관리 면에서도 여러 단계를 거치며 완벽을 기하고 있습니다. 최종적인 품질 검사만 하는 게 아니라, 각 공정마다 하고 있어서 제품 이상이 발견되면 다음 단계로 넘어가지 못하지요. 이러한 품질 관리에는 설비 투자를 아끼지 않습니다. 직원들도 전문적이고 철저한 품질 의식을 가지고 임하고 있습니다."

신언무 대표의 좌우명은 '인간으로서 해야 할 일을 다 하고 나서 하

'브루젠' 콜드브루 인스턴트 커피 제품   '브루젠' 커피 원액 제품

늘의 뜻을 기다린다'는 한자성어인 '진인사대천명'盡人事待天命이다. 20년 넘게 사업을 해 왔어도 경영은 절대 쉬워지지 않았다. 바로 이렇게 기본에 철저하면서 차별성과 진정성을 갖는 자세를 유지하는 것이 어려운 탓이다.

신언무 대표는 신규 공장이 완공되고 신사업들이 순조롭게 진행되면 매출 규모가 2025년경에 500억 원 선을 넘어설 것을 전망하고 있다. 바야흐로 콜드브루 커피 시장을 선도하는 글로벌 기업으로 도약할 때가 왔다. 그래도 '과욕은 부리지 않겠다'는 다짐이 먼저다. 건실함을 우선으로 해서 '고객과 구성원이 만족하고 행복한 기업, 국가사회 발전에 공헌하는 경영'이면 충분하다고 생각한다.

신언무 대표는 큰 회사를 그리기보다, '현재 보유한 기술을 기반으로 강원 지역 내 특산물이나 천연 소재를 활용한 기능성 소재를 개발하는 바이오 기업의 길을 걷겠다'는 꿈이 있다. 목표는 계속해서 연구개발을 해서 신기술로 사업을 확장하고 이윤을 사회에 환원하는 선순환의 실현이다. 그리고 궁극의 비전은 '건강'이라는 가치를 통해 세상에 도움을 주는 넥스트바이오(주)로 지속 성장하는 것이다.

매출 확대 전략과 수출 로드맵

수출기업으로도 글로벌 시장에서
괄목할 만한 성장을 보여 드리겠습니다

넥스트바이오(주)는 강원테크노파크의 지원으로 2021년 매출 확대 전략과 수출 로드맵을 수립했다. 자체 브랜드 '브루젠'을 개발한 것도 그 일환이며, 적극적인 해외 마케팅을 통해 현지 제조·유통업체를 발굴해서 판로를 다각화함으로써 매출과 수출을 크게 늘렸다. 특히 매출 대비 수출액 비중 20%의 수출 유망기업으로 도약하게 되었다.

"강원테크노파크 지원사업 참여 성과로 내수 중심에서 미국과 베트남 등 해외 진출 기회를 만들었습니다. 글로벌 시장에 진출하면서 어려웠던 점은 해외 영업을 담당할 우수한 인적 자원 확보와 국제 전시회 참여에 필요한 마케팅 비용 조달 등이었습니다. 이 문제들을 해결해 나가며 실적을 올려 2022년 12월에 '강원도 수출 대상' 우수상 표창, '1백만 불 수출의 탑'을 수상했고, 금년 10월에는 중소기업 기술 혁신 공로로 국무총리상을 수상하는 영예도 얻게 되었습니다."

신언무 대표는 '콜드브루 SD 분말을 네슬레를 비롯한 해외 유명 커피 제조회사에 직접 수출하고 있을 뿐만 아니라, 프랑스의 유명 향료 회사 마네[MANE] 커피사업부에 콜드브루 커피 원액을 직접 수출하고 있다는 것'을 중요한 수출 성과로 꼽는다. 넥스트바이오(주)의 콜드브루 커피 제품 품질을 세계적으로 인정받았다는 점에서 실로 자랑스러운 실적이라고 할 수 있다.

넥스트바이오(주)가 수출을 본격화한 때는 2021년부터다. 현재까지는 현지 B2B 마케팅 위주이며, 미국·프랑스·동남아시아 등의 지역으로 신규 수출이 증가하는 추세다. 또 한편으로는 스위스의 세계적인 인스턴트커피 제조회사인 네슬레의 네트워크를 기반으로 일본·중동 등의 시장을 확대하고 있다.

주력 제품인 콜드브루 커피 분말은 세계 최초로 양산 중이며 품질 가치를 제대로 인정받고 있어 해외시장 내 독자적인 입지 확보가 가능할 것으로 본다. 그렇지만 제조 공정상 핫브루 커피 분말 대비 원재료비가 3배 이상 소요되어 고가인 점이 해외시장 개척에서 넘어야 할 산으로 남아 있다.

독보적인 콜드브루 기술이 입소문으로 전해지면서 넥스트바이오(주)를 관심권에 두는 해외기업이 늘고 있는 점은 긍정적이다. 신언무 대표는 '앞으로 수출 비중을 공격적으로 늘려 프리미엄 콜드브루 시장을 선점해 나가겠다'면서, '커피의 오롯한 맛과 향을 즐길 수 있는 K-콜드브루로 세계인의 커피 입맛을 바꿔 놓겠다'는 포부를 내비친다.

스마트팩토리 고도화로
커피 품질 · 생산량 · 매출 '점프'

펠리시타로스터리의 스마트 공장 전경

스마트 커피 로스터리 기업–펠리시타로스터리(주)

"커피를 어떻게 우려야 가장 맛이 있는가?"

인류 역사에서 세상을 바꾼 장면의 하나로 꼭 거론되는 게 프랑스 혁명이다. 정치를 비롯해 사회, 문화, 예술이 거칠게 충돌하며 새로운 세상을 꿈꾸던 격동기였다. 그 시기에 파리의 부르주아 지식인들 사이에서 가장 첨예한 논쟁거리는 뜻밖에도 '커피를 어떻게 우려야 가장 맛이 있는가?'라고 전해진다.

"악마같이 검으나 천사같이 순수하고, 지옥같이 뜨거우나 키스처럼 달콤하다."

프랑스 외교관이자 작가인 탈레랑[Talleyrand]이 말한 커피 예찬이다. 16~17세기에 커피가 유럽에 들어왔을 때 교회는 정신을 해치는 악마의 열매로 규정하며 터부시했다. 그럼에도 커피가 천사같이 순수하고 키스처럼 달콤하니 검고 뜨거워도 여간해선 안 마시고는 못 배길 터였다. 교회의 반대에도 아랑곳 없이 파리의 외교관들이 모여 사는 지금의 아파트 같은 라

펠리시타로스터리㈜ 김상헌 대표

파르망에서는 연일 커피 사교가 벌어졌다. 당대의 내로라하는 정치인과 문인, 화가, 음악가 등 예술가들이 모여 연일 커피를 우려 마셨다. 커피를 반대하던 교회의 수장 교황까지 커피를 예찬하기에 이르렀다. 그렇게 커피는 유럽 문화의 중심을 차지하게 되었다.

김상헌 대표, 커피 역사와 문화사에 해박

"에티오피아 사람들은 십만 년 전에도 커피를 먹었답니다. 에티오피아의 고산지대에서 발견된 십만 년 전 사람의 배설물에서 커피원두가 발견된 겁니다. 지금까지 발견된 커피에 대한 가장 오래된 문서는 10세기 아라비아의 내과의사인 라제스[Razes]의 기록입니다. 라제스는 커피가 소화와 이뇨에 효과가 있다는 임상 결과를 남겼어요. 재미난 커피의 전설도 있습니다. 이슬람교의 창시자 마호메트가 병에 걸려 알라신에게 기도하는데 천사 가브리엘이 검은색의 음료, 커피를 주었다는 거예요. 마호메트는 커피를 마시고 40명의 남자를 말안장에서 떨어뜨리고 40명의 연인과 사랑을 나누는 힘이 생겼다고 합니다. 믿기 힘든 전설이지만, 당시에 커피의 어떤 약리작용, 인체에 유용한 효과가 있다 믿은 방증이지요. 아무튼 커피는 아프리카에서 아라비아를 거쳐 유럽으로 갔고, 이후 세계에 퍼져나갔다는 것에 이견은 없습니다."

스마트 커피 로스터리 기업 펠리시타로스터리의 김상헌 대표는 커피의 역사를 이렇게 짚었다. 커피를 좋아하고 로스터리 기업을 운영하는 CEO답게 커피의 역사와 문화사에 해박하다. 김 대표가 전하는 커피를 즐기는 방법의 변천사도 흥미롭다. 에티오피아에서는 수백 년간 커피 열매를 볶지 않고 씹어 먹었다. 중세 유럽 탐험가의 기록에 의하면, 우간다 사람들은 건조된 커피원두를 씹어 먹었다. 장거리 여행자들은 커피원두를 곱게 갈아 지방과 섞어 둥글게 환을 만들어 식사 대용으로도 이용했다.

아라비아 예멘에서는 야생에 의존하던 커피를 최초로 재배하기 시작했다. 이슬람교 수도승들의 고행에 활기를 주는 약으로 사랑받던 커피는 포교의 수단으로도 사용되었다. 이슬람 전파에 따라 커피도 북아프리카, 지중해 동부, 인도까지 퍼져 나갔다. 이 과정에서 커피 종자의 외부 유출을 막는 방법으로 커피를 굽거나 쪄서 유통했고, 14세기 오스만제국에 의해 현재의 원두를 볶아 추출해 마시는 방법으로 발전했다.

펠리시타로스터리는 커피원두를 볶아 유명 프랜차이즈 카페와 스페셜티 카페에 공급하며 가파르게 성장하는 회사다. 커피 로스터리 업계에서 스마트 시대를 열었다는 평가를 받는다. 스마트 팩토리와 생산관리프

스마트 공장의 테스트 로스터기

로그램인 제조실행시스템^{MES. Manufacturing Execution System}을 갖춰 단숨에 업계 상위권으로 치고 올라왔다. 프리미엄 커피의 풍미와 향, 품질은 표준화해 유지하고, 납품처의 수요에 넘칠 만큼 생산량이 늘었으며, 포장 및 배송에 이르기까지 빠르고 깔끔하게 처리하는 게 경쟁력이다. 2016년 4월에 창업 해 터줏대감들이 즐비한 로스터리 업계에서 7년여 만에 입지를 다진 펠리 시타로스터리의 성공 비결과 김 대표의 창업 계기가 무엇인지 궁금했다.

"미술평론가인 유홍준 교수께서 우리 문화유산이 아는 만큼 보인다 고 했죠. 커피도 아는 만큼 맛있어요. 커피는 단순한 맛이 아니라 문화인 류학적인 멋이 있어요. 그래서 커피를 좋아했고, 외국에서 음식이 주메뉴 인 요식업을 운영하면서도 커피에 신경을 많이 썼어요. 사정이 생겨 귀국 해서 커피가 중심인 사업을 구상했습니다. 서비스와 제조를 놓고 고민하던 차에 오래 커피 관련 일을 해온 친구가 권유하더군요. 한창 성장 중인 프랜차이즈 커피카페 브랜드에 원두를 공급한다면 안정적으로 커피사업에 진출할 수 있을 것이라고요. 여러 업체와 접촉하던 중 B사에서 새로운 로스터리 공급 파트너를 찾는다는 거예요. 당시 B사는 한 회사와만 공급계약을 맺고 있었는데, 만약의 사태가 발생해도 필요한 물량을 공급해 줄 또 하나의 대체 공급처가 필요했던 겁니다. 본사가 커피 공급을 중단하는 사태가 발행하면 큰일이잖아요. 처음에는 지속적이고 안정적으로 품질을 유지하며 커피 원두를 공급한다는 것에 많이 고민했습니다. B사가 내건 조건도 꽤 까다로웠고요."

프랜차이즈 카페에 로스터리 납품 계기로 창업

납품 제안을 앞두고 고민하던 김 대표는 동네에서 함께 자란 초등학교 후배를 만나 상의했다. 지금 펠리시타로스터리의 스마트 팩토리와 회사 운영 시스템을 기획한 장환조 이사다. 학연과 지연으로 맺어지고 커피를 좋아하는 공통점에 의기투합한 두 사람은 각자 업무를 나눠 시장조사에 나섰다. 김 대표는 망원경으로 숲을 살피고, 장 이사는 돋보기로 나무를 보는 식이었다. 김 대표는 국내 커피 산업 현황과 전망, 커피 프랜차이즈 시장과 B사 브랜드의 경쟁력, 로스터리 공장 운영의 수익성과 안정성 등을 조사했다. 장 이사는 30여 년간 IT 현장에서 터득한 전문 지식과 네트워크를 살려 로스터리 공장 운영에 필요한 장비 등을 알아보고, 어떻게 IT와 시스템을 접목해야 경쟁력을 높일지 파악했다. 두 사람의 결론은 '해보자'로 모아졌다.

새로운 로스터리 공급 파트너를 찾는 B사의 입찰공고에 특별한 참여 제한은 없었다. 원하는 조건은 하나였는데, 시장 상황에 비추어 갖추기 쉽지 않았다. 기존 공급업체와 같은 수준의 설비와 장비, 그리고 품질 유지가 요구사항이었다. 로스팅 기계와 장비 구매, 공장 임대 등에 상당한 준비가 필요했다. 본사에서 받은 주문에 따라 포장하고 가맹점에 운송하는 것도 만만치 않은 작업이었다.

초기 투자비용과 운영이 부담스러웠지만, 사업성은 충분하다고 판단했다. 김 대표와 장 이사는 머리를 맞대고 제안을 준비했다. 공장 운영에 필요한 첨단 장비와 설비, 그리고 생산관리프로그램 계획에 중점을 뒀다. 우리보다 앞선 외국의 신규 장비 모델과 스펙, 프랜차이즈 커피에 무엇보다 중요한 균일한 품질 유지 방안, 여기에 IT를 어떻게 접목해 관리할지를 제안에 담았다.

"중국에서는 꽌시關系가 법 위에 군림한다고 한다잖아요. 우리에겐 끼리끼리 문화가 있고요. 구태의연하게 낡은 경험이 없다고 외면하지는 않을까 하는 걱정도 있었습니다. 결과는, 다 기우였습니다. B사의 담당자분들은 진정으로 좋은 파트너를 찾고 있었습니다. 다른 어떤 요소도 개입 없이 오직 좋은 커피를 균일한 품질로 비가 오나 눈이 오나 원하는 날짜에 주문한 물량을 가맹점에 배달할 수 있는 업체를 선정해 주셨어요. 당연히 모든 걸 B사의 요구와 목적에 집중한 우리가 선정되었습니다.

펠리시타로스터리는 파주에 공장을 가동하고 B사의 믿음직한 파트너로서 업계에 입성했다. 회사는 창업 초기 어수선한 분위기에서 점차 안정을 찾았다. 공장에 작은 화재가 발생하는 등 소소한 문제가 있었지만, 무리 없이 돌아갔다. 장 이사가 주도해 접목한 IT 시스템도 빛을 발했다.

'로스팅 원두 및 그 제조방법' 특허증

업계에서는 프리미엄 원두를 생산 공급하는 로스터리 업체로 인정을 받았다. 식품 가공업체로 HACCP인증도 받았다. B사 브랜드 가맹점이 늘어 공급물량이 증가하면서 공장규모 확대가 현안이었다.

　김 대표와 장 이사는 5년간의 성공적인 공장 운영 경험을 바탕으로 신축 공장을 구상했다. 스마트공장 고도화와 관련한 수많은 사례를 찾아 벤치마킹에 주력했다. 부지런히 발품을 팔아 더 경험이 풍부한 전문가와 관련 업계 고수들의 조언을 경청했다. 그렇게 얻은 결론은 경기대진테크노파크의 경기북부스마트제조혁신센터의 '2021년 스마트공장 보급확산사업' 참여였다. 김 대표는 테크노파크의 사업에 참여한 배경을 이렇게 설명했다.

프리미엄 원두 생산량 증대 및 자동화로 경쟁력 확보

"시장의 흐름에 따라 생산 증대 및 자동화로 경쟁력 확보가 필요했습니다. 당시 우리의 원두 생산량은 커피 제조 업계에서는 대기업을 제외하고 5~8위 사이로 봤습니다. 커피의 대중적인 보급과 생산성 향상을 위해 여러 정부 사업 및 연구를 진행했고요. 정부의 자금지원과 기술 검증도 받고 싶어 사업에 참여하게 되었습니다."

테크노파크의 스마트공장 보급확산사업은 통상 기초단계부터 시작하는데, 펠리시타로스터리는 기초단계를 건너뛰고 중간단계에 지원했다. 테크노파크의 지원액은 2억 원으로 수요기업도 같은 금액으로 참여하는 사업이다. 사업내용은 '스마트공장 중간1(고도화1) 수준 구축 및 도입'이었고, 기간은 2021년 12월부터 2023년 6월까지 18개월이었다. 장 이사가 중간단계에 지원한 배경과 사정을 밝혔다.

"TP의 스마트공장 보급사업의 기초단계는 소프트웨어가 중심입니다. 우리 공장은 이미 기초단계 수준의 소프트웨어는 갖추고 있어 기초단계 참여는 의미가 없었어요. 그래서 고도화1, 중간1 단계에 지원한 건데 경쟁이 치열해서 그런지 특혜 의심의 눈초리가 매섭더라고요. 실제 평가심사 자리에서 관련 질문을 받아 상세하게 설명했습니다. 듣기로는 경기도에서 기초를 건너뛰고 중간단계에 선정된 건 우리가 처음이더군요."

펠리시타로스터리는 2021년 12월부터 스마트공장 보급확산사업에 참여했다. 고객사의 수요 증가와 영업 전략에 따라 꼭 필요한 스마트공장이었다. 생산 물량 증대와 함께 포장과 배송 시스템의 고도화가 숙제였다. 인력 수급도 문제였다. 임직원 모두 힘을 모아 경기북부스마트제조혁신센터(경기대진테크노파크)의 도움으로 계획대로 사업이 착착 진행되었다.

사업이 50% 넘게 진척된 2022년 10월, 호사다마好事多魔라고 할 사고가 터졌다. 10월 9일 일요일 새벽, 생산공장에 불이 났다. 공장에서 멀리 사는 김 대표의 전화를 받고 공장 인근 집에서 잠에 빠졌던 장 이사는 득달같이 공장으로 차를 몰았다. 처음으로 세수도 하지 않은 채 출근이었고, 과속 단속 카메라에 찍힐 정도로 정신이 없었다. 화재 현장은 처참했다. 밖에서 보기완 달리 내부의 모든 장비가 잿더미로 변했다. 곧 달려온 김 대표와 장 이사가 이구동성으로 내뱉은 첫마디는 "납품은 어떻게 하지?"였다.

스마트공장 보급확산사업 중 화재로 위기 맞아

"그날 밤하늘처럼 정말 앞이 캄캄했습니다. 납품처에 우리 커피가 안 가면 장사를 못하실 거 아닙니까. 늘 가맹점을 찾던 단골고객들은 월요일부터 커피 없이 하루를 시작하는 거고요. 가맹점주님들의 생계에 누가 되고, 고객님들의 소소한 행복을 우리가 망친 거잖아요. 테크노파크 수행사업도 차질이 우려됐어요. 지금까지 사업을 함께 진행하느라 고생한 테크노파크의 관계자에게 미안해서 어쩌지 싶더라고요. 분노와 슬픔, 회한과 미안함이 교차했습니다."

김 대표와 장 이사는 그날의 화재를 '호사다마'이자 '전화위복'轉禍爲福이라고 표현했다. 창업부터 테크노파크 선정 사업 진척까지 호사라면, 화재와 지난한 복구과정은 다마와 전화이고, 이후는 결과적으로 위복이 되었다는 의미다. 화재로 암담한 상황이었지만, 하나하나 난제를 해결해 나갔다. 납품 문제는 B사와 기존에 납품하던 공장의 배려로 해결했다. 기존 공장에서 두 달여를 거의 매일 가동하는 수고를 감내해 물량을 공급해 주었다. 테크노파크도 사업 일정과 일부 내용을 상황에 맞게 조정하며 지원

전자동 원두커피 로스팅

을 아끼지 않았다. 당연하게 전 직원이 최선을 다해 화재복구에 나섰다.

"지금 생각해도 고맙고 또 고맙습니다. 스마트 팩토리 솔루션 구축 사인 에스엠해썹 장성묵 대표님, 로스팅 전반을 담당한 뷸러사의 이정태 대표님, 포장 자동화를 구축해주신 효원기계 이윤우 대표님, 원두 이송 등을 구축해주신 대륙기계 손창구 대표님, RTO를 구축해주신 NBP코리아 최혁순 대표님과 각 기업 직원분들, 코디네이터를 맡아주신 이명복 교수님, 사업 완성을 도와주신 테크노파크 박가을 대리님과 담당자분들, 그리고 우리 직원들 정말 고맙습니다. 이 고마운 마음을 좋은 결과로 보답할 수 있어 감사하고 또 감사합니다."

공장이 다 불타는 화를 입었지만, 복구과정은 하늘이 도운 것처럼 운이 좋았다. 보통 주문 후 6개월이 걸리는 새로운 장비가 복구 시점에 맞쳐 도착했다. 복구도 근처에서 관련 일을 하던 인력이 투입되어 바로 작업에 들어갈 수 있었다. 화재를 계기로 새로운 장비는 화재 예방은 물론 진화에 편리하게 배치하는 노하우도 갖게 되었다. 우여곡절 끝에 펠리시타로스터리는 60평 3동에서 950평 부지에 신규 공장을 세웠고, 올해 6월 테크노파크와의 스마트공장 중간1 수준의 구축 및 도입 사업을 완료해 제2의 도약기에 들어섰다.

스마트공장 솔루션 및 자동화 설비로 전화위복

사업의 주요 성과를 꼽자면 열 손가락이 모자랄 정도다. 공장 평가에 좋은 항목은 수치가 올랐고 안 좋은 항목은 줄었다. 무엇보다 사업 완료 후 스마트화 수준이 2단계 뛰었다. 스마트화로 대량생산 및 다품종소량생산의 여력을 확보했다. 시간당 생산량도 1.6톤으로 40% 가깝게 늘었다. 업계 최상위 수준이다. 생산량 증대로 새로운 시장개척을 위한 환경을 마련했다. 완제품 불량률은 구축 전 2.8%에서 2.5%로 줄었다. 작업 공수도 감소했다. 제품의 품질 향상 및 안정성이 확연하게 높아졌다. 생산 환경 개선으로 직원들의 근무 환경도 좋아졌다. 체계적인 업무 프로세스 도입으로 직원 간 상호 소통이 원활해졌다. 이로써 생산라인에 매달리던 직원들이 상품 기획 등 신규사업에 참여하게 된 것도 소득이다.

스마트 팩토리 솔루션 및 자동화 설비 도입으로 주문, 생산, 품질, 배송, 포장시스템을 혁신적으로 개선하였다. OEM사의 ERP와 주문 정보를 연계하여 생산 계획 수립과 생산 실적 기록을 자동화하고, 스마트 HACCP 솔루션을 통해 식품 안전 정보를 디지털화하여 식품 공정 위생을 더욱 안전하고 효과적으로 관리하게 됐다. 로봇을 활용한 포장 및 적재 시스템, 자

생두관리시설 MES 키오스크 운영

동 택배 송장 및 바코드 식별 시스템을 통합하여 포장 공정 자동화 라인을 구축하고 MES와의 연계를 통해 실시간 제조 및 생산공정 데이터 수집, 모니터링이 가능하다. 인사와 급여 등의 업무는 MES와 기업전사적자원관리시스템ERP, 생산시점관리시스템POP을 통합시스템으로 구축해 수주부터 출하까지 체계적으로 관리, 운영하고 있다.

스마트공장 구축으로 대용량 고기능 장비와 설비를 도입하고 MES를 고도화한 경영 성적표는 매출로 나타났다. 테크노파크 사업에 참여한 2021년 80억 원이던 매출은 2022년 135억 원으로 늘었다. 올해는 6월 말 기준 86억 원으로 뛰며 상승세를 이어가고 있다. 회사 성장의 '일등공신'이 누구냐는 물음에 김 대표는 망설임 없이 장 이사를 꼽았다.

"회사의 오늘이 있기까지 모든 직원이 최대한의 역량을 발휘했다고

펠리시타로스터리㈜ 장환조 이사

생각해요. 모두가 공신이지요. 그래서 우리 장 이사만 콕 집어 일등공신이라 말하긴 곤란한데, 이건 분명해요. 우리 회사에서 가장 고생한 사람은 장환조 이사입니다. 장 이사가 B사와의 납품 계약부터 공장 신축까지 곁에서 든든하게 도와줘 지금의 펠리시타로스터리가 있습니다. 창업과 지난한 화재복구 과정, 공장건립과 시스템 구축, 향후 발전전략 수립까지 장 이사의 노고와 공이 크고 넓습니다."

펠리시타로스터리는 향후 더 넓은 시장개척에 나설 계획이다. 단기로는 2025년까지 모든 프로세스의 시스템화와 물류 자동화를 추진한다. 가용 인력은 품질과 신제품 개발에 집중한다. 신사업의 추진을 위해 분야별 전문업체 및 관계기관과 협력을 강화하고 있다. 이를 통해 불필요하거나 비효율적인 지출 없이 실속을 차려가며 진행할 예정이다. 나아가 경기대진테크노파크와 협업으로 품질 및 생산량 증대를 위한 추가 설비 도입과 포장 자동화 라인의 효율적인 운영 관리를 추진할 계획이다. 세부적으로는 공정제어 기능을 구축하여 각 연결 공정 간의 능력 불균형을 개선하고, 자동화 라인 최적화를 위해 중간2 수준을 추진해 스마트 자동화를 한 단계 더 도약시킬 참이다.

협동조합 개념의 새로운 커피산업 생태계 구상

기본적으로 원두 생산량 증대와 자동화로 안정적이고 경쟁력 있는 OEM 공급 유지에 공을 들이고 있다. 그동안 회사의 근간이 된 납품업체와의 신뢰를 높이고 협력관계를 더욱 공고하게 다질 작정이다. 새로운 고급 인력 충원과 협력업체들과 상호보완 협력으로 R&D를 강화하여 온오프라인 판매망 다양화를 꾀한다. 공동체 개념을 바탕으로 생산자, 카페사업주, 소비자가 상호 만족하는 협동조합 개념의 생태계도 구상하고 있다. 물론 신규사업도 자동화, 공정납품, 공동마케팅, 친환경을 근간으로 준비 중이다. 펠리시타로스터리의 향후 발전 방향을 듣다 김 대표가 생각하는 우리나라 커피산업의 미래가 궁금했다.

"거리에 나가보세요. 한 집 건너 한 집꼴로 커피매장이 있습니다. 우리나라 사람들의 커피 사랑은 세계 최고 수준입니다. 영원할 거라 말할 순 없지만, 쉬 식지 않을 겁니다. 단순한 기호음료가 아니라 이미 생활문화이니까요. 기호는 트렌드에 따라 바뀌지만, 문화는 여간해서 사라지지 않습니다. 커피 기호는 다양해질 수 있겠지요. 국내 커피 산업의 미래는 창창합니다."

우리나라 성인 1명당 커피 소비량은 367잔이다. 전 국민이 하루 한

스마트공장의 원두품질 테스트

잔 이상 마신다는 계산이다. 프랑스에 이은 세계 2위로 세계 평균 161잔의 2배가 넘는다. 커피 수입량도 세계 3위로 그야말로 '커피 공화국'이라 해도 과언이 아니다. 국내에 들어오는 커피는 생두와 커피를 볶은 원두가 91%를 차지한다. 관세청에 따르면 올해 들어 7월까지 생두와 원두를 합친 커피 수입량은 10만 5,131톤이다. 금액으로 치면 6억 4590만 달러로 지난해 같은 기간과 비교하면 9.5% 감소했다. 업계 전문가들은 상반기 수입 감소가 기후위기로 인한 생산량 감소와 지난해 역대 최고를 기록했던 기저효과지 추세는 아니라고 진단한다.

　　현대경제연구원은 커피 전문점을 중심으로 국내 커피 시장이 2018

년 6조 8000억 원에서 올해 8조 6000억 원으로 늘어날 것으로 전망한다. 수요가 늘고 시장이 커지니 커피 브랜드와 매장 수도 폭발적으로 늘었다. 공정거래위원회가 집계한 지난해 말 기준 커피 프랜차이즈 브랜드 수는 852개다. 가맹점 수도 해마다 늘어 올해는 2만 5,000개를 넘어선 것으로 추산한다. 시장은 커지고 창업비용은 낮아 개인 커피숍 창업도 늘어나고 있다. 사람들은 커피로 하루를 시작하고, 만나는 장소는 십중팔구 카페다.

예비 카페 창업자에게 한마디

커피를 얼마나 사랑하는지,
그래서 행복한지 따져보세요

카페창업은 적은 자본으로 시작할 수 있어 쉽게 창업에 뛰어든다. 분명 다른 장사에 비해 단기간 투자비용 환수에 유리하다. 하지만, 좀 더 알아보면 현실은 녹록지 않다는 것을 금방 눈치채게 된다. 주변을 살펴보라. 예비 카페창업자 수만큼이나 가게를 열었다가 문을 닫은 이들도 많다. 그만큼 경쟁이 치열하다. 누구나 창업할 만큼 만만하지만 아무나 성공할 수 있는 녹록한 시장은 아니다. 펠리시타로스터리 김상헌 대표에게 커피창업에 대한 조언을 구했다.

"커피 시장은 분명 밝습니다. 다만 우후죽순으로 늘어나는 카페를 보면 걱정이 앞섭니다. 대부분 2030세대인데, 들어오는 돈만 계산하고 나가는 돈은 제대로 안 따져보고 덤비는 건 아닌지. 나가는 돈의 고정비와 변동비는 구분하고 절감 방법은 아는지. 프랜차이즈냐 스페셜티 카페냐는 창업자의 경험과 컨디션에 따라 선택해야죠. 카페 창업에 대한 '창업 ABC'는 인터넷에 많이 있고, 제 생각도 크게 다르지 않습니다."

김 대표는 자신의 조언도 뻔한 내용이라고 말꼬리를 감았다. 그에게 만약 조카가 카페를 한다고 하면 어떻게 하겠느냐고 다시 물었다.

"돈은 조금 못 벌고 몸이 고단해도 갓 내린 커피 한 잔으로 행복하다면 하라고 할 거예요. 한데, 커피 창업에 꼭 카페만 있는 거 아닙니다. 서부개척 시대에 골드러시를 맞아 수많은 미국인이 금을 캐러 달려들었어요. 청바지를 입고, 어깨에 삽을 걸치고. 누가 돈을 벌었는지 세상 사람들이 다 알지 않나요."

03 광주테크노파크 지원기업

(주)씨엔에스컴퍼니

세계 최초 일회용 보안경에서
세계인의 필수품 AI 고글로

㈜씨엔에스컴퍼니 본사 사옥

- 2020: 스마트특성화 기반구축사업 외 2건
  (합계 4800만 원)
- 2021: 지역산업맞춤형 일자리창출지원사
  업 외 5건(합계 6100만 원)
- 2022: 제품 고도화 및 마케팅 지원 외 5건
  (합계 7600만 원)

- 매출액: (2020) 2.5억 원 → (2022) 10억 원
  (↑297%)
- 고용: (2020) 1명 → (2022) 11명(↑1,000%)

입주기업 유치·성장 지원의 대표적 사례- (주)씨엔에스컴퍼니

2020년 6월에 '일회용 보안경' 제품 아이디어 하나만 가지고 창업했다. 3년여 만인 2023년 8월에는 전라남도 함평군 월야면 외치리의 $6,940m^2$ 부지 위에 지상 2층 사옥과 $992m^2$ 규모의 생산시설을 마련해 입주하게 되었다.

매출액은 창업 첫해 2억 5000여 만 원에서 올해는 15억~20억여 원의 실적을 내다보고 있다. 직원수는 1명에서 12명으로 늘었다.

권만성·박세은 공동대표가 창업한 ㈜씨엔에스컴퍼니(http://www.cnscompany.co.kr)의 성장세다. '코로나19 팬데믹'Pandemic 시기에 출시했던 세계 최초 일회용 보안경 '베스글'Besggle의 성공을 기반으로, 현재는 의료·방역·건설·국방산업시장들을 아우르며 스마트 고글Goggles과 방독면 렌즈 개발 등 다양한 안광학 제품을 생산한다.

㈜씨엔에스컴퍼니의 공동대표 구성도 신선하다. 권만성 대표는 사십

㈜씨엔에스컴퍼니 권만성(좌)·박세은(우) 공동 대표

대 후반, 박세은 대표는 이십 대 초반이다. "우리 회사는 해외에서 20여 년 동안 안광학 관련 사업을 해 온 권만성 대표의 전문 역량과 대학 재학생이던 저의 실무 역할이 더해져서 첫걸음을 내디뎠다"는 박 대표의 말에서 '베스글' 제품 탄생과 함께한 ㈜씨엔에스컴퍼니 출범의 실마리가 풀린다.

"베스글은 코로나19 방역 의료 현장에서 보안경을 쓰고 있는 의료진을 TV로 무심코 보다가 떠오른 아이디어를 구체화한 제품입니다. '마스크처럼 보안경도 일회용이라면 소독할 필요 없이 그때그때 간편한 사용이 가능하지 않을까' 하는 생각이 출발점이었지요."

무게 8g의 세계 최초 일회용 보안경 '베스글'

'코로나19' 바이러스 확산이 공동 창업의 계기를 만들었다고 볼 수 있다. 사실 2003년 사스[SARS](중증급성호흡기증후군), 2009년 신종 플루, 2015년 메르스[MERS](중동호흡기증후군), 2019년 말 '코로나19' 발생은 변이 바이러스가 주기적으로 발생한다는 것을 말해 준다.

"이 바이러스들은 사람의 눈을 통해 감염될 위험이 있기 때문에 의료용 보안경으로 대응해야 합니다. 저희가 광학 특허 기술로 일회용 보안경을 상품화해서 사업을 시작한 이유라고 말씀드릴 수 있습니다."

박세은 대표는 '코로나19 방역 상황에서 꼭 필요한 제품이라는 확신이 들었다'고 한다. 곧장 두 공동대표는 업무 공간도 없이 제품개발에 착수했다. 권만성 대표의 국내 지인이 운영하는 안경점에서 창업 전까지 수작업으로 제품을 구현해 봤다. 그 기간이 3개월 정도 걸렸다.

일회용에 중점을 두니 친환경적이고 인체에 무해한 소재를 찾는 것이 쉽지 않았다. 여성용 화장품 소재를 가지고 거듭 실험을 하며, 관련 제품 생산 전문가들의 조언도 받았다.

이 같은 과정을 거쳐 개발된 제품이 마스크처럼 휴대하기 간편하고 무게가 8g에 불과한 일회용 다용도 보안경 '베스글'이다. 광학용 PET$^{Polyethylene Terephthalate}$ 재질 필름을 사용해서 투시력이 안경과 흡사한 97%에 달하며, 시야의 선명도를 높인 특징 등을 자랑한다.

창업은 제품개발 완료 시점에서 도전하게 되었다. 하지만 500만 원의 자본금을 가지고서는 성장의 길이 보이지 않았다. 무엇보다 제품을 알릴 수 있는 마케팅과 판매의 기본 요건인 인증 취득에서 어려움을 겪었다.

"원래 우리 회사는 한국안광학산업진흥원^{KOIA}이 있는 대구광역시에서 창업하려고 했습니다. 안경이나 안광학 국제 컨벤션이 열릴 만큼 관련 분야가 발전한 지역이니까요. 광주광역시 쪽은 좀 더 시간을 두고 알아봤는데, 광학산업이라든지 디지털 생체의료산업 등의 지원·육성에 관심을 쏟고 있었습니다. 그래서 추후 사업 다변화를 감안해 광주를 선택했지요.

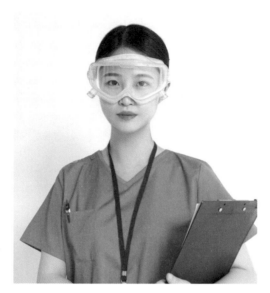

의료용 보안경 제품

창업 후에는 광주테크노파크를 찾아 지원 프로그램과 성장 방향성을 논
의했고, 두 달쯤 지나 아이플렉스$^{I-plex}$ 입주가 확정되었습니다."

2016년 문을 연 아이플렉스는 광주테크노파크 산하의 창업보육센
터다. ㈜씨엔에스컴퍼니로서는 아이플렉스 입주로 비로소 10평 규모의 업
무 공간을 확보할 수 있었다. 이곳은 체계적인 창업보육 지원을 받으며 사
업 추진력을 키울 수 있는 터전이기도 했다.

㈜씨엔에스컴퍼니의 창업 초기 단계에서 자립 성장 단계 진입까지
광주테크노파크의 전 주기 지원이 이루어졌다. 첫 입사자도 광주테크노파
크가 청년 인재를 지역 우수기업에 연결하는 희망이음 프로젝트를 통해
선발했다. '베스글' 제품은 각종 인증을 구비한 10월부터 판매가 원활해져
전 세계 34개국 수출과 완판을 실현했다.

'소프트글'Softgle 시리즈 개발로 사세 확장

남들이 생각하지 못한 일회용 보안경의 성공에 안주했다면 지금의 ㈜씨엔에스컴퍼니는 존재할 수 없다. '코로나19' 사태가 진정 국면에 접어들면서 의료 현장의 수요 감소는 분명해졌다. 신제품개발이 필요한 상황이었다.

"굳이 의료용 제품만 고집할 까닭이 없어 보였습니다. 「중대재해처벌법」 제정으로 산업 안전이 더욱 강조되면서 건설업 등 안전 보호구가 필수인 직군들의 시장 확대를 예상할 수 있고, 골프나 등산과 같은 레포츠용으로도 개발 가능성이 열려 있었으니까요."

'베스글' 제품은 간편하기는 하지만 단점도 분명했다. 안경 위에 쓰는 것이 불가능하고, 장시간 착용하면 피부 트러블을 일으킬 수 있다는 점 등이다. 그래서 ㈜씨엔에스컴퍼니는 이러한 단점을 보완해 각각의 용도에 맞춰 편안함에 중점을 둔 '소프트글'Softgle 시리즈를 개발해 냈다.

'소프트글'은 현재 대표 효자 상품으로 떠올라 사세 확장을 이끌고 있다. 제품 라인업Line-up은 '오래 착용해도 아프지 않은 컴포트Comfort, 김 서림 제거 효과를 극대화한 제로Zero, 베스글 제품의 장점을 업그레이드한 에어Air, 기능성 필름 부착이 가능한 애드ADD, 안면 보호와 자외선UV 차단 렌즈를 부착할 수 있는 쉴드Shield'의 5종이다. '소프트글'을 브랜드로 하는 제품들은 여기에 그치지 않고 앞으로도 계속 추가개발을 예정하고 있다.

이 가운데 '소프트글 컴포트'는 주력 제품으로 각광받고 있다. 안면 접촉부에 인체 무해 소재를 적용해 아프지 않게 착용할 수 있는 보안경이다. 압박 강도를 최소화한 'EPDMEthylene Propylene Diene Monomer+PU 폼Polyurethane Foam' 적용으로 장시간 착용해도 흉터나 피부 자극이 없다.

'소프트글 제로'는 김 서림 방지 보안경으로 고도화한 제품이다. 김 서림 현상은 보안경 안쪽의 안티포그$^{Anti-fog}$ 코팅 효과를 단축시킨다. '소프트글 제로'는 시중의 유명 제습 제품인 '물 먹는 하마'의 원리를 적용한 제습기(카트리지)를 달아 이를 해소했다.

안광학 전문 기술을 기반으로 한 '소프트글' 시리즈 제품들은 코팅, 시야 확보, 경량화에 중점을 두고 개발 중이다. 그리고 필름이나 렌즈 탈·부착이 가능한 제품은 부분적 손상에 의한 제품 교체 비용을 줄여 주는 장점을 부각시키고 있다.

"저희는 주기적인 변이 바이러스 확산 등의 영향으로 2030년까지 연평균 7.3%의 성장이 예상되는 개인보호장구의 시장성에 주목하고 있습니다. 이에 따라 소프트글 컴포트, 제로, 에어 등 밀폐용 보안경 시리즈 이외에도 소형 환풍 모듈을 장착한 보안경, 패션 보안경, 접히는 보안경 등 다양한 고도화 제품을 개발할 계획입니다."

박세은 대표가 밝히는 제품개발 방향은 대기업들도 시도하지 않는 차별화 기술을 지향한다. 적용이 어렵고 개발 단가도 높아지지만 사용자 불편을 해소한다는 데 초점을 맞추고 있다. 이는 고객과의 소통을 토대로 소비자 니즈^{Needs}를 충족시키고 기존 제품들의 문제점을 보완하는 대체품을 꾸준히 개발하겠다는 의지의 발로이며, 글로벌 시장에 안착하려는 노력이기도 하다.

미래 세계를 만들어 나가는 사업 다각화 구상

㈜씨엔에스컴퍼니는 궁극적으로 4차 산업혁명에 발맞춰 인공지능^{AI} 기술을 활용한 스마트 장비시장의 선도기업이 되겠다는 포부를 가지고 있

다. 누구보다 먼저 블루오션^{Blue} ^{Ocean}으로 나아가려는 원대한 전략이다. '보안경시장은 더 성장하기 어렵다'는 인식을 깨뜨리고 전혀 새로운 제품으로 소비자를 확장한 경험이 자신감을 불어넣고 있다.

'소프트클 에어' 제품

"앞서 말했듯, 쓰리엠^{3M}과 오토스^{OTOS} 등의 세계적 대기업들도 엄두를 내지 못한 아이디어들을 우리 회사는 최초로 시도해 왔습니다. 그럴 때마다 시장의 반응은 몹시 뜨거웠습니다. 만약 이들 기업의 생산 제품과 차별화하지 않았다면 지금처럼 소프트글이 알려지지 않았을 겁니다. 이제는 우리가 앞서 가야지요. 그 길은 안광학뿐만 아니라 4차 산업혁명에 대응할 수 있는 스마트 분야 진출과 친환경 제품 생산이라고 생각합니다."

㈜씨엔에스컴퍼니의 사업 다변화는 이미 실행 단계에 접어들었다. 4차 산업과 AI를 융합한 스마트 안경을 비롯해 3종의 보안경 개발을 진행 중이다. '코로나19' 때 주로 사용했던 방호복의 단점을 보완해 간편하게 착용할 수 있도록 웨어러블^{Wearable} 기술개발에도 착수했다.

"최근 광주는 AI 대표도시로 자리매김하고 있지요. 2020년 착공한 국가 AI집적단지 조성 1단계 사업이 2024년에 완료됩니다. 이 같은 AI 산업의 부상에 부응해 우리 회사도 고글에 AI를 접목할 수 있는 방법을 강

제품 생산설비

구하고 있습니다."

그 방안으로 초고령화사회 도래를 앞두고 치매 보조기기 기능의 안경개발을 우선순위에 두었다. 이를 위해 광주 소재의 AI 솔루션 업체들과 '약 복용 시간, 응급 상황 감지, 전면 인식, 스마트기기 연동' 등의 기능을 안경에 탑재하는 협업 연구를 진행하고 있다.

또 하나는 AI 스마트 고글의 개발도 빼놓을 수 없다. 예를 들어, 골프를 칠 때 거리 측정을 할 수 있는 제품이다. 이와 함께 더 나아가서는 의료와 산업 현장, 생활 전반에 접목 가능한 열화상·안면 인식 고글의 개발을 계획하고 있다.

향후 고글의 진화와 일반화는 어디까지 이어질지 예측 불허다. 좀 먼 얘기일 테지만, 일상에서 모두가 눈 부위에 장착하는 스마트 기기로서 정착할 수 있다. 관련 기술은 있어도 사업화가 미진한 업체들과 협력하면 불가능한 일이 아니라는 생각이다. 앞으로 10년, 20년 뒤 고글 제품시장 확대의 기대감은 ㈜씨엔에스컴퍼니의 무한 성장 가능성과 결부되어 있다.

한편, 친환경 분야 쪽에서는 소재개발에 집중할 예정이다. 지난 '코로나19' 사태 당시 의료 현장에서 일회용으로 쓰고 버린 방호복 수량은 셀 수 없을 정도다. 이렇게 버려진 방호복이 환경을 오염시키지 않도록 땅에 묻으면 자연 분해될 수 있는 소재를 개발하는 것이 목표다. 이는 안광학 분야의 성장 정체를 고려한 사업 다각화 방안으로도 유용하다는 판단이다.

광주테크노파크의 체계적 지원이 성장 원동력

시작은 미약하기 그지없던 ㈜씨엔에스컴퍼니가 이렇게 미래의 사업 다각화를 구상하며 큰 그림을 그릴 수 있게 된 데는 광주테크노파크의 지원이 절대적이었다. 아이플렉스 입주와 '베스글' 제품 고도화에서부터 '소프트글' 신제품개발, 사옥 신축에 이르기까지 성장의 과정을 함께해 왔다.

"우리 회사는 광주테크노파크의 지원에 힘입어 제품군 확대의 기반인 시제품개발을 앞당길 수 있었습니다. 뿐만 아니라 개발 기술의 보호와 해외 수출을 위한 특허 및 인증 취득, 매출 확대에 기여한 홍보·마케팅 등 폭넓은 지원을 통해 오늘의 성장을 이루었습니다."

지금에서야 담담하게 말할 수 있지만, 사실 자본금을 마련하기조차 만만치 않은 창업 무렵에는 도움을 청하려고 발로 뛰며 힘겨움과 막막함을 느껴야 했다. 그렇기에 박세은 대표는 기술 확보의 어려움과 자금 부족 문제의 상당 부분을 해결해 준 광주테크노파크에 동반자와 같은 신뢰를 가지고 있다.

"지난 2020년 9월부터 12월까지 참여한 스마트특성화기반구축사업이 광주테크노파크에서 선정된 첫 지원사업이었습니다. 코로나19 시기여서 줌^{Zoom} 미팅으로 심사가 이루어졌는데요, 제가 발표 경험이 없어서 많이 긴장했습니다. 각 평가 항목별로 PPT 자료를 준비해서 심사위원들에게 발표한 뒤에 결과를 기다리는 2주 동안 조마조마하게 지냈습니다. 다행히 선정 결과를 알리는 공문을 받게 되어서 안도하고 기뻤던 순간이 떠오릅니다."

예상하지 못한 1000만 원이라는 '큰돈'을 지원받아 안경을 쓰고도 착용이 가능한 '일회용 보안경'의 시제품을 제작했다. 이것이 광주테크노파크와의 본격적인 협력 시발점이었다.

이후로는 출근해서 빼놓지 않는 루틴^{Routine}이 몸에 배었다. 컴퓨터를 켜고 테크노파크 지원사업 공고를 확인하는 일이다. 회사 운영에 도움이 될 수 있는 지원사업을 꼼꼼히 챙겨 꼬박꼬박 신청했다.

지난 3년 동안 참여한 광주테크노파크 주관의 지원사업은 총 15건에 달한다. 지원 금액은 모두 합쳐 1억 8000여 만 원 규모다. 창업 초기기업에게는 정말 단비 같은 지원이 아닐 수 없었다.

'하늘은 스스로 돕는 자를 돕는다'는 말을 실감할 수 있는 결과다. 적극적으로 방법을 찾는 데서 활로가 열렸다. ㈜씨엔에스컴퍼니는 이 같은 테크노파크 지원사업 참여를 통해서 새로운 제품 아이디어들을 속속 사업화했다. 고객들의 제품 개선 요청에도 신속하게 대응할 수 있게 되었다.

그 성과는 눈에 띄게 나타나고 있다. 매출액은 2022년 10억여 원으로 창업 첫해보다 297.2% 신장했다. 특허·디자인·상표 등 출원·등록을 포함한 산업재산권은 35개에 이르렀다. 30개국 이상의 해외 수출국은 빠

㈜씨엔에스컴퍼니 사옥 준공식

른 성장의 밑거름이다.

　아울러 창업보육센터에 입주해서 사옥을 준공해 독립한 성공적인 지역 창업기업의 사례를 만들었다. 함평 빛그린국가산업단지 내 빛중앙4로 6에 자리한 공장과 연구실 준공식에는 광주·전남 지역의 많은 기관장과 경제인, 정치인이 참석했다. 이들의 뜨거운 관심과 격려는 짧은 시간에 괄목할 기업으로 성장한 ㈜씨엔에스컴퍼니의 위상을 실감케 했다.

　'광주에서 창업하기를 잘했다'고 말하는 박세은 대표는 '광주테크노파크 관계자 여러분께 진심으로 감사한다'는 인사를 전한다. 또한 '앞으로 후발 창업기업들과 성장의 경험을 공유하며, 추진력과 열정적인 의지가 갖는 긍정적인 효과와 에너지를 나누고 싶다'는 자신감을 감추지 않는다.

'매출 100억 원 달성'도 수년 내 가능

공동대표 체제에서 권만성 대표는 국내외 영업 쪽을 전담하고 있다. 박세은 대표는 회사의 전반적 경영 관리와 연구개발 부문을 담당한다.

두 대표는 '안 되는 건 없다'를 신념으로 사업에 임하고 있다. 특히 권 대표는 어떤 문제와 맞닥뜨리든 '해낼 수 있습니다. 해내겠습니다'를 먼저 말한다고 한다. 방법을 찾아보면 해결의 길이 있다는 믿음이다.

㈜씨엔에스컴퍼니의 미래는 '기술과 품질'로 기약하고 있다. '품질과 인증에 의해 안전하고 신뢰할 수 있는 제품임을 입증하는 기업으로 성장하자'는 것이 경영 철학이다.

"우리 회사는 사람과 신뢰를 가장 중요하게 생각하고 있습니다. 제품으로 만나는 소비자는 물론이고요, 우리와 만나는 모든 사람이 소중합니다. 고객의 믿음이 있고, 거래처마다 신용을 쌓은 기업이라면 얼마나 든든하겠어요. 다른 무엇과도 바꿀 수 없는 그런 자산을 갖고 싶습니다."

박세은 대표가 말하는 '그런 자산'을 갖기 위해 ㈜씨엔에스컴퍼니는 항상 '신속'을 추구한다. 의사결정을 신속하게 하고, 업무 추진도 신속하게 진행해 성과를 내 왔다.

고객만족^{CS}에도 신속하게 대응한다. CS 담당자가 아니더라도 두 공동대표와 전 직원은 너나없이 관련 업무에 대처하고 있다. 비록 소수 인원이 일인 다역을 해야 하는 상황이지만 '매뉴얼'을 공유하고 있기 때문에 가능하다.

"창업 초기부터 공유 의사소통 시스템을 원활하게 하려는 노력을 기울여 왔습니다. 함께 성장하자는 취지를 살린 수평적 의사소통은 우리 회사의 강점이라고 할 수 있지요. 이를 기반으로 PMP^{Performance Management}

제품 및 인증서

Personal 제도를 도입해 스스로 자신을 평가함으로써 자기개발 동기를 부여하고 인센티브를 강화하기도 합니다."

서로의 신뢰를 토대로 차근차근, 그러면서 신속하게 회사의 면모를 일신해 나가는 데서 두 공동대표의 보람이 크다. 이를 원동력으로 안광학 분야의 선두 주자 입지를 굳히겠다는 목표에 접근하고 있다.

글로벌 기업인 쓰리엠과 오토스가 장악하고 있는 국내시장에서 최근 '소프트글'의 인지도가 두드러지게 향상되었다. 85만 구독자의 유튜브 채널인 '공구왕 황부장'의 홍보와 각종 SNS^{Social Networking Service} 활용이 주효했다. 유튜브 '소프트글' 영상과 숏츠는 이미 130여 만 명이 시청했으며, 실제 구매로 연결되어 현재 개설을 완료한 전국 대리점에서 큰 폭의 매출 증대가 이루어지고 있다.

㈜씨엔에스컴퍼니의 단기 비전은 '매출 100억 원 달성'이다. 홍보와 입소문 효과가 확산하며 연간 성장이 배가하는 기세로는 수년 내에 다다를 수 있는 목표다. 벌써 동 업계 국내기업 중에서는 선두로 나섰다고 자부할 수 있다.

지난 9월 22일 광주광역시는 '2023년 제7기 예비[PRE]–명품강소기업' 13개 기업 중 한 곳으로 ㈜씨엔에스컴퍼니를 선정했다. 독자적인 기술력을 바탕으로 성장하는 지역 유망 중소기업의 일원으로 인정받았다. 매출액 50억 원 이상의 명품 강소기업으로 도약하는 것이 다음 단계다. 이제 글로벌 무대에서 손색없이 경쟁할 날이 머지않았다. ㈜씨엔에스컴퍼니가 쓰고 있는 창업기업의 성공 신화는 현재진행형이다.

초보 창업자들에게 한마디

테크노파크 사업지원신청서 작성 노하우, 지속 성장의 신뢰를 심어주세요

박세은 대표는 올해 대학을 졸업한 청년 사업가다. 테크노파크 사업지원신청서를 대학 2학년 때 처음 썼다. 그동안 광주테크노파크를 포함해 한국전자기술연구원KETI, 한국저작권위원회, 광주경제진흥상생일자리재단 등 여러 기관에서 시행하는 지원사업들의 지원신청서를 도맡아 써 왔다.

"사업지원신청서 작성도 경험이 쌓여야 숙달되는 것 같습니다. 처음에는 내용 파악조차 제대로 못해서 한 건을 쓰는 데 매일 밤 9시까지 일주일은 야근을 해야 할 정도였습니다. 아무래도 현장 경험이 없는 대학생 신분이어서 사업계획이나 정산 등의 개념에는 생소했거든요."

창업보육센터인 아이플렉스에 있을 때는 사업계획서를 잘 쓴다고 소문난 입주기업 대표들을 찾아가서 도움을 청하고 조언을 들었다. 광주테크노파크 연구원들이 관련 컨설팅을 받을 수 있도록 매칭해 주기도 했다.

"계속 여러 건을 쓰다 보니 제 나름의 노하우가 생겼다고 할 수 있겠습니다. 사업신청서에는 제품과 기업의 성장 로드맵을 이해하기 쉽고 확고하게 제시하는 것이 중요하다고 봅니다. 제품을 예로 든다면, 지원을 통해서 어떻게 개선하고 어느 정도의 매출 실현이 가능하며 인력 충원이 얼마나 이루어질 수 있는지를 구체적인 수치로 제시하는 것 등이 포함되어야지요."

㈜씨엔에스컴퍼니는 각각의 제품 전략 맵과 회사 성장 로드맵을 구축해 놓고 있다. 박세은 대표는 '지원금의 항목별 적절 사용계획' 첨부도 중요하다고 덧붙인다. 지원기관에 '성장의 신뢰를 심어주는 것'이야말로 박 대표가 생각하는 테크노파크 사업지원신청서 작성의 첫째가는 노하우다.

04

부산테크노파크 지원기업

제엠제코(주)

아이폰 1에 납품,
TI 최우수 공급사로 급성장

부산 전력반도체 특화단지 앵커기업 제엠제코

- 부산형 히든챔피언 육성사업

  (4700만 원, 22.01~22.12)

| 지원성과(전·후)
- 매출액: (2021) 105억 원 → (2022) 146억 원

  (↑39%)
- 고용: (2021) 66명 → (2022) 88명(↑33%)

전력반도체 선도기업-제엠제코(주)

　　부산은 기업하기 좋은 도시다. 부산의 '기회발전특구'에 입주하는 기업은 10년간 법인세와 소득세를 한 푼도 안 낸다. 고부가 첨단 산업인 전력반도체·이차전지·모빌리티·금융 등의 기업을 유치하기 위한 마중물이다. 세금 감면과 함께 규제 특례·재정 지원·주택 공급·양도소득세 감면 등 기업이 좋아할 '5종 세트'를 통째로 제공한다. 이 밖에 민간 펀드 조성, 투자 시 발생 수익에 대한 세제 감면 등 각종 인센티브가 뒤따른다.

　　부산시가 각별하게 유치에 공을 들이는 전력반도체 기업은 기장에 조성한 '동남권방사선 의·과학산단'에 모인다. 부산시는 지난 7월 산업통상자원부의 소부장 산업 특화단지 지정 공모를 통해 전력반도체 특화단지에 선정됐다. 이에 따라 부산시는 동남 산단을 통해 전력반도체 고도화를 위한 인프라와 테스트베드 구축을 서두르고 있다. 무엇보다 특화단지 앵커 기업을 중심으로 산학연 협력 R&D 강화에 주력할 계획이다. 부산시가 추진하는 전력반도체 산업의 중요한 기업 파트너이자 소부장 특화단지 앵커

제엠제코(주) 최윤화 대표

기업이 바로 제엠제코(대표 최윤화)이다.

　　2007년 창업한 제엠제코는 전력반도체 소자 선도기업이다. 클립^{Clip}
과 자동화장비, 전력반도체 모듈 패키지가 대표 제품이다. 애플 '아이폰1'
에 들어가는 전력반도체 클립을 생산하면서 성장한 기업으로 유명하다. 국
내 기업으로는 드물게 전력반도체의 소자 연결 핵심 소재인 클립의 대량
양산기술을 확보했다. 클립 제품은 EV, PHEV, HEV 등 전기차 인버터의
전력 변환 시스템에 적용되는 반도체의 핵심 부품이다. 이 클립 기술을 적
용하면 E-모빌리티 구동 시스템의 부피와 무게를 줄이고 에너지 효율이

개선되며 원가를 내릴 수 있다. 전기차 밸류체인에 큰 역할을 담당하는 핵심기술이다.

제엠제코의 기술력과 품질의 우수성은 국내보다 해외에서 더 높게 평가받고 있다. 매출의 90% 이상이 해외에서 발생하는 수출 강소기업이다. 세계 10대 전력반도체 회사로 꼽히는 온세미, 유텍, 텍사스인스트루먼트[TI], 다이오드, 앰코 등 글로벌 기업에 제품을 공급하고 있다. 특히 TI 파트너십 인증(ISO14001·ISO9001·IATF 16949)을 시작으로 2017년엔 TI 우수 공급업체에 이름을 올렸다. TI는 아날로그 반도체와 임베디드 반도체를 설계·생산·판매하는 종합반도체 기업이다. TI의 우수 공급업체는 세계 1만 2,000개 이상 공급업체 가운데 16개 업체에만 주어지는 영예이다. 16개 업체 가운데 클립 공급사는 제엠제코가 유일하다.

제엠제코는 부산 이전 1호 반도체 기업으로도 잘 알려져 있다. 작년 10월 경기도 부천에 있던 본사와 연구소, 공장을 부산으로 옮겼다. 총 160억 원을 투자해 5,132m^2의 부지에 지상 4층 규모의 전력반도체 전용 파워 모듈 패키징 양산라인을 구축했다. 최윤화 대표에게 수도권을 떠나 본사를 부산으로 이전한 이유를 물었다.

부산은 전력반도체 밸류체인을 갖춘 유일한 도시

"회사가 급성장하면서 공간이 그만큼 더 필요했습니다. 공장 증설이 가장 시급했지요. 부천 인근에는 추가 공장을 만들 부지가 턱없이 부족한 데다 평당 2500만 원에 달라는 부지 비용도 부담이었습니다. 집 이사도 신중해야 하는데 회사 이전이야 오죽했겠습니까. 회사 이전 지역을 물색하느라 전국에 다니지 않은 곳이 없었습니다. 부산이 눈에 들어온 것은 기업

유치 깃발을 가장 크게 만들어 높이 흔들었기 때문입니다. 부산시가 전력반도체 기업 유치에 가장 적극적이었거든요. 기업에 주는 혜택도 맘에 쏙 들었습니다. 전기차가 늘어나면서 전력반도체가 주목받기 시작했지만, 국내에서 전력반도체 모듈 패키징을 다룰 수 있는 엔지니어는 많지 않습니다. 전력반도체라는 생태계가 크기 위해서는 지자체의 의지가 중요하고, 산학연을 묶는 크러스트 조성도 필요합니다. 부산은 전력반도체 소부장 산업 특화단지에 고성능 화합물 전력반도체 생태계 조성을 위한 기반 시설과 테스트베드 구축, 연구개발, 인력양성 등을 함께 추진하고 있습니다. 결과적으로 부산 이전에 아주 만족합니다. 전력반도체의 미래 수요 증가에 선제적으로 대비하기 위해 2026년까지 170명을 신규 채용하고, 140억 원을 들여 공장도 증설할 계획입니다. 산단 내 연면적 7,200m^2에 반도체 생산공장과 양산장비 100여 대를 구축할 예정입니다."

　최 대표가 부산을 선택한 데는 정부의 정책 의지와 함께 지리적으로 이로운 점도 작용했다. 부산은 회사 제품의 수요처인 자동차 고객사 확보에 유리하다. 자동차 시장이 전기차로 빠르게 전환하는 터라 부산과 가까운 울산현대자동차 1·2차 벤더도 고객사로 확보할 수 있는 입지다. 부산항과 가덕도 신공항 등을 이용하는 물류도 장점이다. 현재 제엠제코의 수출 제품은 전량 항공 운송이다. 대규모 산단을 조성함으로써 공장 설비 확장에 부지 비용은 물론 구조 등의 여러 조건이 유리하다. 인력 수급에도 기대를 걸고 있다. 전력반도체의 경쟁력은 인력 확보에서 나온다는 게 최 대표의 평소 지론이다.

　대학에서 정밀기계공학을 전공한 최 대표는 1993년 전북 익산의 전자 회사에 입사해 반도체와 인연을 맺었다. 이후 이천의 현대전자(현 SK하

전력반도체 모듈 패키지

이닉스)에서 연구원으로 근무했고, 미국 회사인 페어차일드에서 반도체 후
공정 기술인 패키지 조립 분야 R&D 업무를 맡았다. 아시아태평양 담당이
었다. 반도체 회사에서 15년 가깝게 갈고닦은 연구 성과와 기술을 믿고 최
대표는 2007년 경기도 부천에서 제엠제코를 창업했다. 당시 전력반도체 기
업들은 대부분 부천에 둥지를 틀었다. 창업 당시 직원은 달랑 세 명이었지
만, 페어차일드의 협력업체로서 기술과 연구개발에는 자신이 있었다.

　　행운은 먼 곳에서 뜻밖에 빨리 찾아왔다. 페어차일드에서 만난 연구
자가 글로벌 대기업 TI에 최 대표를 소개한 게 계기였다. 제엠제코의 기술
설명을 들은 TI 담당자는 직원이 세 명뿐인 작은 사무실 겸 공장으로 찾
아왔다. 방문 목적은 오직 하나, 제품의 기술력 확인이었다. 실사를 나온
TI 담당자는 손으로 제품을 생산하는 과정과 품질을 확인하고는 바로 납
품 물량이 적힌 계약서를 내밀었다. 물량을 맞출 규모의 공장을 소유하고
있지 않았는데도 문제 삼지 않았다. 인근 공장과의 생산계약서를 첨부하는
것으로 TI 공급업체로 입성하게 되었다. TI와의 납품 계약을 신호탄으로

제엠제코는 기술고도화, 양산능력, 매출 등에서 폭발적으로 성장하기 시작했다.

글로벌 대기업 TI의 협력사 선정 기준은 오직 기술력

"글로벌 거대기업 TI 담당자가 직접 방문할지는 몰랐습니다. 직원 수가 세 명뿐이고 공장이 구멍가게여도 아랑곳 없이 오더를 줄 거라곤 더욱 상상하지 못했고요. 협렵업체를 선정할 때 TI는 오직 기술과 실력을 본다는 걸 그때 알았습니다. 우리나라 대기업은 규모를 보고 판단해 하청에 하청을 두는 식이 많거든요. 대기업이 중소기업의 기술력을 보도록 지자체나 정부에서 보증을 적극적으로 해줬으면 좋겠어요. 대기업은 정부가 보증한 우리 제품을 쓰고요. 그래야 기술 강소기업의 매출 숨통이 트이고, 더 좋은 기술과 제품으로 납품처의 경쟁력도 높아지니까요. 실효적인 상생, 동반성장에 정부와 대기업이 좀 더 나서면 좋겠습니다. 물론 테크노파크가 시제품 제작, 기술 및 성능 실증은 물론 수요 기업과 연결까지 해주며 중소기업의 수호천사 역할을 해주고 있지만요."

우리나라 중소기업 대표들은 이구동성으로 수요기업인 대기업이 인식을 전환할 필요가 있다고 호소한다. 후발주자인 국내 업체들이 미덥지 못하더라도 대기업이 제품을 써줘야 동반성장이 가능하기 때문이다. 대기업이 국내 업체 제품을 사용하면서 성능을 인정하고 검증해야 해외 진출도 가능하다. 국내 기업이 쓰지 않는 제품을 해외 글로벌 기업이 찾을 개연성은 지극히 낮다. 정부 지원과 동시에 대기업의 적극적 자세가 필요하다. 그래야만 국내 산업이 발전할 수 있다. 최 대표가 전력반도체 제품으로 인덕션 제품을 출시하려는 이유도 같은 맥락이다.

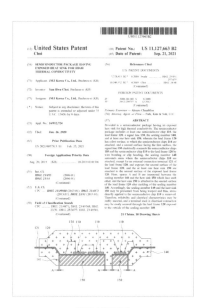

미국 특허등록

독일 특허등록

일본 특허등록

중국 특허등록

최 대표는 TI 협력업체로서의 입지가 회사 성장의 터닝포인트라고 말한다. 이후 회사는 2016년 수출 7000만 달러를 달성하고, 이듬해 TI 최우수공급 업체로 선정되는 등 성장 가속페달을 밟는다. 연간 매출은 2022년 기준 146억 원이고, 9월 현재 임직원은 87명으로 늘었다. 주력인 클립을 비롯해 소재 및 패키징 자동화 장비 제작 기술과 전력반도체 패키징 분야의 공정별 핵심기술을 모두 갖춘 수출 강소기업으로 거듭났다.

특허등록 기술 기반으로 제품 양산해 경쟁력 높아

이처럼 전력반도체의 소재와 부품, 장비에 모두 강점을 갖춘 기업답게 국내외 특허등록으로 기술을 보호하고 있다. 현재 국내외에 121개 특허를 등록했고, 지금도 70여 개 중요한 특허를 출원해 심사를 기다리고 있다. 1년에 특허 출원·등록 실적이 10건이 넘는 셈이다. 이처럼 제엠제코 경쟁력은 특허 기반의 제품 기술력에서 나온다. 최 대표는 제품을 만들 때 기존 기술을 쓰지 않는다. 기존 제품의 단점을 개선한 새로운 기술을 개발한다고 강조한다.

특허 등록을 마친 기술로 제품을 만들어 판매하기에 돌발 리스크도 없다. 가격경쟁력을 높이는 데도 힘을 쏟고 있다. 성능과 기능은 유지하면서 소재나 구조물 변경 등을 통해 가격을 낮춘다. 그만큼 가격경쟁력에서도 강점을 갖는다.

제엠제코는 중소벤처기업부 이노비즈 인증을 비롯해 중소기업기술정보진흥원[TIPA]으로부터 연구개발 지원을 네 차례나 받았다. 금액으로 환산하면 총 19억 원이 넘는다. 기술기업들은 시장이 원하는 수요를 파악해 연구개발을 통한 제품화에 성공해야 살아남는다. 그 비용을 기업이 온전히 부담하기엔 한계가 있다. 제엠제코의 임직원 87명 중 40%는 돈을 벌지만, 60%는 돈을 쓰는 부서에서 일하고 있다. 국책 연구과제 수행과 프로젝트 동행이 필요한 현실적 이유다. 중앙정부와 지자체, 공공기관의 연구개발 파트너십은 기술중심 중소기업에 절대적으로 필요하다. 국책과제 지원금은 돈 가뭄에 빠진 중소기업에는 단비나 다름없다. 더구나 사업 진행을 통해 기술력을 배가시키는 기회도 생긴다.

부산테크노파크와 함께 제엠제코가 진행하는 사업은 '부산형 히든챔피언 육성사업'이다. 부산형 히든챔피언 육성사업은 성장잠재력과 혁신성을 겸비해 지역 경제의 미래를 견인하는 우수 중소·중견기업 발굴 및 육성을 목적으로 성장 가능성이 높은 기업을 선정하고 있다. 제엠제코는 2022년 히든테크기업으로 선정되어 내년까지 2년간 R&D 및 사업화 맞춤형 전용지원을 받는다. 전기차 및 탄소중립을 위한 전력변환장치용 파워반도체 모듈 패키지 핵심기술 개발이 목표다. 개발 기술을 적용한 시제품 제작과 반도체 부품 신뢰 확보로 사업 영역을 넓히는 계기가 될 거라 기대하고 있다. 최 대표는 테크노파크의 히든챔피온 육성사업에 참여 배경과 필요성을 이렇게 설명했다.

테크노파크 사업은 기술고도화와 시장확대가 목적

"기술고도화와 시장 확대, 경쟁력 확보가 목적입니다. 전기차 구동모터 인버터를 제작하기 위해서는 실리콘카바이드^{SiC} 소자를 탑재한 방열 성능이 좋은 수냉 쿨링 시스템을 포함한 차량용 인쇄회로기판^{PCB} 접합 신뢰도가 높은 반도체 모듈 패키지가 필요합니다. 고효율화를 위해서 800V 배터리 전기차량에 경량, 소형, 저발열, 효율 15% 이상 증대되는 SiC를 이

모듈 패키지 제작 생산라인

용한 인버터·컨버터 제품 역시 필요합니다. 이를 위해 프레스 핏^{Press fit} 기술과 SiC 칩이 적용되어 신뢰성이 개선된 반도체 모듈 패키지도 필요하고요. 신규 기술을 접목한 전력반도체 패키징 제품 개발을 위해 테크노파크의 지원을 받는 것입니다. 구체적인 추진 과제는 파워 모듈 패키지 시제품 설계, SiC 적용 시제품 공정 셋업 및 시제품 제작, 환경 신뢰성 확보 및 최적 모듈 패키지 조립기술 확보를 꼽을 수 있습니다."

사업은 성공적으로 진행되고 있다. 반도체 모듈 패키지 원자재에 해당하는 핀핀^{Pin fin} 절연기판과 무가압 신터링 소재를 확보 후 전력 모듈 양산라인에 투입시켜 IP(국내외 특허 등록) 기반으로 시제품 제작을 완료했다. 핵심기술 개발을 통해 국내외 관련 공급업체를 다변화해 상호 특성을 비교 검토하여 향후 양산에도 벤더 리스크가 없도록 방안 체계를 확보한 것

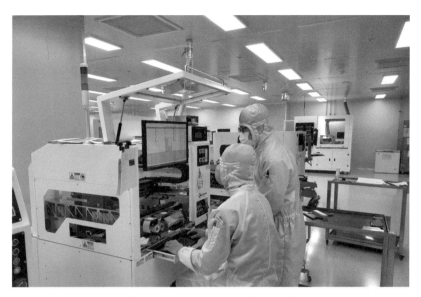

제엠제코의 우수한 연구생산 시설 및 인력

도 성과다. 아울러 국내외 타깃 시장 공략도 추진하고 있다.

국내에서는 코렌스EM과 전기차 인버터 탑재를 위한 전력모듈 패키지 양산을 개발할 예정이다. LX세미콘과는 향후 전력변환장치 시장을 타깃으로 밸류체인 모델을 개발할 계획이다.

글로벌 시장은 미국과 중국 시장을 겨냥하고 있다. TI와 PAKAL 등 고객사의 요구에 따라 반도체 모듈 패키징 및 테스트를 서비스 해주는 OEM 형태로 개발하게 된다. 또한 미국 선진사인 Wolfspeed에서 제작된 SiC칩과 국내 칩 제작사인 SK 파워텍(부산기장), 파워마스터스(충북) 등에서 제작된 SiC칩 등을 탑재해 자체브랜드로 미국, 중국을 시작으로 글로벌 시장을 공략할 참이다.

테크노파크 지원사업이 진행된 2022년은 전년 대비 매출 등에서 성과가 뚜렷했다. 전년에 105억 원이던 매출은 146억 원으로 40% 증가했다. 수출도 2021년 91억 원에서 131억 원으로 44%가 뛰었다. 고용인원은 66명에서 88명으로 33% 늘었다. 해외 시장 공략 차원에서 미국에 2건의 특허 등록을 완료했고, 중국에도 1건을 출원했다.

제엠제코의 가장 큰 경쟁력은 기술력과 유능한 인력

최 대표는 회사의 경쟁력은 우수한 인력이라고 재차 강조한다. 최 대표에 따르면, L 부사장부터 P 팀장까지 업계에서 내로라하는 반도체 고수들이 포진했다.

L 부사장은 미국 앰코의 기술개발 상무와 공장장 출신이다. 시스템반도체 및 전력반도체 전반에 걸쳐 개발 양산 조직을 이끌었고, PQ2$^{Power Quad2}$ 패키지 개발로 장영실상을 받았다. S 이사는 리드프레임 제조사 등에서 기술개발 팀장을 지냈고, 제엠제코 주력 제품인 클립의 디자인 개발과 품질 부서를 이끌고 있다. P 팀장은 자동화 장비 기구설계 및 제품 개발을 담당한다. 신규 제품 개발에 필요한 패키지 조립을 위한 자동화 개발 양산 장비팀을 맡고 있다. 또 다른 P 팀장은 전력반도체 모듈 패키지의 R&D 부서를 이끌고 있다. 신규 전력반도체용 패키지의 디자인 및 품질개선 기술 개발을 담당하고 있다.

제엠제코의 반도체소자와 모듈 자동화 장비, 패키징 제품군은 다양한 산업에 쓰인다. 전자제품은 물론 우주항공, 자동차, 로봇에 이르기까지 응용해 사용한다. 특히 차량용 전력반도체 시장은 탄소중립 로드맵에 따라 세계 모든 나라에서 시장이 커지고 있다. 전력반도체는 시장 확대와 더불어 극심한 온도, 과도한 전력밀도, 높은 전압, 더 높은 주파수에서 작동

전력반도체 장비개발 및 제작

할 수 있는 WBG^Wide bang-gap 소자에 대한 요구가 높아지고 있다. 현재 전기차의 1/3 가량이 SiC 전력반도체를 채택 중이며, 2025년에는 60%까지 상승할 것으로 예상된다.

시장조사기관인 OMIDA는 SiC 전력반도체 수요는 전기차를 중심으로 2021년 약 6억 개에서 2025년 약 15억 개, 2030년에는 약 64억 개까지 증가한다고 전망한다. 제엠제코가 수출에 더욱 박차를 가하며 SiC 전력반도체에 집중하는 배경이다.

제엠제코는 SiC 시장 선점에 회사 역량을 쏟고 있다. 양산을 서두르고 있는 SFDSC^Safety Dual Side Cooling 패키지와 JEQ-1921 케이스 파워 모듈 패키지 등의 부품이 대표적이다. 올해 말 혹은 내년부터 본격적인 제품 양산에 돌입해 3년 안에 매출 500억~1000억 원 달성이 목표다. 클립 소재를 수출하고 있는 글로벌 기업들의 니즈도 파악하고 있다. 기존 고객사의 요구사항을 꼼꼼히 수용하면서 신기술력을 바탕으로 모듈 패키지를 활용할 참이다. 제품의 기술과 품질을 적극적으로 홍보함으로써 새로운 시장 확보에 나서고 있다.

국내외 전시회에도 참가해 홍보 마케팅에 적극 활용하고 있다. 전력반도체 모듈 제품들은 전기차 인버터, 컨버터, 충전기 등의 전력변환 시스템 주요 부품으로 사용된다. SiC 반도체 소자를 탑재함으로써 에너지 효율 경쟁 시대의 우위를 차지할 수 있는 핵심기술로 고전류, 고신뢰성을 위한 성능을 이미 확보한 터다. 이를 바탕으로 경쟁사 대비 우수한 절연성·방열성을 개발 데이터와 함께 입증하는 전략을 펼치고 있다.

올해 5월에 독일 뉘렌베르크에서 열린 세계 최대규모 전자전시회인 'PCIM 유럽 2023'과 8월 'PCIM ASIA 상해' 참가를 통해 글로벌 기업에 눈도장도 확실하게 찍었다. 제엠제코의 특허 기술 기반 모듈 제품에 높은 관심을 보이며 기술 미팅 요청이 이어졌다. 글로벌 전력변환 장치산업 진출과 국산화 브랜드 수출에 대한 기대를 높인 게 성과였다.

제엠제코의 기술력과 성과는 수많은 수상으로도 확인된다. 올해 10월에만 기업인으로서 일생에 한 번 받기도 힘든 큰 상을 연거푸 수상했다. 중소기업 기술혁신을 통해 국가 산업 발전에 이바지한 공로로 10월 18일 대통령 표창을 받았다. 24일에는 부산 소부장 특화단지 출범식에서 전력반도체 특화단지 지정에 기여한 공로로 부산광역시장 표창을 받았다. 하루 뒤에는 과학기술 혁신의 의지, 전망성, 우위성, 차별성, 독창성, 기술 수준 성과 및 지역경제 활성화에 공로가 큰 연구자로 「부산과학기술혁신상」 대상에 최종 선정되어 부산광역시장상을 수상하는 영광을 안았다. 제엠제코는 이번 수상으로 전력반도체의 국산화 발전에 더욱 박차를 가하고, 다양한 반도체 제조 장비 시장에 진출해 현재 수입률이 높은 국내의 비메모리 반도체 수입 대체에 가속도가 붙게 됐다.

　　전력반도체 선도기업으로 자리매김한 제엠제코의 최윤화 대표는 한국전력소자산업협회 회장을 맡고 있다. 올 6월 취임해 70여 개 회원사와 함께 우리나라 전력반도체 산업의 건강하고 지속성장이 가능한 생태계 조성과 회원사의 동반성장에 지혜를 모으고 있다. 이를 위해 국내 공동 판로 개척, 전력소자 기술세미나, 국제산업육성포럼 및 전력소자세계대회 개최 등을 계획하고 있다.

2030 젊은이에게 한마디

팀장이냐 임원이냐,
10년 뒤를 생각하라

제엠제코는 정부 차원에서 육성하는 전력반도체 특화단지의 앵커기업이다. 애플1에 납품할 정도로 기술을 인정받은 글로벌 강소기업으로 매출의 90%가 수출에서 발생한다. 국내외에 등록한 특허 기술에 기반한 제품이라 성장 가능성이 크게 열려있다. 세계적으로 수요가 급증하고 있는 전기차 등에 필수적으로 쓰이는 전력반도체의 클립 소재, 모듈 시스템, 자동화장비에서 독보적인 기술을 확보하고 있다. 업계에서는 기술특례상장이 가능하다 판단하지만, 매출과 이익으로 주식시장에 진입하겠다 장담할 정도로 비전도 뚜렷하다. 그런데 이렇게 잘 나가는 제엠제코의 최윤화 대표에게 가장 힘든 게 뭐냐 물었더니 인력난이라는 뜻밖의 답이 돌아왔다.

"부산으로 오면서 인력에 대한 기대가 높았습니다. 부천만큼 이직도 덜 할 테고 일할 사람도 많겠다고 생각했습니다. 웬걸, 작년 10월에 신공장을 준공했는데 아직도 인력난에 허덕이고 있습니다. 급여와 작업환경이 좋은 반도체 회사가 이럴진대 다른 지방 중소기업은 어떻겠습니다. 반도체는 이론이 아니라 기술입니다. 반도체를 잘 아는 고급 인력은 현장에 있습니다. 현 정부에서 부족한 반도체 인력 15만 명 양성을 목표로 전국의 대학이 소매를 걷었습니다. 양성한 반도체 인력 중 과연 얼마가 부산에 올까요. 중소기업인 우리 회사엔 올까요? 부산 거점대학에서 양성한 인력도 수도권 대기업으로 가려고 기를 쓰는 실정인데요."

최 대표는 부산시와 기업, 학교가 삼위일체로 움직여야 한다고 말한다. 부산시의 미션은 산단을 중심으로 생활의 편의뿐 아니라 삶의 질을 높일 정주 여건 마련이다. 기업은 수도권 대기업에 버금가는 근무환경과 비전을 제시해야 한다. 학교의 역할도 중요하다. 취업이 목적인 실업고와 이공계 대학은 학생들에게 기업이 필요한 실습과 과목을 기업의 인프라와 연계해 가르쳐야 한다. 최 대표는 2030 학생들에게 이런 질문을 던지고 싶다고 말했다.

"입사하고 10년 뒤를 비교해 생각하라고 말하고 싶습니다. 대기업에 들어가면 팀장 정도겠죠. 업무 역량은 1년 차와 비교해 얼마나 늘었을까요. 제엠제코에 들어왔다면, 어떻게 될까요. 제엠제코는 영업, 연구개발, 생산공정, 납품, 사후관리까지 멀티플레이어로 키웁니다. 물론 가장 잘 맞는 파트에 고정해 일할 수도 있습니다. 중요한 건 얼마큼의 역량을 쌓느냐이고 직급입니다. 기업의 별이라는 이사도 가능할 겁니다."

05 세종테크노파크 지원기업
(주)에이치이브이

비교우위 품질과 기술 경쟁력으로
제2의 창업 도전

세종벤처밸리 내에 건설 중인 제2공장 조감도

- 2022년 세종지역스타기업육성사업
  (700만 원, 22.09~22.11)
- 2021년 세종지역스타기업육성사업
  (1억 2700만 원, 21.04~22.03)
- 2020년 세종지역스타기업육성사업
  (4500만 원, 20.07~20.11)
- 2020년 스마트공장 보급·확산사업
  (9975만 원, 20.01~20.12)

- 2020년 세종국가혁신클러스터육성(비R&D)
  (6510만 원, 20.05~20.12)
- 2020년 세종시 중소기업육성자금(3억 원)

| 지원성과(전·후)
- 매출액: (2021) 126.9억 원 →
  (2022) 154.9억 원 (↑22%)
- 고용: (2021) 55명 → (2022) 66명(↑20%)

친환경 자동차 부품사업 전환 성공-㈜에이치이브이

㈜에이치이브이(www.hevltd.com)는 와이어 하네스$^{Wire\ Harness}$ 전문 생산기업이다. 1993년 4월 이피씨코리아$^{EPC\ Korea}$라는 이름으로 출범했다. 2022년 9월 1일 현 주주 체제가 인수해 회사명을 바꿨고, 올해로 창업 30주년을 맞았다.

에이치이브이^{HEV}는 '휴먼 일렉트릭 밸류'$^{Human\ Electric\ Value}$의 영문 머리글자다. '사람을 중시하며 전기·전자의 기술을 잘 결합해 고객가치를 실현한다'는 의미를 축약하고 있다.

"와이어 하네스는 자동차용 센서^{Sensor}, 연료 펌프 및 모터, 액츄에이터^{Actuator} 등에 전원을 공급하고 전기신호를 전달하는 제품입니다. 이 분야의 선도기업인 ㈜에이치이브이는 연구개발과 혁신으로 독보적 기술력을 보유하고 있습니다. '사람-기술-가치'의 연계에 '책임'을 더해 ESG^{Environmental,} $^{Social\ and\ Governance}$ 경영의 비전을 열어 나가고 있는 기업입니다."

회사 인수와 함께 전문경영인으로 취임한 김선희 대표가 사업 분야

㈜에이치이브이 김선희 대표

를 설명하며, ESG 경영에 방점을 찍는다. 김 대표가 중점을 두는 경영 방침은 '고객가치 최우선, 끊임없는 혁신, 최우량 기술'이다. 그 추진 동력은 '신뢰와 협동, 체계적인 계획, 성실한 실천'의 행동강령으로 키워 나간다.

최근 ㈜에이치이브이는 친환경 자동차 부품인 배터리 온도 센서 융합 와이어 하네스 개발과 글로벌 자동차 규격을 만족하는 제품들을 생산하며 강소기업으로 부상하고 있다. 2022년 기준 약 155억 원을 달성했던 매출액은 2023년 200억 원대를 바라본다. 기술혁신기업으로 더욱 변화하려는 노력이 이 같은 성장 추세에 가속력을 불어 넣고 있다.

전기조립·사출·와이어링의 3개 SQ 품질인증

원래 2010년까지는 연료펌프 모듈^{Module}용 케이블류와 솔레노이드

㈜에이치이브이 본사 사옥 및 생산공장

Solenoid 코일몰딩 와이어 하네스, 캐니스터Canister 밸브 와이어 하네스 등 내연기관 자동차 부품에 특화된 와이어 하네스의 제조·판매에 주력하던 회사였다. 창업 초기에 ㈜에이치이브이(구 이피씨코리아)의 고객과 거래하던 모 자동차 부품업체가 연료 펌프용 케이블 피복 재질을 잘못 선정해 자동차 품질 불량이 발생함에 따라, 그 업체를 대신해 임시로 해당 개선 제품을 긴급 제작·납품하면서 이 분야로 진출하게 되었다.

    같은 세종 지역에 위치한 주 고객인 C사에 본격적으로 제품을 공급하기 시작한 때는 1996년부터였다. 당시 자동차용 와이어 하네스에 적용되는 터미널Terminal과 커넥터Connector를 글로벌 업체가 생산하고 있어서 수급과 가격 면의 부담이 큰 편이었다. 그래서 2014년 이후로는 자체 디자인 설계와 특허 등록을 통해 기술 및 원가 경쟁력 강화에 나섰다.

2015년부터는 ESS^{Energy Storage System}, 전기차 배터리 관련 하네스의 기술개발에 들어가 매출 확대를 꾀했다. 이 부문에서 2020년까지 '전기차 배터리 관련 센싱 하네스 연구개발, 전기차 배터리 버스바^{Busbar} 하네스와 ESS 와이어 하네스의 개발 및 양산, 캐니스터 밸브 익스텐션^{Extension} 와이어 하네스 생산' 등의 실적을 올렸다.

2000년에 세종특별자치시 연서면 연서로 52-11의 현 위치로 본사와 생산공장을 옮기고 2015년까지 제조시설을 확장하면서 생산을 지속해 왔지만, 그 즈음만 해도 친환경차용 제품의 비중은 10%도 안 되는 상황이었다. 그간 기존의 내연기관 부품을 벗어나려는 노력을 꾸준하게 기울였다. 2022년 친환경차 부품으로 사업을 재편하는 연구개발 능력과 생산기술을 확보한 기준으로는 친환경차 비중은 40%를 웃돈다.

최근에는 전기자동차 등의 친환경차에 적용되는 배터리 온도 센싱 와이어 하네스, 배터리 수분 감지 센싱 와이어 하네스, 배터리 버스바 저항 센싱 와이어 하네스를 개발해 국내외 자동차 1차 협력업체 고객에게 공급하고 있다. 이들 제품은 전선 탈피와 터미널 압착, 커넥터 조립에 머무는 일반 하네스 기능에만 의존하지 않는다. 축전기^{Capacitor}·노이즈 필터^{Noise Filter}·서미스터^{Thermistor}를 용접 또는 납땜한 후 인서트 사출^{Insert Molding} 공정을 통해 하네스와 연결하고, 모터 및 액츄에이터와 결합 시 온도·저항을 센싱하며, 전기적 노이즈 제거 등의 목적 기능을 수행하는 차별화 제품들이다.

㈜에이치이브이는 자동차 부품의 개발·공급에 필요한 국제적 품질 인증^{IATF16949}과 각 자동차회사의 품질인증 및 파트너 인증도 두루 구비하고 있다. 2015년 이후에 현대기아차의 전기조립·사출·와이어링 SQ 품질인증과 삼성SDI의 S-Partner 인증, 르노코리아의 SES Tier2 인증을 받았다.

전기차 배터리 온도 센싱 하네스 제품

그리고 GM, 폭스바겐 등 외국 자동차회사의 품질인증 요건도 충족함으로써 부품 공급 자격을 확보하고 있다.

완성차 제조사가 직접 시행하는 공장인증은 지속적인 품질 대응 능력을 보여 주지 않으면 유지하기 어렵다. 특히 현대기아차의 전기조립·사출·와이어링 3개 SQ 품질인증을 받은 와이어 하네스 업체는 매우 드물어 '그랜드슬램Grand Slam을 달성했다'고 평가받는다. 따라서 ㈜에이치이브이는 글로벌 자동차 부품업체에 걸맞은 기술 역량을 갖춘 선도기업이라고 하기에 부족함이 없다.

2020년도 세종스타기업 선정으로 성장 목표 가시화

과거 이피씨코리아는 2010년대 중후반 내연기관 자동차 부품에서 친환경차용 제품으로 사업구조 전환을 시도했지만, 매출 규모는 100억 원을 넘지 못했다. 미래 먹거리 기술개발과 연구 인력 채용 등에서 다소 소극적인 회사 분위기의 영향 탓으로 성장은 정체된 편이었다.

직원들의 사기가 떨어지고, 퇴사율도 높아지는 악순환 속에서 경영 상태는 점점 나빠졌다. 이때 새 활로를 여는 총대를 멘 사람이 현 조하영 부사장이다. 조 부사장은 2019년에 연구개발 책임자로 입사했다.

"이피씨코리아는 자동차산업의 변화에 발 빠르게 대응하기에는 기술개발이나 경영계획 수립에서 어려움이 있었습니다. 자동차시장의 급격한 전동화와 탄소중립경제로 전환하는 과정에 대응하기 위한 변화가 필요한 시점에서 저는 세종테크노파크 지원사업 참여가 도움이 되리라고 봤습니다. 2020년에는 기업부설연구소를 설립해 연구개발 의지를 새롭게 하고, 세종스타기업 선정으로 경영 환경 개선의 단초를 마련했습니다."

전기자동차용 부품 생산에 필요한 대규모 전환은 자체적으로는 불가능하다는 판단을 내렸다. 조하영 부사장은 세종테크노파크 지원사업을 신청해 전문성 있는 컨설팅을 받고자 했다. 다행스럽게 2020년도 세종스타기업에 선정되면서 성장 전략 수립과 연구개발 기획을 통해 경영 및 기술 방향성을 확립했으며, 전문 PM^Project Manager이 전담하는 지속적인 컨설팅으로 성장 목표를 가시화할 수 있었다.

"세종스타기업 R&D 과제 수행 후에는 새로운 수주 기회도 생겼습니다. 전기자동차 배터리 관련 센싱 하네스 분야 연구개발 및 생산 기술 확보를 계기로 고객에게 기술력을 인정받은 결과였지요. 저희 고객이 다른 협력사를 통해 생산 중이던 GM 볼트^Bolt EUV^Electric Utility Vehicle 배터리 온도 센싱 하네스 제품의 사업 이관을 문의해 왔습니다. 거래 협력업체가 재

각종 인증서 및 제품들

무적 불안정 상태에 있어서 저희에게 생산 가능성을 타진한 상황이었습니다."

조하영 부사장은 테크노파크 지원사업을 통해 동일 성능의 제품을 개발해 냈고, 양산할 수 있는 생산 기술과 품질 관리 능력을 확보한 단계여서 무리 없이 사업을 이관해 진행했다. 그리고 세종테크노파크가 진행하는 여러 R&D, 비R&D지원사업에도 계속해서 참여 폭을 넓혀 회사의 미래 사업개발에 집중해 나갔다.

"이 시기의 성과로 향후 성장 잠재력을 눈여겨본 현 주주 체제가 이피씨코리아를 인수하겠다는 의사를 밝혔고, 2022년에 드디어 ㈜에이치이브이로 새 출발이 이루어졌습니다. 고객으로부터도 변화하는 모습을 인정받고 신뢰를 더욱 굳건히 해서 2023년 들어 연간 100억 원 규모의 신규 물량도 수주했습니다."

MES를 도입한 제품 생산 라인

조하영 부사장의 역할은 이피씨코리아의 과거에서 ㈜에이치이브이의 미래로 전환하는 연결고리와 같았다. 앞으로 경쟁력 있는 제품을 생산할수록 회사를 인수한 모기업과도 상생의 가치는 더욱 높아질 수 있다. 모기업의 사업 분야가 우수한 와이어 하네스 제품의 수급을 필요로 하기 때문이다.

스타기업 육성과 스마트공장화 등 단계적 지원

㈜에이치이브이는 세종테크노파크의 각종 지원사업을 연계해 생산을 효율화하고 친환경 전기자동차 부품 기술을 개발함으로써 사업구조 전환에 성공했다. 그 과정에서 발 벗고 나서서 포기하지 않도록 조언하고 독려하며 힘을 준 세종테크노파크 K 팀장의 열정적인 도움이 뒤따랐다.

㈜에이치브이가 처음 참여한 세종테크노파크 지원사업은 2019년 8월부터 10월까지 진행된 '세종바우처 & 사업화신속지원사업'이었다. 이 사업에서 전기자동차용 전장 커넥터 요소 기술 시제작품개발과 시험인증을 획득하는 성과를 낳았다.

당시 선임연구원이었던 K 팀장이 방문 실사를 한 뒤, '2020년 스타기업 육성사업' 지원 신청을 권유했다. 그가 먼저 적극적으로 나선 까닭은 '사업 제품군이 세종특별자치시가 주력해서 육성하는 친환경 자동차 산업 분야'이고, '스타기업 지원을 통해 연구개발 능력을 확보하면 수출 증대와 기업 성장 가능성이 커질 것'이라는 전망에서였다.

막상 '2020년 스타기업 육성사업'에 지원을 결정했지만, 신청 과정부터 버거운 일이었다. 세종테크노파크에서 요구하는 자료 준비와 기획서 작성도 큰 부담이 되었다. 연구개발과 생산 업무에 쫓기다 보니 집중할 겨를이 없었다. 이런 상황에서 K 팀장의 정확한 방향 제시는 새롭게 의욕을 부추기고, 준비 내용을 하나하나 챙겨 주는 세세함은 의지를 북돋기에 충분했다.

그 덕분에 '2020년 세종시 스타기업'으로 선정되었고, K 팀장의 적절한 지원 방향 설정에 따라 단계적으로 세종테크노파크와의 협업이 이루어질 수 있었다. 2020년에는 3억 원의 중소기업육성자금도 지원받아 '코로나19' 시기의 재무적 어려움을 무사히 극복하고 오히려 매출 신장을 가져왔다.

같은 해 '국가 혁신 클러스터(비R&D) 지원사업'과 '스마트공장지원사업'에도 참여했다. 8월부터 3개월 동안 진행된 '국가 혁신 클러스터(비R&D) 지원사업'에서는 배터리 보호를 위한 수위 센서 하네스 개발과 사업화의 컨설팅 전략이 수립되었다. '스마트공장 지원사업'은 매출 확대로 재고 관리와 품질 관리의 중요성이 높아지는 시점에서 시의적절하게 MES$^{\text{Manufacturing Execution System}}$(생산 관리 시스템) 도입을 도와 업무 효율성을 높여 주었다.

㈜에이치브이이는 이처럼 세종테크노파크의 스타기업 육성사업과 스마트공장 보급 등 체계적 지원을 기반 삼아 능동적이고 선제적으로 고객 요구에 부응해 나갔다. 종전에는 발주처 주문에만 대응하는 수준이었다면, 이제는 친환경차 부문의 선행 기술개발에 의해 신규 물량을 창출하는 마케팅 활동이 가능해졌다.

세종테크노파크 지원사업 참여의 구체적 성과는 매출액 확대는 물론 다양한 측면에서 나타났다. 2022년 11월 '기술혁신형 중소기업$^{\text{Inno-Biz}}$ 인증'과 12월에 '벤처기업 인증'을 받은 것도 그중 하나다.

인증 추진 시 업무 조직과 시스템을 보완해서 자동차용 와이어 하네스 외에도 전기차 냉각 시스템 전장 요소 기술개발, 지능형 로봇 관련 부품개발에도 착수했다. 이로써 향후 고객 다변화와 사업 영역 다각화를 추진할 수 있는 여건을 갖췄다.

ESG 경영 실천을 선도하는 노력의 진정성 발휘

㈜에이치브이이의 스타기업 육성사업 참여는 2025년까지 2년 더 연장되었다. 그만큼 지원 성과를 낼 수 있는 여지가 많다는 의미다.

우리나라의 경우, 친환경 전기자동차 부품을 만들 수 있는 업체의 비율이 5%에 불과하다. 관련 제품들의 기술개발에 주력해 국내시장을 선점하고 글로벌 경쟁력을 강화해야 한다. 이러한 필요에 의해서도 세종테크노파크와의 협력 관계 유지는 매우 유용하다.

시설을 개선한 품질측정실

㈜에이치브이이는 친환경 전기자동차 부품 생산·공급에 주력하는 기업답게 ESG 경영 실천을 선도하고 있다. 2022년 스타기업 육성사업에서도 ESG 진단 평가를 통해 자사의 취약점과 개선점을 인식하고 해결안을 도출해 지속가능 성장을 위한 토대를 강화했다.

이는 ESG 경영 정착에 누구보다 진심인 김선희 대표의 인식과 맞닿아서 제품 제조 공정에서부터 탄소중립에 기여하는 방안을 최우선 적용하고 있다. 또한 내연기관용 부품 비중을 줄이면서 친환경적 사업 전환에 가일층 속도를 냄으로써 기후변화 시대의 새 패러다임^{Paradigm}에 부응하고자 한다.

㈜에이치브이이의 ESG 실천 의지는 김선희 대표가 '2022년 제10회 대한민국지식경영대상'에서 ESG 경영 부문을 수상하는 성과로 이어졌다.

김 대표는 이러한 대외적인 인정은 '기분 좋은 일이기는 하지만 중요하게 여기지는 않는다'며, '절실한 것은 내실을 다지는 데 있다'고 말문을 연다.

"제가 대표로 취임했을 때 회사 환경은 상당히 열악한 편이었습니다. 많은 이해관계자 중에서 직원들이 만족할 수 없는 여건이라면 ESG 경영은 뿌리부터 흔들리는 것 아니겠습니까. 그래서 근무 조건과 시설 개선부터 시행했습니다. 공장 내 LED등 교체부터 시작해 사무실, 휴게실, 식당 등에 이르기까지 시설 개선에만 수억여 원의 비용을 들였지요."

김선희 대표는 경영학 박사 학위를 받은 학구파이면서 제조업체 전문 경영인으로서 쌓은 경험과 역량도 풍부하다. 새로운 대표로 취임한 지 4개월 만에 경영 기조와 사내 분위기를 일신하면서 그동안 침체되어 있던 직원들의 사기를 살리고 생산 현장을 활기차게 변화시켰다. 그 긍정적인 영향은 고객 감동 효과로 전파되고 신뢰를 굳건히 해 신바람 나게 일할 수 있는 선순환의 연결 고리가 만들어졌다.

"저는 우리 회사 직원들에게 일하는 가치와 자부심을 심어주고 싶어요. 기업의 이익도 중요하겠지만, 그보다는 더 나아가 직원과 협력사를 포함한 모든 이해관계자가 한 가족이라는 의식을 가지고 사회 발전에 기여할 수 있는 자랑스러운 구성원으로 성장하기를 바랍니다."

김선희 대표는 회사의 근무 안전 지원과 교육을 강화해 무재해·무사고를 기록 중이고, 규제와 법규 준수에도 만전을 기한다. 일과 개인 삶이 균형을 이룬 워라밸^{Work-life Balance} 실현의 '공정 일터'로도 인정받았다.

이와 같이 ㈜에이치브이이가 진정한 사회 공헌기업으로 거듭날 수 있는 기본을 만든 것은 '사회가 요구하는 조건 이상의 모범을 보이는 면모를 확립하겠다'는 김 대표의 사명감이 빚어낸 성과다.

2024년 세종벤처밸리 제2공장과 해외공장 설립 추진

김선희 대표는 취임 한 달 만인 2022년 10월에 제2공장 부지를 매입했다. 세종벤처밸리 내 약 9,500㎡ 규모다. 금년 11월 말경 착공해 내년 8월경 완공 예정이다. 멕시코에는 해외공장 설립도 검토하고 있다. 해외공장 가동 시기는 내년 4분기 경부터로 예상하고 있다.

"우리 회사는 기존의 와이어 하네스 사업을 뛰어넘어 자동차 부품 솔루션 기업으로 확장하고자 합니다. 현재 설정하고 있는 비전이 '품질과 기술에서 비교우위의 글로벌 경쟁력을 갖춘 전장 와이어 하네스 및 자동차 부품 솔루션 기업'이잖아요. 그 목표에 맞춰 제2공장에서는 친환경 전기차 등에 적용되는 냉각 펌프의 핵심 부품인 스테이터 어셈블리[Stator Assembly]와 BLDC[Brushless Direct Current] 모터의 전자기력 형성 부품인 스테이터를 개발·생산하고자 합니다. 2030년까지는 지능형 로봇 분야로도 사업 확대를 추진 중입니다."

김선희 대표의 성장 로드맵은 구체적이다. 현재 직원수는 총 90명인데, 제2공장이 가동되면 40~50명의 인원을 충원해야 한다. 제2창업 수준의 도전이라고 할 수 있다. 그래도 시장 전망은 밝은 편이어서 자신감이 넘친다.

전기차 배터리 시장 확대로 관련 하네스 제품은 2020년 대비 2025년에 국내 기준 약 4배 성장할 것으로 내다보고 있다. 기존 내연기관과 친환경차를 포함한 글로벌 자동차용 와이어 하네스는 연평균 약 6.4%의 성장률을 예상한다. 그리고 2030년에도 내연기관 규모는 전체 중 65~70%가 유지될 것이며, 특히 플러그인 하이브리드형[PHEV]에서 같이 사용되므로 급격한 감소는 없을 것으로 보여 내연기관용 연료펌프 와이어 하네스의 꾸준한 수요가 전망된다.

"제2공장과 해외공장이 제자리를 잡으면 전체 매출액은 2023년 대비 2026년에 2배 이상 증가하고, 적정 영업이익을 달성할 수 있습니다. 지금은 500억 원 매출을 상회할 2026년이나 2027년쯤 코스닥^{KOSDAQ} 상장을 목표로 해서 열심히 달리고 있는 중입니다. 그러니 정신없이 바쁩니다."

김선희 대표는 '제2공장 건립하랴, 해외공장 설립 점검하랴' 여기저기를 뛰며 할 일이 많다. 그런 와중에도 부설연구소를 비롯해 정부 국책연구원, 대학 등 각 분야 전문가들과 함께 완벽한 제품을 개발·생산하기 위한 노력에도 최선을 다하고 있다. 빠르게 변화하는 시장에서 품질과 기술, 가격 면의 우위를 확보할 수 있도록 지속적인 연구개발과 사업화에 투자할 계획이다.

생산 라인에서는 주요 핵심 공정을 내재화$^{in-House\ Manufacturing}$해 고객을 위한 납기 관리와 품질 관리를 철저하게 실행하고 있다. 신속·정확하게 제품을 생산하며, 필요 검사 및 분석 장비로 세밀하고 정확하게 검수 후 납품하는 시스템 운용이 강점이다.

김선희 대표는 이처럼 확고한 성장 기반을 다지는 한편으로, 재임 중 남들이 넘볼 수 없을 정도의 기술력 향상과 ESG 경영 실현, 코스닥 상장 달성을 자신이 완수해야 할 목표로 설정하고 있다. 그 이후로는 ㈜에이치이브이가 글로벌 자동차회사들의 1차 협력업체로서 수천억 원 매출 규모를 기록하는 기업으로 도약할 것이라는 확신이 굳건하다.

세종테크노파크에 한마디

긍정적 효과에 걸맞게 실질적 효과를 키우려면 지원금 규모를 대폭 늘려야 합니다

"테크노파크 지원사업은 기업의 정확한 현재 수준을 진단하고, 미래사업 진행 방향 수립에 큰 도움이 됩니다. 시제품 제작 등의 선행 연구개발 비용 지원은 중소기업의 투자 여력을 만들어 주고, 마케팅 전략 수행은 올바른 고객 접근 지표를 제시해 주지요."

김선희 대표가 말하는 테크노파크 지원사업의 긍정적 효과는 여기서 그치지 않는다. 중소기업육성자금 지원은 안정적 경영과 경쟁력 강화, 혁신 활동에 직접적인 효과를 미친다. 수출 지원은 해외시장 개척의 동반자 역할을 한다고 평가할 만하다. 중소기업으로서는 모든 지원이 꼭 필요할 뿐더러 확대되기를 원한다.

다만, 지원사업 참여 신청 시 제출해야 할 문서와 자료 작성이 많아서 중소기업의 한정적 인력이 감당하기에 힘겹다는 점은 아쉽다. 지속적으로 제출 서류 간소화에 신경을 써 줬으면 하는 바람이다.

"세종특별자치시의 중소기업들에게는 특히 쉽지 않은 부분입니다. 같은 중소기업이라고 해도 다른 지역들에 비해 회사 규모가 작고 인력이 부족합니다. 테크노파크 지원사업에 참여하려면 신청부터 여러 가지 행정적 처리도 해야 하므로 처음부터 엄두를 내기 힘들 수 있습니다."

김선희 대표는 이 점이 꼭 개선되었으면 한다. 지역 테크노파크 내에 신청 전담 인력을 두는 것도 해결 방안으로 생각할 수 있다. 신청 단계에서부터 지원이 이뤄진다면 참여기업 발굴과 선정 폭을 넓힐 수 있다고 본다.

테크노파크 지원사업에서 김 대표에게는 또 하나, '지원사업은 다양한데 지원 금액이 너무 적다는 점'이 아쉽다. 그는 '지원사업의 실질적 효과를 키우려면 지금의 지원금에서 끝에 0 하나가 더 붙었으면 하는 것이 솔직한 욕심'이라며 웃는다.

06

충남테크노파크 지원기업

한양로보틱스(주)

산업용 로봇 후발국에서
선진 강국으로 견인

한양로보틱스(주) 본사 사옥

- 충남지역스타기업육성사업(3000만 원, 22.01~22.12)

- 매출액: (2021) 230억 원 → (2022) 240억 원(↑4%)
- 수출액: (2021) 73억 원 → (2022) 86억 원 (↑18%)

충남 스타기업 육성으로 강소기업-한양로보틱스(주)

1980년대 후반 우리나라 플라스틱 산업은 공장자동화의 불모지나 다름없었다. 플라스틱 성형품을 금속 거푸집에서 쉽게 꺼낼 수 있도록 하는 이형제 분사도 수작업으로 이루어지는 형편이었다.

한양로보틱스(주)(www.hyrobot.com)의 창업주인 강대충 회장은 이 같은 현실을 산업용 로봇의 보급으로 해결하려는 생각을 가졌다. 플라스틱 생산 설비 엔지니어로서 많은 해외 전시회 참관 기회를 가지며 선진 업체들의 산업용 로봇 도입에 주목했다.

35년여 전인 1988년 2월 한양엔지니어링을 세웠던 출발점에서는 '국내 플라스틱 산업의 생산성 향상 기여'에 목표를 두었다. 이 회사에서 개발하고 생산한 이형제분사기는 플라스틱 성형공정 자동화의 문을 연 제품이다.

1991년에는 일본의 유명 로봇 생산 회사와 자본 합작을 하고 선진 기술 습득에 힘썼다. 1995년 들어 사출기에서 성형이 완료된 플라스틱 제품을 빼내는 서보 모터 타입 취출 로봇^{Take-out Robots}을 동종 업계 최초로 개발하는 성과를 냈다.

이 시기에 기기 설계에서 로봇 프로그램 제어에 이르기까지 기술력을 갖췄다. 강대충 회장은 1997년 11월 한양유신정밀㈜를 독자 법인으로 설립하고 본격적인 산업용 로봇 사업에 나섰다. 기술연구소도 동시에 출범시킨 것은 그의 군건한 기술 독립 의지를 보여준다.

이후 한양유신정밀㈜는 1999년 12월 한양정밀로보트㈜로 상호를 변경했고, 2004년 2월에 다시 지금의 한양로보틱스㈜로 회사명을 바꿨다. 그리고 한양로보틱스㈜는 전 세계 모든 플라스틱 사출성형기에 장착할 수 있는 로봇 제품 생산은 물론 공장자동화와 스마트공장화를 선도하는 글로벌 강소기업으로 도약해 왔다.

내포도시첨단산업단지 1호 기업 입주

2000년대 초반까지의 창업기에는 삼성전자와 LG전자의 핸드폰 분야에서 매출을 늘리며 글로벌 시장 진출의 기반을 닦았다. 두 기업과는 케이스에 기판을 조립하는 너트를 금형에 끼워서 사출하는 공법을 공동개발해 핸드폰을 현재와 같이 슬림^{Slim}화할 수 있게 했다

"저희는 창업기를 보내는 동안 2000년 7월 국내 최초 4,000톤형 서보 타입 로봇과 2002년 4월 지능형 7축 취출 로봇, 2004년 4월 2색 사출기용 취출 로봇 등을 개발했습니다. 그리고 2005년 3월 인천 남동구 논현동에서 서구 가좌동으로 사옥을 이전하고 TV와 생활가전 제품 사출 성형 분야로 사업 영역을 넓혀 성장 동력을 키웠습니다."

강종원 대표는 30대 후반의 젊은 경영자다. 지난해부터 부친 강대충

회장의 뒤를 이어 경영 일선에서 진력하고 있다. 강 대표가 진지하게 설명하는 한양로보틱스㈜의 성장 과정은 2014년 중소기업청(현 중소벤처기업부) 주관 융합주도기업 선정을 계기로 도약의 전환점을 맞았다.

"그 시점부터 경쟁 업체들과 기술력에서 뚜렷하게 차별화를 실현했습니다. 저희가 새로운 기술들을 탄생시켰지요. 2015년 이후로는 자동차 부문으로도 진출했고, 2019년 로봇 업계 최초로 취출 전용 5축 다관절 로봇^{Articulated Robot}을 출시해 경쟁력을 강화했습니다. 명실상부한 '자동화 로봇 및 공장자동화 솔루션 전문기업'으로 도약함으로써 전 세계 고객사에 남다른 가치를 전달하게 되었다고 자부합니다."

사출 현장 전용 다관절 로봇의 수요 증대에 대응한 생산시설 확충은 충청남도 홍성군 홍북읍 첨단산단5길 175 내포도시첨단산업단지 1호 기업 입주로 적시에 이루어졌다. 내포도시첨단산업단지 투자협약은 이미 2014년에 체결하고 이전을 추진했다. 그만큼 앞날을 내다보는 뛰어난 안목과 추진력이 뒷받침되었다고 볼 수 있다.

한양로보틱스㈜는 2019년 5월 인천에서 내포도시첨단산업단지로 본사와 공장을 옮겼다. 1만 6,528.9㎡(5,000평) 부지에 연건평 7,272.7㎡ (2,200평) 규모로, 착공 7개월 만이었다.

"내포 신도시는 충남도청 소재지입니다. 충청남도와 홍성군이 의욕적으로 조성한 이곳 산업단지에 저희가 맨 처음 입주하게 되어 여러 가지 혜택과 지원이 따르기도 했습니다. 그렇지만 무엇보다 첨단 업종을 유치하는 특성상 입지 조건이 저희 회사에게 알맞았습니다. 앞으로 지자체 차원에서 첨단산업 지원을 확대하기로 했고, 저희도 적극적으로 동참할 의지가 있습니다."

본사 사옥 로비

강종원 대표는 회사의 확장 이전과 고객 확대를 발판 삼아 2024년 하반기를 목표로 코스닥^{KOSDAQ} 상장을 준비 중이다. 각종 기술인증과 특허 등록 등을 통해 대외 신뢰도를 확보했고, 글로벌 시장 진출 성과 창출도 괄목할 만하다. 이제는 재도약의 시점이라는 판단이다.

한양로보틱스㈜는 2022년 11월 설립 후 처음으로 65억 원 규모의 시리즈 A 투자를 받았다. 이어서 올해 7월에는 70억 원 규모의 시리즈 B 투자 유치에 성공했다. 이 투자금으로 생산설비를 확대하고, 산업용 다관절 로봇과 공장자동화 및 스마트공장 시스템 등 사업 분야를 고도화해 코스닥 상장기업의 위상에 걸맞은 성장 면모를 갖출 계획이다.

산업용 다관절 협동 로봇 전문기업으로 성장

로봇 핵심 기술을 내재화하고 있는 한양로보틱스㈜는 기존 로봇의 장점을 더하고 단점을 보완한 신개념 하이브리드형 로봇을 최초로 개발해 출시하면서 시장을 선도하기 시작했다. 이는 다관절 로봇과 직교 로봇이 합쳐진 형태다.

'다관절 로봇'이란, 사람의 어깨·팔·팔꿈치·손목과 같이 3개 이상의 회전 관절을 가지는 로봇을 말한다. 반면, 직교 로봇은 그 뼈대가 X·Y·Z 축을 따라 직각을 이루며 교차하는 구조를 갖고 있다. 로봇 팔이 각각의 축을 따라 선형적으로 이동할 수 있는 것이 특징이다.

"직교 로봇은 X·Y·Z 축으로만 작동하므로 구조적인 동작에 한계점이 있습니다. 게다가 사출 현장의 후가공 증가로 직교 로봇의 동작으로는 해결할 수 없는 작업이 많아졌습니다. 그런 부분들을 하이브리드형 로봇 개발로 개선한 것입니다. 세계적으로도 아직까지 이와 유사한 모델조차 없는 상황이어서 저희 회사 제품이 유일하게 시장점유율을 높여 가고 있습니다."

한양로보틱스㈜는 '일본과 독일 등 외국산 다관절 로봇은 조작이 어렵다'는 고객들의 애로 사항을 흘려 듣지 않았다. 하이브리드형 로봇 개발의 아이디어는 '제품 핸들링을 쉽게 하면서 다관절로부터 동작을 자동화할 수 있게 하자'는 데서 비롯되었다. 기술연구소에서 개발에 착수한 때는 2014년이었다. 그 뒤로 5년 동안 제품 설계부터 프로그램 제어까지 직접 개발을 완수했다.

강종원 대표는 '한양로보틱스㈜의 산업용 다관절 로봇은 누구나 쉽게 세팅하고 조작이 간편하다'고 장점을 꼽는다. 아이콘 기반의 GUI^Graphic User Interface를 통해 조작이 수월하며, 언어 해석이 쉬워서 누구나 간편하게 작동이 가능하다는 말이다.

하이브리드형 로봇은 3세대 제품에 속한다. 취출 구간 속도에서 직

다관절 로봇 제품 생산 라인

생산공장 내부 전경

교 로봇 대비 20%, 다관절 로봇 대비 30% 향상을 보이며, 커팅·사상·적재·협업 등 2차 자동화 연계가 가능하다.

한양로보틱스(주)는 2023년 현재 4세대에 해당하는 다관절 로봇 시리즈를 개발하고 있다. 지난 3월 일산 킨텍스^{KINTEX}에서 개최된 'KOPLAS(국제플라스틱·고무산업전시회) 2023'에서 선보인 6축 다관절 로봇 제품들이다.

"저희가 개발한 6축 다관절 로봇은 S6 시리즈와 R7 시리즈로 이름 붙였습니다. 이들 제품은 범용적인 핸들링 작업을 할 수 있도록 맞춤 하드웨어 설계를 거쳤습니다. 그리고 핸들링이 필요한 공정과 애플리케이션에서는 경쟁 업체의 유사 제품군과 비교하면 20~30% 수준의 생산성 향상 효과를 발휘합니다."

강종원 대표는 자동화용 회전 다관절 로봇 개발에 의해 핸들링 자동화 적용 범위가 크게 확장될 것이라는 기대를 갖고 있다. 제품 핸들링에 중요한 관절 축의 성능이 강화되어 생산성이 높아지고, 로봇 팔 끝에 기본으로 장착되는 에어 및 전기 유닛은 툴^{Tool} 장착 작업의 효율화를 돕게 되기 때문이다.

아울러 여기에는 정상 온도를 넘어서면 로봇이 일시 정지하는 열화상 온도 감지 기술이 적용된다. 또한 작업 반경 내 인체 감지 시에도 멈추는 라이더 인체 감지 기술 등 2차 융복합 기술이 적용되어 중대재해를 예방할 수 있다.

공장자동화 기술과 스마트팩토리 솔루션 차별화

공장자동화 솔루션은 인서트^{Insert}·조립·검사 등 2차 공정을 자동화

한다. 최근 제품 수명 주기가 현격하게 짧아지고, 고객 요구에 신속히 대응할 수 있는 다품종 소량 생산 추세가 가속화하는 데 따른 제조업 환경 변화는 산업용 로봇과 공장자동화 시스템의 수요를 늘렸다. 우리나라의 경우는 「중대재해처벌법」의 시행도 맞물려 산업 현장의 안전성을 확보해 재해를 예방하려는 필요도 그 수요 증가에 한몫을 하고 있다.

"공장자동화 의뢰는 2020년 코로나19가 확산되어 거리두기와 조업 단축이 빈번해지면서 전보다 많아졌습니다. 저희는 로봇 핵심 기술과 노하우를 토대로 지금까지 350여 종의 자동화를 해 온 실적이 있습니다. 특히 다관절 로봇을 자동화 장비와 연동시켜 여러 가지 동작을 단순화함으로써 자동화 공정 투자비를 절약하는 장점이 큽니다."

강종원 대표는 '산업 전반에서 공장자동화 요구가 계속 증가 추세'라며, '2020년 이후로는 금속 가공과 2차 전지 분야 관련 매출 규모가 커졌다'고 밝힌다. 올해 초 헝가리 2차 전지 공장의 자동화 설비 관련 프로젝트 계약을 성사시킨 것도 이 같은 세계적 추세의 반영이었다.

향후 산업용 로봇을 도입한 공장자동화시장의 전망은 매우 밝은 편이다. 시장조사 업체 모도 인텔리전스^{Mordor Intelligence}는 2020년 277억 3000만 달러(약 32조 원)였던 전 세계 로봇 시장 규모를 2026년 741억 달러(약 87조 원)로 예상하고 있다. 2021년부터 2026년까지 5년간 연평균 성장률은 17.45%를 기록할 것이라는 분석도 내놓았다.

"이처럼 공장자동화사업이 계속 빠르게 성장하는 데 부응해 저희는 토털 솔루션을 제공하려는 노력을 기울이고 있습니다. 애프터서비스^{A/S}에도 빈틈이 없도록 국내 영업소와 해외 거점에 전문 인력을 파견해 관리 역량을 강화했습니다."

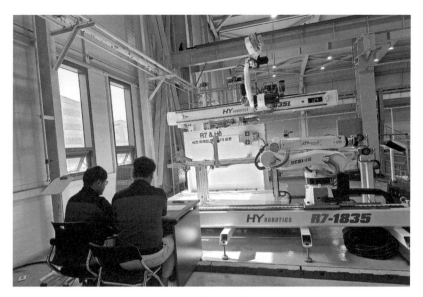

로봇 제품 기술개발

강종원 대표의 경영 전략은 끊임없는 기술개발로 미래 산업의 패러 다임을 새롭게 제시해 나가며 고객의 신뢰를 공고하게 다지는 데 있다. 이 는 한양로보틱스㈜의 성장 가능성을 날로 확충하는 원동력으로 높이 살 수 있다.

그런 의미에서 다관절 로봇 생산의 기술력을 바탕으로 한 스마트팩 토리 솔루션 확보는 여타 경쟁 업체와는 차별화된 자산이다. 4차 산업의 스마트팩토리 구현을 위한 특허만 해도 이미 64건을 확보하고 있다.

한양로보틱스㈜는 모방 난이도가 높은 융복합 기술개발을 통한 시 장 선도 전략을 내세운다. 자체적으로 보유한 사물인터넷^{IoT} 융합 기술의 활용 등이다. 이는 로드셀$^{Load\ Cell}$과 같이 센서들을 융합해 신기능을 제품화 한다.

"저희가 확보하고 있는 융복합 기술은 다양합니다. 중량 감지 기능과 온도 감지 기능, 정전기 제거 기능, 원격 A/S 기능, 그리고 모바일 앱이나 웹사이트에서 곧장 확인이 가능한 생산 현황 모니터링 시스템 등의 특허 받은 신기술들이지요."

강종원 대표는 한양로보틱스㈜의 IoT 융합 기술이 인공지능^{AI}, 빅데이터, 디지털 트윈 등과 결합해 통합 컨트롤 플랫폼 실현의 토대를 제공해 줄 것으로 기대하고 있다. 이를 통해 스마트팩토리 선도기업으로 진화하겠다는 복안이다.

글로벌 강소기업을 넘어 월드클래스 도약 기약

제조업 전반에 로봇 자동화 시스템을 폭넓게 적용하며 사업 부문을 확장하고 있는 한양로보틱스㈜는 2022년 5월 충남스타기업으로 선정되었다. 2022년 1월부터 12월까지 충남테크노파크가 주관하는 충남지역스타기업육성사업에 참여했다. 충남스타기업으로서 지원받은 내용은 기업 진단, 성장 전략 수립, R&D 과제 도출, 비R&D사업화 지원 등이다.

"4세대 다관절 로봇을 개발하는 과정에서 충남테크노파크의 지원은 큰 도움이 되었습니다. 전담 PM$^{Project Manager}$ 컨설팅 지원을 통해 설비 투자 확대를 위한 65억 원 투자 유치에도 성공했습니다. 그 결과, 6축 다관절 로봇을 상용화해 해외 진출의 발판을 마련할 수 있었습니다."

특히 비R&D사업화 지원은 4세대 다관절 로봇의 시제품 제작을 통해 외국산 로봇 대비 기술 우위를 점할 수 있게 했다. 강종원 대표는 이 제품들을 가지고 'KOPLAS 2023'에 참가했을 때, '쉬운 조작과 우수한 정밀성으로 고객 만족도를 극대화했다'는 평가를 받았다고 전한다.

충남스타기업 선정

충남스타기업 선정은 구체적인 중장기 성장 목표를 수립하는 데도 직접적인 도움을 주었다. 2026년 600억 원 매출 달성 추진 외에도 단계별 전략 명확화로 비전^{Vision}을 확립했다.

1단계로는 조직 역량을 강화하며 경영 시스템의 기본 체계를 다졌다. 2단계에서는 상용화 R&D 과제 기획 수행으로 신규 제품 아이템을 확보하고, 수출 역량을 키웠다. 3단계는 글로벌 강소기업 도약이다. 글로벌 해외 진출을 실현할 수출 선도기업으로 성장할 수 있는 동력을 마련하는 현 단계다. 이어서 4단계로 지속 가능한 월드클래스 기업 진입에 성장의 비전을 두었다.

"테크노파크 지원사업 참여의 경제적 성과라고 하면, 2022년 매출이 240억 원으로 전년에 비해 4.3% 늘었습니다. 이 가운데 수출은 2021년

73억 원에서 2022년 86억 원으로 17.8% 상승해서 '700만 불 수출의 탑' 을 수상하기도 했습니다. 중국 등 14개국의 해외 거점을 확보했고, 그 과정에서 충남테크노파크로부터 국제적인 제품 인증 획득을 위한 지원도 받았습니다. 특허 출원 8건, 등록 13건 등의 산업재산권도 확보할 수 있었습니다."

강종원 대표는 이 같은 실적을 정리하며, '이제 충남 지역 혁신 선도 기업 신청을 하겠다'는 계획을 밝힌다. 글로벌 강소기업 도약에 꼭 필요한 지원사업이라는 생각에서다. 충남테크노파크의 지원에 상응하는 목표 달성은 지역기업이 완수해야 할 진정한 책임이자 보답이라고 인식하고 있다.

한양로보틱스㈜는 지속적인 협력을 통해서만 월드클래스 기업의 길로 갈 수 있다고 믿는다. 그래서 충남테크노파크와의 동반자 관계는 소중하다. 이를 기반으로 '제조업 전반에 로봇 자동화 시스템을 폭넓게 적용하는 세계적인 산업용 로봇 자동화 시스템 전문기업의 명성을 지역에 심겠다'는 것이 강종원 대표의 희망이다.

경영철학은 '직원들이 행복한 회사를 만들자'

한양로보틱스㈜의 조직은 영업본부·관리본부·생산본부·공장자동화사업부 등으로 구성되어 있다. 영업소는 국내 4개소, 해외 법인은 유럽의 슬로바키아와 중남미의 두 곳에 두었다. 임직원 수는 2023년 10월 현재 86명이다.

강종원 대표는 2014년에 입사해 전 부서에서 두루 근무 경력을 쌓고 작년 말 대표이사에 취임했다. 창업주인 부친이 선견지명을 가지고 개척한 사업 분야에서 한 차원 도약할 수 있는 역량과 여건을 하나씩 갖추

한양로보틱스(주) 강종원 대표

는 데 힘을 쏟는 상황이다.

"저희 회사의 경영철학은 창업 때부터 '직원이 행복한 회사를 만들자'였습니다. 이제 제가 계승해야 할 모토^{Motto}입니다. 저는 '로봇 자동화의 혁신 기술로 고객과 구성원이 모두 행복한 회사를 만들자'는 목표로 경영에 임하고 있습니다."

강 대표는 먼저, '고객들에게 제품을 책임지며 끝까지 함께하는 자세를 잃지 않겠다'는 약속을 한다. 그리고 항상 배우고 공감하며 '직원들의 행복 실현'에 최선을 다함으로써 경영철학을 구현하고자 한다. 기업에서는 '사람'이 가장 중요한 만큼, 좋은 사람들이 다 같이 어우러져 일할 수 있는 환경과 시스템을 만들어 가는 데 신경을 쓴다.

"대표이사 취임 후 한양로보틱스㈜가 어떤 지향점을 가지고 나아가야 할까를 고민해 봤습니다. 임직원 설문과 2030 직원 인터뷰를 진행해서 '기술의 한계를 넘어 고객과 함께 도약하는 회사'라는 슬로건^{Slogan}을 도출했습니다. '지속적인 기술 혁신을 통해 고객에게 감동을 주고 임직원들에게 자부심을 만들어주는 회사로 가자'는 의미이지요. 저는 그 지향점을 가지고 저희 회사를 성장시키겠다고 늘 다짐합니다."

강종원 대표는 코스닥 상장을 준비하며 기업의 투명성을 높이는 제도화와 실천에도 속도를 내고 있다. 분기마다 워크숍을 하며 전 직원에게 경영 성과를 보고하는 기회를 갖는다. 기업 공개를 통해서 공적인 회사로 성장할 수 있는 매뉴얼화 작업으로 상장기업의 요건을 만들어 간다.

지금으로부터 5년 후, '산업 분야를 넓힌 로봇 자동화 전문기업으로 성장해 있을 것'이라는 강 대표의 말에서 차근차근 내일을 준비하는 전략적 계획성과 성실성이 배어난다. 그는 '그때가 되면 산업용 로봇과 공장자동화 장비 간의 커뮤니케이션이 가능한 단일 제어 컨트롤 시스템을 완성할 수 있지 않겠느냐'는 예상을 내비친다.

즉, 제어 관리 플랫폼화 사업으로 확장해서 글로벌 경쟁력을 갖추겠다는 구상이다. 그러한 성장 전망을 말하는 가운데서도 '항상 초심을 간직하고 있는 기업'일 것이라는 신념은 굳건하다. 한양로보틱스㈜의 초심은 '로봇 자동화 전문기업으로서 기술력을 계속 향상시키고 사회에 선한 영향력을 끼치며 국가 발전에 이바지하는 노력'에 담겨 있다.

지역의 인재들과 함께 성장

훌륭한 인재들과 좋은 환경에서
지속 성장하는 노력이 중요합니다

한양로보틱스(주)는 '다 계획이 있게' 인재 확보에 진심을 쏟는다. 본사를 내포도시첨단산업단지로 옮기는 계획을 확정하고서 홍성공고와 예산전자공고 등에서 신입사원을 뽑기 시작했다.

"회사를 다른 지방으로 이전하다 보면 아무래도 이탈하는 인력이 생길 수밖에 없다고 봤습니다. 그래서 이전 예정지 근처에 있는 학교들의 졸업생을 선발해 인천에서 3년 동안 도제식으로 교육시켰습니다. 미리부터 인력 공백을 방지하고, 이전 후 안정적인 정착을 위한 준비였지요."

강종원 대표는 인천에서 충남 홍성으로 생활 근거지를 옮겨야 하는 불편을 겪으면서도 대부분의 직원이 떠나지 않고 함께해 다행스러웠다고 말한다. 근무 환경은 종전보다 대폭 개선되었다. 휴게 공간과 기숙사 등의 시설 완비에 중점적으로 신경을 써서 '회사가 직원들을 잘 챙겨 준다'는 생각이 들도록 했다.

내포도시첨단산업단지로 이전한 후에는 천안의 상명대와 '지능형 로봇 분야 인재 양성 양해각서'(MOU)를 체결하고 산학협력을 시작했다. 고용 창출 효과 제고와 기술 인력 교육을 통한 전문성 향상을 꾀하고 있다.

"지역의 인재들을 더 많이 채용하는 것이 저희의 목표입니다. 상명대 휴먼지능로봇공학과 학생들이 한양로보틱스(주)의 장비를 활용하는 실습 교육 프로그램을 시행하고, 산학 직무 연계 시스템으로 이어가고자 합니다. 산학개발과 인재 육성을 병행해 성장의 디딤돌로 삼을 계획입니다."

강종원 대표는 상명대 휴먼지능로봇공학과 특임교수로도 강단에 서고 있다. 미래시장은 로봇과 AI의 융합 기술을 발전시켜야 대비할 수 있다. 이를 가능하게 하려면 '훌륭한 인재들과 좋은 환경에서 지속 성장하는 노력이 중요하다'는 인식이다. 한양로보틱스(주)의 한결 밝은 내일을 전망하게 하는 근거가 여기에 있다.

07 충북테크노파크 지원기업

(주)한얼누리

공해 없는 세상을 밝게 비추는
태양광 가로등

㈜한얼누리 본사 전경

| 충북TP 지원사업명
- 충북지역 혁신성장바우처 지원사업
  (2300만 원, 22.08~22.10)
- 충북지역 스타기업육성사업(1000만 원,
  22.07~22.09)

| 지원성과(전·후)
- 매출액: (2021) 129억 원 → (2022) 156억 원
  (↑21%)
- 고용: (2021) 60명 → (2022) 70명(↑17%)

성장사다리 연계 스타기업 성장 촉진-㈜한얼누리

어둠을 밝히는 가로등을 설치하면서 전력선 공사를 할 필요가 없다. 태양광 가로등도 스마트화 하는 시대다. 가로등이 낮 동안 자체 발전을 해서 저장한 전력으로 야간에 불을 켠다.

"태양광 패널을 이용해 전기를 생산해서 가로등을 켜는 정도로는 1차원적 제품이라고 할 수 있습니다. 최근에는 인적이 없을 때는 밝기를 조절해 전력 소모를 줄이고, 효율적 관리로 배터리 수명까지 늘리는 스마트 가로등이 등장했습니다."

국내 태양광 가로등 제작·가동 기술을 첨단화하며 시장을 넓히고 있는 ㈜한얼누리(http://www.haneolnuri.com) 권택조 대표의 말이다. ㈜한얼누리는 사람의 움직임과 햇빛의 상태 감지부터 6단계 밝기 조절까지 가능한 각종 센서^{Sensor} 기술을 확보하고 있다. 권 대표는 또한 '전국 각지에 설치한 가로등 하나하나를 휴대폰으로 모니터링해서 필요시 즉각적으로 대응할 수 있는 시스템을 갖췄다'고 한다.

"가로등의 역할은 이제 불만 밝히는 데 그치지 않습니다. 가로등을

(주)한얼누리 권택조 대표

다는 기둥을 이용한 경관 연출도 시도되고 있습니다. 조명뿐만 아니라 교통 정보와 통신 등을 통합 활용하는 스마트 가로등이 설치될 겁니다. 산업단지라든지 아파트 단지 같은 곳에서는 가로등이 전기자동차 충전소가 될 수도 있습니다."

권택조 대표는 태양광 가로등 설치가 기후변화 시대의 화두인 탄소 저감에도 기여할 것이라고 강조한다. 현재의 일반 전기 가로등을 태양광 가로등으로 교체하면 탄소 배출을 극소화한 신재생에너지 발전량 증대를 기대할 수 있다는 얘기다. 각 가로등마다 탄소 절감량을 수치화할 수 있으므로 탄소배출권 획득에도 유용하다.

이 같은 스마트화의 장점과 탄소 저감 효과에 따른 태양광 가로등의 시장 규모는 국내만 해도 약 3조 원을 예상하고 있다. 전 세계적으로는 40~50조 원에 달할 것으로 전망된다. ㈜한얼누리는 이 시장을 선점하고자 기술개발에 최선의 역량을 쏟고 있다.

태양광 가로등 분야의 최첨단 기술 보유

태양광 가로등 부문에서 글로벌 기업이라고 꼽을 만한 상대는 아직 없다. 다만, 중국이 경쟁 국가다. 제품의 품질이 비교되는 것이 아니라, 워낙 저가이기 때문에 경쟁에서 애를 먹는다.

중국 제품은 저렴한 가격을 기반으로 동남아시아권에 먼저 진출했다. 그런데 2년이 지나지 않아 많은 하자가 생겨서 신뢰를 잃은 형편이다.

"중국 제품을 '싼 게 비지떡'이라는 인식으로 대하기 시작한 게 그나마 다행이지요. 지금은 좀 고가이더라도 한국 제품으로 견적을 내 달라는 의뢰가 늘어나고 있습니다. 이런 추세라면 태양광 가로등 분야 쪽에서 저희가 더 빨리 글로벌화하는 기회를 만들 수 있을 것으로 보입니다."

권택조 대표는 '선진국에서도 태양광 가로등은 시장 형성 시작 단계'라며, '㈜한얼누리 제품의 미국 진출도 시도되고 있다'고 밝힌다. 1차 목표는 국내시장에서 점유율을 높이는 것이지만, 최종 목표는 해외시장 공략에 맞추고 있다. 권 대표가 구상하는 중단기 성장 좌표는 신재생에너지 종합 솔루션 업체로의 도약이다.

㈜한얼누리는 원래 전기공사업을 전문으로 첫발을 내디뎠다. 권택조 대표는 1998년 41세 때 한국전력공사를 명예 퇴직했고, 3년 뒤인 2001년에 충청북도 단양군 단양읍에서 ㈜대하전기소방을 설립했다.

"당시 단양에서 실시되는 한국전력의 배전공사 단가 입찰에 참여하기 위해 본사를 그곳에 두었습니다. 동일 지역의 업체에게는 가점이 주어졌습니다. 다행히 공사업체로 선정되면서 창업 시 4명에 불과했던 인원을 17명으로 늘려야 했지요. 그때부터 정보통신공사와 태양광 발전 시스템 등으로 사업 영역을 확장해 왔습니다."

충북 음성의 ㈜한얼누리 생산공장

정보통신 분야에서는 DC^{Direct Current}(직류)·AC^{Alternating Current}(교류)·발전기·축전지 등의 통신용 전원과 고지 중계소 구축, 초고속 인터넷 설치, EV^{Electric Vehicle}(전기자동차) 충전사업을 수행하고 있다. 신재생에너지 설비 설치 전문기업으로는 2010년에 등록했다.

태양광 가로등 제조업을 본격화한 때는 2015년부터였다. 태양광 발전 시스템 시공을 하면서 전기공사보다 태양광 수요가 적지 않다는 사실을 알게 되어 사업 다각화에 나섰다.

"태양광도 전기공사의 한 분야입니다. 그런데도 국내 태양광 시공업체 중에는 전기공사업에서 출발한 경우가 40% 정도에 불과합니다. 나머지 약 60%는 일반 건설업이나 창호, 구조물 업무를 한 곳이지요. 그래서 전기공사를 발판으로 해 온 저희 ㈜한얼누리가 시공 품질 등에서 남보다 앞서간다고 자부합니다."

고객들의 관심사는 '얼마만큼 에너지를 효율적으로 만들어 주느냐'에 있다. 권택조 대표는 '그 부분을 만족시켜 줄 수 있다'고 자신한다.

㈜한얼누리는 2017년 한국에너지공단 신재생에너지센터로부터 애프터서비스^{A/S} 전담업체로 선정되기도 했다. 그리고 2018년부터는 태양광 가로등 분야에서 다른 기업이 따라올 수 없는 최첨단 기술을 보유한 기업으로 두각을 나타냈다.

기존 국내 태양광 가로등의 문제들을 해결

㈜한얼누리가 태양광 가로등 제품의 양산에 들어간 2018년은 3~4년 전에 설치된 기존 제품들 중 상당수에서 하자 발생이 빈번해 문제가 되었다. 불과 수년 만에 수명이 다하는 태양광 가로등이 긍정적 평가를 받기 어려운 상황이었다.

이 같은 시기에 등장한 후발주자였지만 ㈜한얼누리가 선보인 제품은 시장의 주목을 받았다. 대구 영남대로부터 이전한 태양광 발전 시스템 제어장치 및 제어 방법에 관한 특허 기술이 뒷받침되어 각종 검사와 평가에서 오랜 수명과 탁월한 성능을 입증한 결과였다.

배터리의 경우에는 기존 태양광 가로등이 납축전지를 사용한 데 반해, ㈜한얼누리 제품은 LFP^{Lithium Iron Phosphate}(리튬인산철) 배터리를 채용했다. 뿐만 아니라 LED등의 소모 전력을 컨트롤하는 기능이 없는 선발 제품과 달리, 관련 기술을 실현하고 있었다.

2020년에는 드디어 충북 음성군 삼성면 선정로97번길 90-4에 생산공장을 마련하고 태양광 가로등 개발·생산에 집중할 수 있는 역량을 확

㈜한얼누리 기술연구소 전문인력들의 근무 모습

보했다. 기술연구소도 충북 청주시 청원군 오창읍 연구단지로 76 충북테 크노파크 본부관 317호에 입주시켜 9명의 전문 인력을 배치했다.

"전국적으로 몇 개 업체가 태양광 가로등 제조업을 하고 있기는 합 니다. 그중에서 저희 ㈜한얼누리 제품이 단연 뛰어난 품질을 인정받고 있 습니다. 저희 제품은 디스플레이^{Display}를 통한 전력 관리 기능, 1축 태양광 추적 시스템, 최적의 배터리 시스템 등 독자적인 특허 기술을 적용한 독립 형으로서 높은 효율을 자랑합니다."

권택조 대표의 설명 중에서 디스플레이를 통한 전력 관리 기능은 어 떠한 지역이나 기후 상황에도 최적화할 수 있는 요건 적용을 가능하게 한 다. 태양광 가로등의 전력 관리 내용을 디스플레이로 확인하고 설정할 수 있다.

태양광 가로등 원격 모니터링 시스템

1축 태양광 추적 시스템은 실시간으로 측정된 태양광 데이터를 분석해 태양광을 추적하게 함으로써 최대의 전력량 확보를 실현한다. 그리고 최적의 배터리 시스템에는 전력제어 특허 기술을 적용해 과잉 충전이나 완전 방전을 막아서 배터리는 물론 태양광 가로등 제품의 사용 수명을 연장한다.

국내에서 타사가 설치한 기존 태양광 가로등은 충전 및 배터리 보호 기술이 부족해 미점등, 배터리 성능 저하와 조기 방전 등의 문제를 일으켰다. 특히 배터리에 저장된 에너지를 제한적으로 사용해야 하는 환경인데도 비효율성이 두드러져 제품 수명이 저하되는 현실이었다.

㈜한얼누리는 탁월한 기술력으로 이러한 문제들을 해결했다. 제품 양산을 본격화한 이후로는 충북테크노파크의 지원이 기술집약적 태양광 가로등 생산기업의 성과를 높이는 데 큰 힘을 주었다.

충북테크노파크는 2020년부터 기술 이전과 사업화, 국내 상표권 및 시험인증, 스마트공장 구축 등의 지원을 아끼지 않았다. 그 과정에서 ㈜한얼누리는 2건의 특허 출원을 했고, 2021년 충청북도 선정 중소기업대상과 '2022년 대한민국 중소기업인대회' 중소벤처기업부 장관 표창 수상 등으로 이름을 알렸다.

지역 혁신 거점기관과 모범적 협력 사례

충북테크노파크의 지원사업에 참여해 개발한 신제품은 태양광-풍력 하이브리드 가로등이다. 태양광에너지와 풍력에너지를 함께 사용하는 방식으로 기술 경쟁력을 높였다. 태양빛을 제대로 받지 못하는 지역이나 여름 장마철처럼 흐린 날씨가 이어질 때 풍력으로 전력을 생산해 가로등을 유지할 수 있다.

반영구적인 제품을 만들려는 노력의 결실인 태양광-풍력 하이브리드 가로등은 기존 공정형 태양광 가로등 대비 발전 효율을 15% 향상시켰고, 제어 컨트롤러 혁신 부품의 국산화를 실현했다. 태양광 패널 위로 바람에 의해 돌아가는 날개가 달려 있어 4m/sec 이상 풍속과 풍량을 확보한다면 24시간 풍력 발전이 가능하다.

이 제품의 개발 성과로 충북테크노파크는 '2022 대한민국 기술사업화대전'에서 기술사업화 공공 부문 기관표창 수상의 영예를 안았다. ㈜한얼누리와의 협업이 '기술사업화 지원에서 지역 혁신 거점기관의 역할을 보여준 좋은 사례'로 평가 받았다.

시제품 제작은 2022년 8월부터 10월까지 3개월 동안 이루어졌다. 같은 기간에 태양광-풍력 하이브리드 제어 컨트롤러 핵심 부품도 개발했다. 이를 통해 태양광-풍력 하이브리드 가로등 제품 및 카카오맵을 연동한 점등·소등 제어 시스템의 특허를 출원해 기술 권리를 확보하게 되었다.

"아울러 테크노파크 지원사업 과정에서 저희 ㈜한얼누리는 개발을 완료해 놓은 모니터링 시스템의 KC 인증과 배터리의 신뢰성 테스트 안정성까지 입증하는 성과를 거뒀습니다. 이 외에 2022년에 충북지역 혁신성장바우처 지원사업과 충북지역 스타기업육성사업에도 참여해 충북테크노파크로부터 기술사업화 컨설팅 등도 지원받았습니다."

권택조 대표는 '㈜한얼누리가 충북테크노파크의 지원이 있기 전까지는 100억 원 매출 실적을 달성하지 못했다'면서, 100억 원 매출액 돌파를 '테크노파크 지원사업의 힘' 덕분으로 돌린다. 실제로 충북테크노파크와의 인연은 2019년 중후반부터 맺었고, 2020년부터 지원사업 참여를 늘렸다.

그 효과는 2021년 129억 원의 매출액을 기록하며 가시적으로 나타났다. '코로나19' 시기였던 2022년에는 해외 진출 시기가 늦춰지며 성장의 보폭을 넓히기 어려운 상황에서도 매출액은 156억 원으로 증가했다. 고용에서도 2021년 60명이던 인원이 2022년에 70명으로 10명 늘었다. 영업이익에서는 전년 대비 21%의 상승을 보였다.

㈜한얼누리와 충북테크노파크의 협력 관계는 2023년에도 이어지고 있다. 올해 매출액은 전년도보다 30억 원 정도 증가를 예상하며, 신규 고용 창출 효과도 기대된다. 지역경제 활성화에 기여하며 상호 원윈^{Win-win}하는 모범 사례라고 할 만하다.

궁극적으로 정보 기술^{IT} 기업화 지향

다시 언급하지만, ㈜한얼누리가 처음 개발한 전력제어기는 태양광 가로등의 진화 가능성을 새롭게 밝혔다. 이를 토대로 중앙관제센터에서 원

거리의 태양광 가로등 상태를 실시간 확인할 수 있는 모니터링 시스템을 구축했다.

스마트폰 앱^{App}으로 가로등의 점등과 소등을 제어할 수 있고, 절전 효과에 따른 전기세 감소액과 이산화탄소^{CO_2} 감소량까지 확인된다. 양방향 제어도 가능하므로 만약 태양광 가로등 상태가 비정상이라면 간단하게 리셋^{Reset}해서 정상으로 변경할 수 있다. 따라서 큰 문제가 발생하지 않는 이상, 현장 방문 확인이나 점검은 불필요하다.

"태양광 가로등 관리에서 근본적 애로 사항은 제대로 작동하고 있는지 확인하는 방법이 매우 불편하다는 점이었습니다. 설치된 곳까지 직접 가서 눈으로 봐야 했거든요. ㈜한얼누리의 모니터링 시스템은 그런 불편을 덜어준 모듈^{Module}화 제품이라고 할 수 있습니다."

권택조 대표는 제조회사에서 소프트웨어$^{S/W}$를 판매하는 기업으로 전환해 가려는 의지가 있다. 향후의 성장 비전은 우선 단품보다 모듈 공급 업체로서 한 단계 도약하는 것이다. 궁극적으로는 S/W 개발을 통한 프로그램 판매에 집중하는 정보 기술^{IT} 기업화를 지향한다.

"전기공사업에서 폭을 넓혀 태양광 발전 시스템에 도전했고, 이제는 신재생에너지 분야의 솔루션을 제공하는 회사가 되고자 여기까지 왔습니다. 그래서 태양광 가로등 분야에서 사물인터넷^{IoT} 센서 개발을 포함해 여러 제품군을 확대하고 있습니다. 결국 새로운 길은 하드웨어보다 소프트웨어 분야에서 개척해야 한다는 방향으로 많은 준비를 하고 있는 중입니다."

권택조 대표가 생각하는 경쟁력은 '단지 꾸준하게 연구개발하는 그 자체'에 있다. 차후의 먹거리는 연구개발 관련한 올바른 소통의 활성화와 지속적인 솔루션 개발로 창출할 수 있다는 것이 소신이다. 신기술을 적용

글로벌 시장 확대가 기대되는 태양광 가로등

하고 응용해서 또 새로운 기술을 만들어 냄으로써 경쟁력을 키우는 전략을 추구하고 있다.

그 기술이 적용되는 분야는 아무래도 신재생에너지가 중심이다. 권 대표는 '우리나라는 자연이 주는 에너지를 적극적으로 활용하고, 친환경에너지 기반을 강화해야 한다'는 입장에 서 있다.

"화석연료에 의존하지 않고 발전할 수 있다면 그게 최상 아니겠습니까? 그런 쪽으로 자꾸 신기술을 개발해야 지속가능성이 커집니다. 가령 태양광 가로등 시대를 앞당길수록 탄소 저감 효과는 배가될 것입니다. ㈜한얼누리는 제도화가 된다면, 태양광 가로등 개소별 탄소 저감량을 한꺼번에 모아서 탄소배출권을 판매할 수 있는 플랫폼의 개발도 구상하고 있습니다."

권택조 대표는 '자연을 훼손하지 않고, 자연이 주는 무한한 에너지를 편리하고 안전하게 이용하는 기술'을 완성할 수 있기를 희망한다. 이는 미래 IT 기업 ㈜한얼누리가 사업 목표를 '사람과 자연이 함께 어우러져 공해 없이 사는 세상'을 만드는 것에 두는 경영철학의 뿌리다.

향후 글로벌 시장에서 큰 성과 기대

권택조 대표의 기업경영이 순탄한 상황만을 지나온 것은 아니다. 창업 후 5~6년차에는 일거리가 줄어 직원들의 급여도 제대로 주지 못하는 시기를 맞았다. 그때 고통을 분담하며 함께 힘을 모았기에 곤경을 극복해 낼 수 있었다.

"직원들에게 고마움을 많이 느꼈지요. 힘들 때 참아주고 같이 고생해 온 직원들과 더불어 가자는 목표가 생겼습니다. 회사의 성장이 안정궤도를 찾으면 전 직원이 합심해서 운영하는 체제를 정착시켜 만족스러운 성과를 골고루 나누고 싶습니다."

2004년 ㈜한얼누리로 회사명을 바꾼 뜻에도 원래 이런 의지가 담겨 있다. 순우리말의 조합인 '한얼누리'의 풀이는 '큰 정신이 깃든 땅'이라는 의미다. 직원들이 '한얼'이고, 회사는 '누리'다.

권 대표는 '임직원 모두가 한마음으로 한데 어우러질 수 있는 인간다운 삶의 터전을 만들자는 자세로 앞만 보고 달려왔다'고 한다. 각자의 개성을 지키면서도 공동체적 이상을 실현하려는 포부는 여전하다.

"직원들의 복지 수준을 향상시키고, 궁극적으로는 인류사회에 기여하는 선행기업의 이름으로 ㈜한얼누리가 존속해야지요. 저희가 생산하는 태양광 가로등을 전력 사정이 안 좋은 저개발 국가 마을에 설치해 주는 지원사업을 그려 봅니다. 그곳 아이들이 공터에서 밤에도 운동하고 뛰어놀게 하면서 안전을 지키는 환경을 선물할 수 있을 겁니다. 우리만 풍족하기보다, 그런 지원에 인색하지 않은 ㈜한얼누리로 성장했으면 합니다."

지금은 한 걸음씩 나아가는 데 집중하고 있다. 코스닥^{KOSDAQ}보다 코넥스^{KONEX} 상장을 바라본다. 2~3년 후의 목표다. 그러기 위해서는 지속적인 신제품개발과 사업화를 추진해 매출 신장에 주력해야 한다.

"저는 경영 상황을 신속·정확하게 판단해서 의사결정을 빠르게 하려고 노력합니다. 오판의 부담감을 덜어내고 의사결정 후에는 직원들을 믿고 맡기지요. 결과적으로는 옳은 길로 왔다고 봅니다. 신재생에너지 분야에서 태양광 가로등의 선도기업 위치에 올라선 것도 그렇고, 향후 글로벌 시장에서도 큰 성과를 내리라고 믿습니다."

㈜한얼누리는 2019년에 해외법인을 설립하고 필리핀 진출을 시도했

으나, 이듬해 '코로나19' 사태로 가로막혔다. 올해 들어 중앙아시아의 우즈베키스탄에서 다시 글로벌화의 시동을 걸고 있다. 세계 어디서나 '무결점·안전 시공을 통한 품질 확보 및 고객감동 실현'을 경영 방침으로.

　권택조 대표는 '아무리 똑똑하고 잘났어도 혼자서는 이뤄낼 수 없다'는 말로 직원들의 합의를 이끌어 낸다. 초침시계도 큰 톱니바퀴와 작은 톱니바퀴가 서로 맞물려서 돌아가야 정확한 시간을 알리는 제 역할을 할 수 있다. 그가 회사 운영에서 가장 중요하게 여기는, '언제나 더불어 가야 한다'는 소신을 매번 거듭해서 강조한다. 그렇게 함께 한 발씩 전진하다보면 10년쯤 뒤에는, 어느 정도 '한얼누리'의 꿈을 실현할 수 있을 것 같다.

정부의 중소기업 지원 확대 희망

국가경제 발전을 위한 중소기업 연구개발 지원은 어려운 상황 속에서도 확대해 나가야 합니다

중소기업은 신제품개발에 많은 시간과 경비가 들어간다. 만약 정부의 지원이 없다면 연구개발에 엄두도 내지 못할 중소기업이 대다수다. 자금이 풍부한 여건을 갖춘 경우는 찾기 힘들다.

"중소기업이 살아야 국가경제가 발전한다는 것은 두말할 나위도 없습니다. 경제의 주춧돌을 쌓는 기반이 바로 연구개발입니다. 따라서 중소기업의 연구개발 지원은 정부가 책임지고 해야 할 일이지요. 아무리 어려운 사정이 있더라도 지원이 끊기거나 축소되어서는 안 되고, 최소한 꾸준히 지속해야 합니다."

권택조 대표는 충북테크노파크입주기업협의회 회장을 맡았던 경험으로도 우리나라 중소기업들이 겪는 고충을 누구보다 잘 알고 있다. ㈜한얼누리를 경영하면서 공감하는 동일한 현실이다. 열악한 조건 속에서도 훌륭한 연구개발 성과를 내온 데는 정부의 지원이 버팀목 역할을 해 왔다는 점에도 충분히 감사하고 있다.

"테크노파크 지원사업의 효과는 뚜렷합니다. 신제품개발에서 사업화까지 소요되는 시간을 확실히 단축시켜 줍니다. 경제적으로도 연구개발비 지원은 직접적인 도움이 되지요. 정부 지원의 중요성은 두 번 세 번 강조해도 지나치지 않습니다."

권택조 대표는 '특히 중소기업들을 육성할 수 있는 보육기관 역할 수행은 지역 테크노파크 외에는 별다른 대안이 없다'고 확언한다. 그렇기 때문에 테크노파크가 '중소기업들을 강소기업으로 키워 내는 가장 중요한 역할을 책임감 있게 완수해야 한다'는 요구다.

이 같은 인식을 가지고 2024년에는 예년보다도 정부 지원이 늘어나 충북테크노파크와의 협업이 더욱 확대되기를 바라고 있다. 지금도 잘 하고 있기는 하지만, 좀 더 욕심을 내서 중소기업들의 성장 의지를 북돋워 주었으면 하는 바람이다.

PART 4

ABOUT
TECHNOPARK

테크노파크-지역기업 혁신성장 파트너!

01_ 테크노파크 소개

02_ 한국테크노파크진흥회

03_ 테크노파크 기업지원 통합대표번호
      1877-8972

01 테크노파크 소개

테크노파크 개요

테크노파크는 지역 산·학·연·관을 비롯한 지역혁신기관과의 유기적인 협력 네트워크를 구축하고, 지역 실정과 특성에 맞는 산업발전 전략 및 정책을 수립하여, 지역기업·산업을 육성하는 거점기관입니다

설립

민법 제32조 및 산업기술단지 지원에 관한 특례법에 근거하여 1998년부터 테크노파크 설립

- **법적 근거** : 산업기술단지 지원에 관한 특례법('98.12월 제정)에 따라 산업기술단지를 조성·운영하는 사업시행자로서 정부-지자체-민간이 공동 출연한 테크노파크(TP) 지정

목적

지역 산·학·연·관의 유기적인 협력체제를 구축하여 지역혁신사업간 연계 조정 등 지역혁신거점기관으로서 지역 산업의 기술 고도화와 기술집약적 기업의 창업을 촉진하고 지역경제활성화와 국가경제발전에 기여

- 중앙과 지역의 산업·기술 정책의 유기적 연계를 위한 구심체
- 연구개발, 교육·훈련, 정보교류, 창업보육 등 다양한 기업지원사업 수행으로 지역산업 혁신 생태계 조성을 위한 종합적 지원기능 수행

지역 테크노파크별 지정 시기

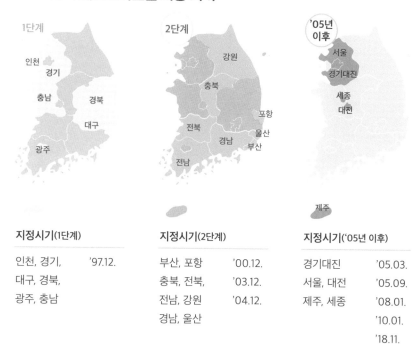

1단계	2단계	'05년 이후

지정시기(1단계)		지정시기(2단계)		지정시기('05년 이후)	
인천, 경기, 대구, 경북, 광주, 충남	'97.12.	부산, 포항 충북, 전북, 전남, 강원 경남, 울산	'00.12. '03.12. '04.12.	경기대진 서울, 대전 제주, 세종	'05.03. '05.09. '08.01. '10.01. '18.11.

기능

지역 정책기획, 기업지원 플랫폼 기능, 지역 네트워킹 등 '지역거점 기능'과 지역산업 여건에 따른 '산업진흥기능' 수행

지역 거점기능	지역정책기획	지역발전전략 수립, 지역혁신 연구·기획
	지역네트워킹/ 플랫폼 기능	지역 산학연관 연계, 지역혁신자원 정보 및 지원수단 공유·연계

산업 진흥기능	기업성장지원	창업후보육(Post-BI), 기업성장지원서비스
	산업생산지원	장비활용, 시험생산, 성과활용·확산(생산, 판매 지원 등)
	인력양성	교육훈련, 지원정보 및 일자리 정보 유통, 인력연계
	기술지원	기술이전·중점·중개, 공동 연구개발, 애로기술 해소

한눈에 보는 지역 테크노파크 MAP

서울
NT, IT, 자동차,
의료기기

경기대진
가구, 유기농/전통식품,
신재생에너지, 드론

강원
천연물 바이오소재,
세라믹 원료·소재,
디지털 헬스케어

인천
드론, 첨단자동차,
바이오, 로봇, 뷰티

충북
단반도체, 융합바이오,
친환경 모빌리티 부품

경기
정보통신/전자, 미래차,
에너지 산업

세종
지능형 모빌리티 부품,
기능성 바이오소재

충남
디스플레이부품·장비,
탄소 저감 자동차 부품,
고기능성 그린바이오

경북
신소재 부품가공, 첨단 디지털 부품,
라이프케어 소재

대전
정밀 의료바이오헬스산업,
물류·국방 서비스로봇산업,
나노반도체산업

포항
철강 신소재,
바이오 의료소재,
미래 청정에너지,
수소연료전지

대구
전기·자율 모빌리티 부품,
기계요소 소재부품,
디지털 의료기기

전북
농생명바이오,
특수목적용 지능형기계 부품,
탄소융복합소재

울산
전기 자동차부품,
가스연료 선박기자재,
기능성 화학소재

경남
첨단 정밀기계,
첨단 항공부품,
항노화 메디컬

전남
환경 에너지 소재부품,
친환경에너지 설비기자재,
자연 유래 헬스케어 제품

부산
초정밀 소재부품 산업,
저온 고압 에너지
저장공급시스템 산업,
실버케어테크 산업

광주
모빌리티 의장·전장 부품 산업,
스마트홈 부품 산업,
생체의료 소재·부품 산업

제주
지능형 관광 서비스,
청정바이오, 그린 에너지 솔루션

지역별 테크노파크 세부 현황

TP명	재단법인 강원테크노파크 GANGWON TECHNOPARK		
원장	허장현	법인설립일	2003. 12. 24.
대표번호	033-248-5600	홈페이지	www.gwtp.or.kr
주소	강원도 춘천시 신북읍 신북로 61-10		
특화분야	천연물바이오소재산업, 세라믹복합 신소재산업, ICT융합헬스산업		
단지현황	춘천기술혁신지원센터, 춘천벤처 1·2공장, 강릉 SoP지원센터, 반도체부재공장동, 신소재 벤처 1·2공장, 세라믹신소재지원센터, 원주 벤처 1·2공장, 삼척 소방방재지원센터, 삼척 창업보육센터, 강원스마트제조혁신센터		

TP명	경기테크노파크 GYEONGGI TECHNOPARK		
원장	유동준	법인설립일	1998. 9. 17.
대표번호	031-500-3000	홈페이지	www.gtp.or.kr
주소	경기도 안산시 상록구 해안로 705		
특화분야	정보통신/전자, 자동차 부품		
단지현황	기술고도화동, 지원편의동, 파일롯플랜트동, RIT센터, 경기스마트제조혁신센터, ASV공동직장어린이집		

TP명	경기대진테크노파크 Gyeonggi Daejin Technopark		
원장	양은익	법인설립일	2005. 3. 15.
대표번호	031-539-5010	홈페이지	www.gdtp.or.kr
주소	경기도 포천시 자작로 155		
특화분야	가구, 유기농/전통식품, 신재생에너지		
단지현황	종합지원센터, 시험생산동, 경기가구창작스튜디오, 소공인집적지구, 경기북부스마트제조혁신센터		

TP명	경남테크노파크 Gyeongnam Technopark		
원장	김정환	법인설립일	2004. 12. 27.
대표번호	1688-3360	홈페이지	www.gntp.or.kr
주소	경상남도 창원시 의창구 창원대로 18번길 22		
특화분야	스마트 기계산업, 첨단항공산업, 나노융합스마트부품산업, 항노화메디컬산업		
단지현황	본부(창원, 3개동), 자동차로봇센터(창원, 6개동), 기계소재부품센터(창원 4개동, 김해 3개동), 항공우주센터(사천 6개동), 나노융합센터(밀양 2개동), 과학기술에너지센터(창원 1개동), 정보산업진흥본부(창원 7개동), 조선해양센터(고성, 3개동), 거창승강기R&D센터, 경남스마트제조혁신센터		

TP명	경북테크노파크 Gyeongbuk Technopark		
원장	하인성	법인설립일	1998. 8. 27.
대표번호	053-819-3000	홈페이지	www.gbtp.or.kr
주소	경상북도 경산시 삼풍로 27		
특화분야	지능형디지털기기, 첨단신소재부품가공산업, 친환경융합섬유소재, 라이프케어뷰티		
단지현황	경북TP 본원, TP 2단지, 그린카부품기술연구소, 천연소재융합연구센터, 첨단메디컬융합섬유센터, 경량소재융복합기술센터, 경북스마트제조혁신센터		

TP명	광주테크노파크 GWANGJU TECHNOPARK		
원장	김영집	법인설립일	1998. 12. 7.
대표번호	062-602-7114	홈페이지	www.gjtp.or.kr
주소	광주광역시 북구 첨단과기로 333		
특화분야	지능형가전, 광융합, 스마트(공정)금형, 디지털생체의료		
단지현황	테크노파크본부동, 벤처동, 시험생산동, 광주스마트제조혁신센터, 헬스케어로봇실증센터, 3D융합상용화지원센터, 광주바이오에너지연구개발센터		

TP명	DGTP 대구테크노파크		
원장	도건우	법인설립일	1998. 12. 2.
대표번호	053-757-4114	홈페이지	www.ttp.or.kr
주소	대구광역시 동구 동대구로 475		
특화분야	디지털의료헬스케어 산업, 고효율에너지시스템 산업, 수송기기 기계소재부품산업		
단지현황	대구벤처센터, 대구지식서비스센터, 벤처공장 1·2호관, 대구융합R&D센터, 신기술산업지원센터 1동·2동·3동, 감성터치산업기술지원센터, IT융합산업빌딩, 첨단산업지원센터, 한방산업지원센터 , 대구스마트제조혁신센터		

TP명	대전테크노파크 DAEJEON TECHNOPARK		
원장	김우연	법인설립일	2008. 3. 1.
대표번호	1811-1582	홈페이지	www.djtp.or.kr
주소	대전광역시 중구 중앙로 119		
특화분야	차세대무선통신융합산업, 지능형로봇산업, 바이오메디컬산업		
단지현황	기업지원용복합서비스타운(D-Station), 어울림플라자(대덕밸리테크노마트), 무선통신융합지원센터, IT전용벤처타운, 지능로봇산업화센터, 기능성나노소재사업화지원센터, 바이오벤처타운, 대전스마트제조혁신센터		

TP명	부산테크노파크 BUSAN TECHNOPARK		
원장	김형균	법인설립일	2000. 12. 15.
대표번호	1588-4739	홈페이지	www.btp.or.kr
주소	부산광역시 강서구 과학산단1로 60번길 31		
특화분야	지능정보서비스산업, 친환경미래에너지산업, 라이프케어산업, 첨단융합기계부품산업		
단지현황	본부동, 에너지융복합센터, 파워반도체상용화센터, 미래자동차지원센터, IoT무인이동체실증센터, 수송기기부품지원센터, 지능형기계부품센터, 부산스마트제조혁신센터, 첨단융복합소재센터, 해양수산바이오센터, 해양물류산업센터, 고령친화산업센터, 스마트헬스케어센터		

TP명	🏛 서울테크노파크 SEOULTECHNOPARK		
원장	윤종욱	법인설립일	2004. 12. 17.
대표번호	02-944-6000	홈페이지	www.seoultp.or.kr
주소	서울특별시 노원구 공릉로 232		
특화분야	NT, IT, 자동차, 의료기기		
단지현황	연구본부동, 서울스마트제조혁신센터, 강남구 청년창업지원센터, 패스트 ICT제조지원센터, 장안평 자동차산업 종합정보센터, 노원 메이커스원, 튜닝메이커스페이스		

TP명	SJTP (재)세종테크노파크		
원장	양현봉	법인설립일	2019. 7. 18.
대표번호	044-850-2100	홈페이지	www.sjtp.or.kr
주소	세종특별자치시 조치원읍 군청로 95		
특화분야	스마트시티산업, 스마트그린융합부품소재산업		
단지현황	본부동, 미래융합산업센터, 세종스마트제조혁신센터		

TP명	울산테크노파크 Ulsan Technopark		
원장	권수용	법인설립일	2004. 12. 24.
대표번호	052-219-8500	홈페이지	www.utp.or.kr
주소	울산광역시 중구 종가로 15		
특화분야	그린모빌리티, 스마트 조선, 미래화학신소재, 저탄소 에너지		
단지현황	울산테크노파크, 정밀화학소재기술지원단, 자동차기술지원단, 울산과학기술진흥센터, 울산그린카기술센터, 울산종합비즈니스센터, 수소연료전지실증화센터, 3D프린팅품질평가센터, 전기차사용배터리산업화센터, 울산스마트제조혁신센터		

TP명	**ITP** 인천테크노파크 INCHEON TECHNOPARK		
원장	이주호	**법인설립일**	1998. 6. 18.
대표번호	032-260-0700	**홈페이지**	www.itp.or.kr
주소	인천광역시 연수구 갯벌로 12		
특화분야	항공, 첨단자동차, 바이오, 로봇, 뷰티		
단지현황	미추홀타워 본부동, 갯벌타워, 시험생산동, IT타워, IT센터, 자동차부품센터, 인천스마트제조혁신센터, 인천종합비즈니스센터		

TP명	**TP** 전남테크노파크 JEONNAM TECHNOPARK		
원장	오익현	**법인설립일**	2003. 12. 24.
대표번호	061-729-2500	**홈페이지**	www.jntp.or.kr
주소	전라남도 순천시 해룡면 율촌산단 4로 13		
특화분야	저탄소 지능형 소재부품 산업, 그린에너지산업, 첨단운송기기부품산업, 바이오헬스케어산업		
단지현황	본부동, 입주기업동, 생산동, 시험분석동, 소재기술단(신금속산업센터, 화학산업센터, 세라믹산업센터, 레이저응용산업센터, 철강산업센터), 융합기술단 (우주항공산업센터, 조선산업센터, 에너지산업센터, 스마트기자재산업센터), 전남스마트제조혁신센터		

TP명	**JBTP** 전북테크노파크 JEONBUK TECHNOPARK		
원장	이규택	**법인설립일**	2003. 12. 26.
대표번호	063-219-2114	**홈페이지**	www.jbtp.or.kr
주소	전라북도 전주시 덕진구 반룡로 110-5		
특화분야	스마트농생명식품산업, 미래지능형기계산업, 탄소 복합 소재산업, 조선해양 에너지 산업		
단지현황	본부시설(본부동, 테크노빌A·B, 벤처지원동), 전북과학기술진흥센터, 창조관, 스마트융합기술센터(연료전지연구동, 방사선융합연구동, 의료융합테크노빌), 전북디자인센터(센터동, 공장동), 이차전지신소재융합센터, 전북디지털융합센터, 전북스마트제조혁신센터		

TP명	**JTP** 제주테크노파크 JEJU TECHNOPARK		
원장	문용석	**법인설립일**	2010. 8. 26.
대표번호	064-720-2300	**홈페이지**	www.jejutp.or.kr
주소	제주특별자치도 제주시 중앙로 217		
특화분야	스마트관광산업, 청정바이오산업, 그린에너지산업		
단지현황	제주벤처마루(본부동), 생물종다양성연구소, 바이오융합센터, 용암해수센터, 디지털융합센터, 에너지융합센터, 제주스마트제조혁신센터		

TP명	충남테크노파크 Chungnam Techno Park		
원장	서규석	**법인설립일**	1998. 12. 7.
대표번호	041-589-0602	**홈페이지**	www.ctp.or.kr
주소	충청남도 천안시 서북구 직산읍 직산로 136		
특화분야	친환경 모빌리티산업, 스마트휴먼바이오산업, 차세대 디스플레이산업		
단지현황	천안밸리, 자동차센터, 디스플레이센터, 바이오센터, 이차전지기술센터, 충남스마트제조혁신센터		

TP명	충북테크노파크 CHUNGBUK TECHNOPARK		
원장	오원근	**법인설립일**	2003. 12. 24.
대표번호	043-270-2000	**홈페이지**	www.cbtp.or.kr
주소	충청북도 청주시 청원구 오창읍 연구단지로 76		
특화분야	지능형IT부품산업, 바이오헬스산업, 수송기계소재부품산업		
단지현황	본부동, 반도체IT센터, 차세대에너지센터, 바이오센터, 한방천연물센터, 수송기계부품센터, 충북스마트제조혁신센터		

TP명	**TP** (재)포항테크노파크 POHANG TECHNOPARK		
원장	배영호	**법인설립일**	2000. 2. 28.
대표번호	054-223-2114	**홈페이지**	www.ptp.or.kr
주소	경상북도 포항시 남구 지곡로 394		
특화분야	철강신소재, 바이오의료 소재, ICT융합		
단지현황	본부동, 벤처동, 첨단바이오융합센터, 경북 SW융합진흥센터, 포항스마트제조혁신센터		

02 한국테크노파크진흥회

개요

한국테크노파크진흥회는 전국 19개 테크노파크^{TP}가 설립목적을 달성하고 지역기업·지역산업육성 거점기관의 역할을 충실히 수행할 수 있도록 지원하기 위한 목적으로 설립되었습니다. 한국테크노파크진흥회는 전국 19개 테크노파크^{TP}를 정회원으로 둔 비영리 사단법인으로서 테크노파크와 중앙정부, 지방자치단체, 유관기관, 해외 기관과의 교류·협력체계 구축 및 활성화를 위한 네트워크 허브 역할을 수행하고 있습니다.

주요 사업으로는 회의체 운영, 테크노파크 공동행사 개최 및 참가 지원, 홍보 등의 고유사업을 추진하고 있으며, 테크노파크 공동·공통 협력 사업 추진을 통해 테크노파크 및 지역 산업 발전에 기여하고 있습니다.

주요사업

고유 사업	테크노파크·중앙정부·유관기관과 테크노파크 간의 교류, 협력 유지·확대
	회의체 운영, 공동행사 개최 및 참가, 정보관리, 통합 교육, 통합 홍보 및 대외협력

협력 사업	테크노파크 공통사업 발굴·참여를 통해 테크노파크 및 지역산업 발전 기여
	중소기업 밀집지역 위기대응 시스템 구축·운영사업, 라오스 비엔티안 테크노파크 조성 및 IT전문인력 양성사업, 우즈베키스탄 IT PARK 기반 조성 및 역량강화사업, 한국형 테크노파크 모델 글로벌화

주요 역할 및 기능

19개 TP 총괄	TP거점기능 강화	협의체 간사	협력사업 추진
TP 통합홍보, TP관련 유관기관 협력 및 협약체결 등 19개 TP의 총괄기관	TP임직원 역량강화 교육 실시, 기관정보 조사·관리, 지역기업 및 지역사업 데이터 축적·관리	총회·이사회 개최, 각종 실무협의체 운영, 공동행사 (워크숍 등) 등 TP간 교류·협력 지원	TP 공동사업* 및 공통사업** 기획 추진

* 기술·경영지원 통합플랫폼, 모니터링기업군 조사, 지역산업종합정보시스템(RIPS) 등

** 한국형 TP해외진출 및 확산사업, 지역중소기업 해외진출 지원사업 등

주요 연혁

2023
- 전국테크노파크 종합교육사업
- 지역산업종합정보시스템(RIPS) 운영
- 한국테크노파크진흥회 개도국 혁신역량 강화 글로벌 연수사업
- 중소기업 밀집지역 위기대응 시스템 구축·운영사업
- 라오스 비엔티안 테크노파크 조성 및 IT전문인력 양성사업
- 우즈베키스탄 IT PARK 기반조성 및 역량강화사업
- 제27대 김영집 진흥회장 취임(광주테크노파크 원장)

2022
- 전국테크노파크 종합교육사업
- 지역산업종합정보시스템(RIPS) 운영
- 한국테크노파크진흥회 개도국 혁신역량 강화 글로벌 연수사업
- 중소기업 밀집지역 위기대응 시스템 구축·운영사업
- 라오스 비엔티안 테크노파크 조성 및 IT전문인력 양성사업
- 우즈베키스탄 IT PARK 기반조성 및 역량강화사업
- 제26대 양균의 진흥회장 취임(전북테크노파크 원장)

2021
- 산업기술단지 거점기능지원사업
- 수도권 수출새싹기업지원사업
- 전국테크노파크 종합교육사업
- 지역산업종합정보시스템(RIPS) 운영
- 한국테크노파크진흥회 개도국 혁신역량 강화 글로벌연수사업
- 제25대 양균의 진흥회장 취임(전북테크노파크 원장)

2020
- 산업기술단지 거점기능지원사업
- 수도권 수출새싹기업지원사업
- 위기지역 중소기업 Scale-up R&D 지원사업
- 전국테크노파크 종합교육사업
- 지역산업종합정보시스템(RIPS) 운영
- TP모델 기반 개발도상국 기술혁신역량강화연수사업 운영
- 제24대 안완기 진흥회장 취임(경남테크노파크 원장)

2019
- 제23대 안완기 진흥회장 취임(경남테크노파크 원장)
- 산업기술단지 거점기능지원사업
- 지역산업종합정보시스템(RIPS) 운영
- 지역특화산업 수출새싹기업 지원사업
- 위기지역 중소기업 Scale-up R&D 지원사업

2018
- 제21대, 22대 이재훈 진흥회장 취임(경북테크노파크 원장)
- 산업기술단지 거점기능지원사업
- 지역산업종합정보시스템(RIPS) 운영
- 지역특화산업 수출새싹기업 지원사업
- (사)한국테크노파크진흥회 명칭 변경
- 세종테크노파크 회원가입

2017
- 제20대 편광의 협의회장 취임(대전테크노파크 원장)
- 산업기술단지 거점기능지원사업
- 지역산업종합정보시스템(RIPS) 운영
- 기술거래촉진네트워크사업
- 전국테크노파크 종합교육사업
- 세종지역산업기획단 준회원 가입

2016
- 제19대 편광의 협의회장 취임(대전테크노파크 원장)
- 산업기술단지 거점기능지원사업
- 지역산업종합정보시스템(RIPS) 구축
- 기술거래촉진네트워크사업
- 전국테크노파크 종합교육사업

2015
- 제18대 이재훈 협의회장 취임(경북테크노파크 원장)
- 테크노파크운영지원사업
- 전국테크노파크 종합교육사업

2014
- 제17대 이재훈 협의회장 취임(경북테크노파크 원장)
- 제16대 유동국 협의회장 취임(광주테크노파크 원장)
- 테크노파크운영지원사업

- 한-베트남 인큐베이터파크(KVIP)운영 및 협력방안수립 사업
- 전국테크노파크 종합교육사업

2013
- 제15대 김인교 협의회장 취임(강원테크노파크 원장)
- 전국테크노파크 종합교육사업
- 테크노파크 운영지원사업

2012
- 제13, 14대 장원철 협의회장 취임(충남테크노파크 원장)
- 5차 지역혁신거점육성사업 수탁
- 지역기업 해외마케팅 거점활용사업

2011
- 제12대 김동철 협의회장 취임(부산테크노파크 원장)
- (보선) 제12대 홍종희 협의회장 취임(전남테크노파크 원장)
- 4차 지역혁신거점육성사업 수탁
- UAE MASDAR CITY KCTC 개발 종합계획 수립사업
- 한국형 테크노파크 글로벌화 사업
- UAE 아부다비 마스다르 한국클린테크클러스터 개발 종합계획수립사업

2010
- 제11대 이진옥 협의회장 취임(대전테크노파크 원장)
- 제주테크노파크 회원가입
- 3차 지역혁신거점육성사업 수탁
- 한국형 테크노파크 글로벌화 사업

2009
- 제10대 김학민 협의회장 취임(충남테크노파크 원장)
- 제2회 지역투자박람회 참가(서울 COEX)
- 2차 지역혁신거점육성사업 수탁, 테크노파크 수익모델개발 공동연구사업 수탁
- 한국형 테크노파크 글로벌화 사업

2008
- (사)한국테크노파크협의회 사무국 이전(한국기술센터)
- 대전테크노파크 회원가입
- 기술·경영지원 통합플랫폼 구축사업 수탁(1차 지역혁신거점육성사업)
- 지역산업혁신관련기관 교육실태 및 수요조사사업 수탁
- 수혜자 만족도 조사사업 수탁
- 국내외 기업지원전문가 양성 교육훈련프로그램 조사분석사업 수탁
- 1차 지역혁신거점육성사업
  - 기술·경영지원 통합플랫폼 구축사업
  - 모니터링 기업군 구축 및 관리사업
  - 지역산업육성자원 조사·분석·DB구축사업

2007
- 제8대 윤관식 협의회장 취임(충북테크노파크 원장)
- (보선) 제9대 남헌일 협의회장 취임(광주테크노파크 원장)
- 지역혁신사업간 연계 운영체계 구축사업 수탁(기술·경영지원 통합플랫폼 시범사업)
- 균형발전정책 포럼사업 수탁, 지역전략산업 진흥정책 컨퍼런스 수탁
- 테크노파크수익모델개발 공동연구

2006
- (사)한국테크노파크협의회 설립(사단법인으로 전환)
- (사)한국테크노파크협의회 사무국 이전(서울 서초동)
- 기술·경영지원 통합플랫폼 구축사업 수탁(기술·경영지원 통합플랫폼 사전연구)

03 테크노파크 기업지원 통합대표번호 1877-8972

참고 : https://blog.naver.com/korea_technopark/220971843590

통합 대표번호

- **번호선정** TP 이미지 및 기업지원 의미를 표현할 수 있는 여러 가지 번호 중 "1877-8972"(일 빨리 척척 파크처리)로 확정하여 대표전화 시스템 구축
- **운영방법** 통합대표전화를 통해 민원인이 희망하는 TP 대표전화로 직접 연결
- **홍보슬로건** "우리지역 기술기업을 육성하는 테크노파크"

| TP 대표전화 운영방식

I 단계	II단계(ARS 안내를 원하는 TP선택)	III단계
(민원인) TP통합 대표전화 전화걸기 (1877-8972)	**1. 권역별 선택** ①수도권 ②충청권 ③호남권 ④영남권 ⑤강원 ⑥제주 **2. 원하는 TP 선택** 수도권 ①서울 ②인천 ③경기 ④경기대진 충청권 ①대전 ②충북 ③충남 호남권 ①광주 ②전북 ③전남 영남권 ①부산 ②대구 ③울산 ④경북 ⑤경남 ⑥포항	해당 TP 컨택센터 (TP상담)

* 강원, 제주 TP는 권역별 선택하면 바로 TP로 연결

테크노파크
혁신성장
우수사례집

발행일	2023년 12월 12일
발행처	한국테크노파크진흥회
주소	서울특별시 강남구 테헤란로 305 한국기술센터 17층
전화번호	02-6009-3800
홈페이지	ww.technopark.kr
기획	정세은 · 김미현(한국테크노파크진흥회)
취재	김정성 · 이창호
진행	김덕문
출판	더봄(02-975-8007)

ISBN 979-11-92386-14-0 03320